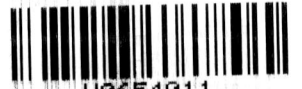

上海市教育工会
七十年发展历程丛书

中国教育工会上海市委员会大事记

（1950—2020）

滕建勇 主编

上海交通大学出版社
SHANGHAI JIAO TONG UNIVERSITY PRESS

内容提要

本书载录的是自1902年中国第一个教师团体“中国教育会”组建至2020年5月上海市教育工会发展历史上的重要事件、重要评选、重要照片，并涉及党和国家与工会有关的大政方针、领导重要讲话、法律法规，以及上级工会有关重要指示和文件精神等内容。记事按年月日顺序排列，个别有月份而无确定日期的条文一般排在月初；同一时间有多条内容的，只在第一条开头写明时间。

此书是对上海市教育工会七十年发展历史脉络的完整梳理，更是对七十年历史中教育工作者为党育人，为国育才精神的继承和弘扬，同时也激励着上海市广大教育工会干部和教育工会会员发扬为教育、教师和社会的服务精神、奉献精神、密切联系群众精神，以及工作上的开拓创新精神，为加快推进教育现代化、建设教育强国、办好人民满意的教育而奋斗。

图书在版编目(CIP)数据

中国教育工会上海市委员会大事记：1950—2020／
滕建勇主编．—上海：上海交通大学出版社，2020
ISBN 978-7-313-24212-9

Ⅰ．①中… Ⅱ．①滕… Ⅲ．①教育界—工会工作—大
事记—上海—1950—2020 Ⅳ．①D412.851

中国版本图书馆CIP数据核字(2020)第235123号

中国教育工会上海市委员会大事记(1950—2020)
ZHONGGUO JIAOYU GONGHUI SHANGHAI SHI WEIYUANHUI DASHIJI (1950—2020)

主　　编：滕建勇
出版发行：上海交通大学出版社　　地　　址：上海市番禺路951号
邮政编码：200030　　电　　话：021-64071208
印　　制：上海雅昌艺术印刷有限公司　　经　　销：全国新华书店
开　　本：710 mm×1000 mm　1/16　　印　　张：17.5
字　　数：237千字
版　　次：2020年12月第1版　　印　　次：2020年12月第1次印刷
书　　号：ISBN 978-7-313-24212-9
定　　价：98.00元

“上海市教育工会七十年发展历程丛书”编撰委员会

主　任：滕建勇

副主任：李　蔚　吉启华　陶文捷

委　员：张　芳　沈　瑶　焦丽佳　李　弢　高　芳

　　　　陈晓丹　曾　昕　赵晓霞　顾　红　邬敏懿

《中国教育工会上海市委员会大事记(1950—2020)》编撰人员名录

主　编：滕建勇

副主编：李　蔚　吉启华　陶文捷

编　委：张渭明　高　芳　王光先　张中韧　姜培庆　严治俊

序

自2019年10月份当选上海市教育工会主席以来，我一直在思考如何做好新形势下的工会工作，如何更好地发挥新形势下工会联系党和教职工群众的桥梁和纽带作用，如何走好中国特色社会主义教育工会发展之路。习近平新时代中国特色社会主义思想为推进新时代工会工作提供了根本思路，习近平总书记关于工人阶级和工会工作的重要论述为新时代工会工作创新发展指明了前进方向。

不忘初心，方得始终。2020年是上海市教育工会成立七十周年，结合“不忘初心，牢记使命”主题教育和“四史”教育活动，我们提出，梳理上海市教育工会的历史，编撰出版“上海市教育工会七十年发展历程丛书”，于是就有了《中国教育工会上海市委员会大事记（1950—2020）》这本书的问世。

本书按照编年体体例撰写，力求全面、准确、真实、客观地记录1950年创建至今的上海市教育工会的发展历程，上溯新中国成立之前上海进步教师团体活动情况，反映教育工会的发展渊源，并对近二十年教育工会发展历史上的重要事件作着重呈现。书中对一些党和国家与工会有关的大政方针、领导重要讲话、法律法规，以及上级工会重要会议和文件精神作了简介和提示，以帮助读者更好地理解教育工会开展各项工作的背景。为了更立体丰富地呈现大事，书中收录了若干重要照片。

大事记好比一部时光机。回顾七十年来上海市教育工会走过的历程，可以明显地看出，教育工会的命运同党和国家的命运，同知识分子的命运紧密相关。在党的坚强领导下，经过一代又一代工会干部和广大积极分子的共同努力、无私奉献、艰苦奋斗、改革创新，工会各项工作取得可喜成绩。

回顾七十年来上海市教育工会走过的历程，可以深切地感知，不同的历史时期，工会工作的指导方针和侧重点有所不同，但是，自觉接受党的领导，围绕中心服务大局，依照工会章程独立自主地开展工作，是坚定不移、贯穿始终的主线。

回顾七十年来上海市教育工会走过的历程，可以真切地体悟上海市教育工会工作薪火相传、与时俱进，工会干部筚路蓝缕、披荆斩棘的奋斗精神。通过工会工作，既为上海教育事业的改革发展添砖加瓦，又有效维护了教职工的合法权益；既提升了广大教师教书育人的责任感和使命感，又提高了上海教师队伍的整体素质；既激发了教职工的积极性、主动性和创造性，又传递了党的温暖，解决了教职工群众的实际困难。工会工作拉近了党与群众之间的距离，密切了党与群众之间的血肉联系，夯实了党的阶级基础和群众基础。在国家治理体系现代化中工会发挥了起承转合、春风化雨般的重要作用。

掩卷覃思，我为上海教师爱国奋斗的精神，为老一辈教育工会工作者干事创业的激情和热情所感动。上海教育工作者有着光荣的革命斗争传统，新中国成立前在党的领导下，教师进步团体为上海的解放，为新民主主义革命做出了不可磨灭的贡献，在中国教师运动史上写下了光辉的篇章。20 世纪 50 年代初，上海市教育工会诞生后，党和政府十分重视和关心教育工会，给予了教育工会许多支持和帮助，为今后的长远发展坚定了基础。

七十年前，毛泽东主席应上海代表张琼（张琼是由杨开慧等介绍参加中国共产党的老同志）之邀为上海市教育工会题写“中国教育工会上海市委员会”会名的历史，时刻激励着上海教育战线上的广大工会干部不忘初心、牢记使命、砥砺奋进。

明年就是中国共产党成立 100 周年。作为党领导下，上海教育工作者自愿结合的最广泛的工人阶级的群众组织，作为上海市第二大产业工会，上海市教育工会肩负着团结凝聚全市 30 万教职工，加快上海教育现代化的步伐，办好人民满意的教育的责任。使命光荣，任重而道远。习近平总书记指出，党对工会寄予厚望，职工群众对工会充满期待。我们要进一步发扬上海教师教书育人的光荣传统，发扬老教育工会工作者求真务实的工作作风，接过老一辈工会人手中的接力棒，走好新时代教育工会工作的“长征路”；要始终坚持党对工会的统一领导，坚持全心全意为教职工服务，紧紧依靠、紧密团结和动员广大教职工，为实现中华民族伟大复兴的中国梦而努力奋斗。

上海市教卫工作党委副书记、上海市教育工会主席　滕建勇

2020年10月

目　录　Contents

第一篇

渊源和前身

（1902 年—1949 年 12 月）

1902年

上海南洋公学教习蔡元培等发起组建“中国教育会”，这是中国第一个教师团体。

1925年

6月　“五卅”运动期间，沈雁冰等组建“上海教职员救国同志会”，这是上海在中国共产党领导下的第一个教师团体。随后又有“上海教育工作者联盟”（简称“教联”）等组织相继建立。

1934年

春　陶行知在上海威海卫路中社创办“中国普及教育促成会”，许多革命青年参加。促成会在沪东、沪西数家工厂办工人夜校，还在杨树浦底沈家滩、曹家渡等地创办数所余日章小学。

1936年

10月　在中国共产党领导下，成立了以余日章小学校长钟民为领导人的沪东教师联谊会，联谊会通过学术讲座、文娱活动，培养了一批教师运动积极分子。

1937年

上半年　沪东教师联谊会负责学校之一——临青中学遭国民党当局查封，该校部分教师组织孩子剧团，赴外地宣传抗日。

下半年　“八一三”淞沪会战后，沪东为日本军队占领，教师联谊会组织教师宣传抗日，动员大批山海工学团及普及教育促成会成员参加了抗日军队。不久，上海小学教师进修会在三马路一所小学内成立，会员40人，以后陆续发展到300余人，领导人有钟民、史奇清、方明等。进修会开展抗日宣传和慰问新四军活动。

1945年

8月　抗日战争胜利后不久，“上海市小学教师联合进修会”（简称“小教联”）建立，会员100余人，后来发展到4 000多人。

1946年

1月26日　在中共上海地下组织“教委”领导下，成立“上海市中等教育研究会”（简称“中教会”），选叶克平为理事长，段力佩为监事长，会员100余人，后来发展到2 000余人。

4月　中教会发动1 500余名教师到上海市教育局请愿示威，迫使当局发放教师补助金。

5月　上海市教育局企图用对教师“全面检定”排斥进步教师，中教会举办教师进修讲座应对，组织1 000余名教师参加了进修，迫使当局不得不允许参加过进修的教师继任。

5月　中共在上海设办事处（思南路周公馆）后，周恩来偕邓颖超探望中教会会员、南屏女中教师、邓颖超的同学蒋云，嘱咐她在上海教育界多做些于人民有益的工作。

5月18日　中教会在《文汇报》副刊辟“教育阵地”专栏，陶行知题写刊名。专栏共出39期。

5月26日　上海市校教师福利促进会成立。

6月22日　为抗议教育当局无故解聘教师，中教会组建“中学教师职业保障会”。翌日，联合小教联在八仙桥青年会举行记者招待会，呼吁社会给予支持，“教育阵地”专栏亦刊文配合。

6月23日　上海市各界人民团体联合组织“反内战、争和平，为赴南京请愿代表送行”的5万人大游行,中教会是组织者之一,有三四百名教工参加了游行。

9月　在中共上海地下党的领导下,上海(市)大学教授联谊会(简称“大教联”)正式成立。

9月　中教会召开第二次会员大会,改选了理事会和监事会,理事长和监事长仍分别由叶克平和段力佩担任。此时会员已逾200人。

10月6日　由中教会、小教联和市校教师福利会发起组建的“上海市中小学教职员工消费合作社”(简称“教合”),在育才中学大礼堂召开成立大会,通过了社章,选出理事会和监事会。吴若安任理事会主席,秦鹤皋任监事会主席,聘请眭忠诠为经理。首批社员404人。11月16日教合获市社会局批准,取得合法地位。教合是在中共上海地下组织“教委”领导下,团结广大教师群体的经济组织。

1947年

1月28日　上海私立学校为增加学费,向当局请愿,中教会和小教联组织200余名教师加入此项活动,并在运动中取得领导权,把斗争的目标转变成为要求当局“经济公开、一次发薪、保障职业及发放私校互助金”。

2月　因陕西北路国民学校校长潘文珍殴辱教师陈素云,市校教师福利会发起组织“维护教师权利联合会”,发表声援陈素云宣言,并于23日到市教育局请愿。至3月,斗争取得胜利。

春　上海教育界同人团体联合会(简称“教团联”)成立。教团联双周活动一次,研究教育界斗争形势,商讨斗争策略。

6月　教合创办的《教合通讯》出版。到上海解放该刊共出15期。

6月中旬　市大教联、中教会等团体发表宣言,支持因受到迫害而向国民党当局游行示威的青年学生。

8月27日　中教会在青年会大礼堂举行教师节庆祝大会,遭国民党当局武力干涉，经说理斗争取得胜利，继续开会到结束。

9月　中教会举行会员代表大会，选出第三届理事会和监事会，张文郁任理事长，蒋云任监事长。

下半年　上海市大、中、小学工友联谊会在储能中学成立，王成根任理事长，段力佩、陈已生任顾问，会员500余人。联谊会支持圣约翰大学及大同大学工友罢工斗争取得胜利。

1948年

1月　中教会发行"热心教育章"筹款4亿元(旧币)救济贫寒学生。小教联发起"小教之友"活动，集资6亿元(旧币)，创办义校19所，招生1 015名。

1月30日　中教会举办第二届免费助学考试活动。市教育局通过《大华社》发消息诬此举为"意图取巧""迹近欺骗""蛊惑青年"，妄图阻止。中教会于2月4日在《大公报》刊登"辩正启事"，严正驳斥。2月5日市教育局发布要取缔中教会的消息，中教会当即派蒋云等6人去教育局与局长李熙谋进行说理斗争。助学考试坚持举行，并胜利完成，录取217名新生，保送进39所中学就读。

2月8日　中教会、小教联等团体发起组成由校长、教师、学生家长及各界人士参加的"上海市各界抢救教育危机联合会"(简称"抢救联")，就教育问题向当局提出了五项要求，并发起签名运动。23日举行招待会；24日组织700余人到市参议会请愿，遭军警包围，请愿队伍冲破包围，游行至南京路散队；28日市教育局被迫答应发放私校教师福利金。在抢救教育危机斗争中，国民党当局宣布中教会和小教联为非法团体，并传讯两会负责人。

2月　抢救联创办的《现代教育丛刊》出版。至上海解放该刊共出8辑。

5月　教合从3月起征求社员，参加者踊跃，社员突破5 000人，分布在474所学校。

6月　市校教师福利促进会举办"儿童教育工作研究成绩展览会"；小教联举办"儿童创作成绩展览会"。两展会共接待参观者数万人。

6月27日　小教联发动800余名教师，于下午4时起，在市教育局门前举行反饥饿请愿静坐示威。翌晨，参加示威教师增至1 500余人。中教会、大教联、学生及社会各界纷纷组团前往慰问声援，迫使当局接受发放贷金①的要求。示威者于下午6时整队游行至八仙桥散队，斗争历时27小时。

7月　宋庆龄在外滩中福会接见中教会代表沈子洋，勉励中教会做好工作，并拨给一批库存面粉，支援中教会开展工作。

7月　教合在中山公园音乐厅举办纳凉音乐晚会，到会3 000余人；10月2日又在天蟾舞台举办马思聪提琴演奏会，到会2 500余人。

8月16日　中教会在南京路慈淑大楼中国画苑举办“中等教育展览会”，揭露教育危机状况。

11月15日　上海教育工作者发动一次总请假斗争，全市有400余所学校、5 000余名教师参加。此次斗争后，成立了中小学私校教师福利会。

1949年

2月　国立交通大学陈维稷、苏延宾两教授被捕，17所高校组成教授联谊会，同国民党当局斗争，并派代表赴南京请愿。

2月　以大教联、中教会、小教联、市校福利会、教合等团体为基础，成立半公开组织——上海市教育协会（简称“教协”）。教协出版地下刊物《新教育》指导斗争。

2月16日　在教协部署下，中教会的《中等教育》发行，在创刊号上呼吁“维护教育，抢救危机”。至5月该刊共出4期。

2月27日　中教会举办中等教育问题座谈会，26所学校校长等32人参加。

3月5—13日　中国共产党在河北省平山县西柏坡村召开了七届二中全会。毛泽东同志提出了全心全意依靠工人阶级的根本指导方针。

---

① 教育局贷款给每个私立小学教师1 000万元（旧币），该款在下学期薪水中分三个月扣还。

3月26日　中教会、小教联、市校福利会、私立学校校长互助会等团体联合组成“上海市公私学校校长、教职员团体争取生存联合会请愿团”(简称“教团联”)，在大夏大学俱乐部招待各界人士，向市政当局提出6项要求。4月10日，教团联成立顾问团，发表宣言，派出6名代表赴南京请愿。

4月22日　教协发表宣言，号召全市教工在教协指导下团结起来，保卫学校，坚持上课，储粮储菜应变。

4月27日　教协发出对反动分子的警告信，并散发中国人民解放军“约法八章”“劝善文告”和“惩办战犯书”等，开展策反攻心工作。

5月　上海解放前夕，全市有小学1 466所，学生401 664名，其中公立小学308所，教职员4 802人；私立小学1 158所，教职员8 400人。中学256所，学生89 959名，其中公立26所，教职员1 019人；私立230所，教职员5 256人。

5月25日　上海苏州河以南已获解放，当天教协集中办公。

5月26日　教协在育才中学召开私校校长会，400多所学校500多人到会；在市教育局礼堂召开公校校长会，200多所学校，700余人参加。两会号召并部署立即复课。三天后，全市90%以上学校复课。

6月　全国工会工作会议提出“要在一年左右，基本上把全国工人阶级组织起来”的要求。8月党中央发出《关于贯彻全国工会工作会议精神，加强工会工作的指示》，支持工会有步骤地建立和发展组织。

6月6日　教协在上海大戏院举行教师节大会(新中国成立后，中央人民政府曾恢复6月6日为教师节)，1 000余人参加。上海市市长陈毅到会讲话。

6月中旬　中教会、小教联举行拥护市人民政府取缔银元贩子大游行，1 000余人参加。

6月底　上海市人民政府教育处拨款5千万元(旧币，相当于现在的5千元人民币)救济贫寒教师。教协组成200余个工作组，动员800余人，至1 000余所私校调查困难教师情况，访问教师万余人。

7月初　以上海(市)大学教授联谊会和上海市大学助教讲师联谊会为基

础，成立了上海高等学校教职员联合会（简称“高教联”），主席陈望道。

7月5日 上海市大专院校团体联合会成立。

7月6日 纪念“七七”抗日战争12周年，教协组织8 000余名教工大游行。

7月20日 教协举办新教育研究会，动员4 500余名教育工作者参加政治学习三周。学习期间还在青年中首次建立新民主主义青年团组织。

8月 中教会、小教联和市校教师团体，联合组成上海市中小学教职员联合会（简称“中小教联”）。教联会同高教联开始筹建上海市教育工作者工会。

9月 市教联在逸园（现上海文化广场）举行“反对美帝经济封锁大会”，1万余名教育工作者参加。

9月30日 教协受市教育局的委托，为全市教工办理公用事业优待证及配米证，约两万人受益。

10月 市教育局会同市教联组成学习委员会（简称学委会），负责组织领导学校教职员工的政治、时事学习。

10月8日 教协组织大游行，庆祝中华人民共和国中央人民政府成立，拥护国际和平斗争日，1 000余所学校、1万2千余教工和7万多名学生参加；并在南市区（现黄浦区）举办了五天游园会，先后有8万余人参加。

10月12日 教联托儿所成立。

11月 教联下属9个区办事处相继建立。

第二篇

初创发展与暂停活动

（1950 年 1 月—1977 年 12 月）

1950 年

1 月 8 日　上海市教育工作者工会筹备委员会在市府礼堂举行成立大会，全市大、中、小学教师代表 2 000 余人出席。大会由冯定主持，中共上海市委第一书记、市长陈毅和第二书记、副市长潘汉年到会讲话；市委第四书记、市总工会主席刘长胜作工作报告。大会推选出 157 人组成上海市教育工作者工会筹备委员会。

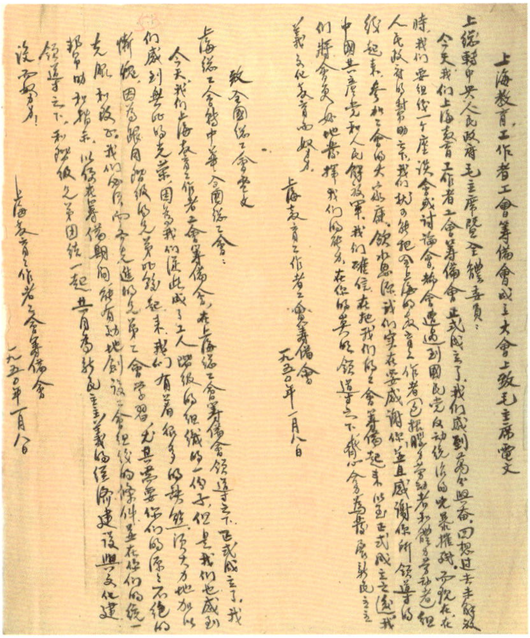

上海教育工作者工會籌備會成立大會上致毛主席電文

北京中央人民政府毛主席暨全體委員：

今天我們上海教育工作者工會籌備會正式成立了，我們感到萬分興奮。回想過去未解放時，我們要組織一個座談會或討論會，都會遭遇到國民黨反動統治的迫害摧殘。而現在在人民政府的幫助下，我們就能把全上海的教育工作者包括腦力勞動者和體力勞動者組織起來，參加工會的大家庭。飲水思源，我們實在要感謝你，並且感謝你所領導的中國共產黨和人民解放軍。我們確信在把我們的工會籌備起來以至正式成立之後，我們將會更好地發揮我們的能力，在你的英明領導之下，貢獻全力為建設新民主主義文化教育而奮鬥。

上海教育工作者工會籌備會
一九五〇年一月八日

致全國總工會電文

上海總工會轉中華全國總工會：

今天我們上海教育工作者工會籌備會在上海總工會籌備會領導之下正式成立了。我們感到無比的光榮，因為我們從此成了工人階級的組織的一份子。但是我們也感到慚愧，因為跟自階級的先進比較起來，我們有著很多的缺點，須大力地加以克服和改正。我們必須向先進的兄弟工會學習，尤其需要你們的源源不絕的幫助和指示，以便在籌備期間能有效地創設工會組織的條件，並在你們的統一領導之下，和階級兄弟團結一起，共同為新民主主義的經濟建設與文化建設而努力！

上海教育工作者工會籌備會
一九五〇年一月八日

上海市教育工作者工会筹备会成立大会致毛主席电文

1 月 15 日　市教育工作者工会筹委会举行第一次会议，推选冯定等 27 人组成常务委员会，冯定为主任委员，方明、陈望道、范祖根为副主任委员。筹委会下设秘书长及组织、宣传、福利、业务、妇女五部和秘书处以及章程与工作计划起草委员会。

1 月 19 日　市教育工作者工会筹委会常委会召开第一次会议，决定各部处负责人：组织部部长朱隐逸，文教部部长冯契，福利部部长盛瑾，业务部部长刘佛年，妇女部部长吴若安，秘书处处长龚家昌，章程与工作计划起草委员会召集人曹未风。

1月24日　市教育工作者工会筹委会在《解放日报》上刊登公告，宣布自1950年1月23日开始办公，会址设在北京路266号中一大楼四楼。

2月　市教育工作者工会筹委会组织教工在职学习，协助学校建立学委会30多个。全市建有学习小组1 830个，3万多教工参加学习。学习内容为中国革命问题、唯物史观、时事政策等。

2月3—7日　上海市第一届工人代表大会在市人民政府大礼堂举行，刘长胜当选为市总工会主席。王子成、樊春曦、方明、吴若安、段力佩、龚家昌等40人代表市教育工作者工会出席大会，方明当选为市总工会常委。

2月9日　市教育工作者工会筹委会寒假期间举办为期一周的工会工作学习班，309人参加，并通过学习班骨干又培养基层工会干部800余人。另外，中小社教工会工作学习班吸收12 000人参加学习。

3月　教合社员人数已从1949年的5 272人发展到15 066人，优价向社员供货值达20亿元(旧币)。教合开始建立区及高校分社。

3月18日　市教育工作者工会筹委会、市高教联作出关于推选“高教界”出席上海市第三届各界人民代表会议代表的决定，提出了初选、复选办法。

4月　中共上海市委组织部批准成立上海教育工作者工会党组，由方明等7人组成。方明任党组书记。

4月　华东人民革命大学①、国立交通大学等19所公私立专科以上学校，以及中国科学院等2家科研所成立工会组织。

5月　私立沪江大学、圣约翰大学等15所公私立专科以上学校，以及华东

① 成立于1949年5月上旬，是党中央在当时划分的华东行政区成立的革命大学。

教育部机关成立工会组织。

5月　市教育工作者工会筹委会已建立42个区级筹委会，吸收会员2.1万人，会员已占教工人数的75%以上。

5月　为救济失业工人，上海教工积极响应市失业工人救济委员会(以下简称“失救会”)号召，参加捐一日薪活动，共计捐款1.67亿元(旧币)。

5月　市教育工作者工会代表大会筹备处成立，方明任总干事，王子成任副总干事，下设秘书、组织、宣传、纠察四组。

5月20日　市教育工作者工会筹委会召开第四次全体会议，讨论召开上海市教育工作者工会第一次代表大会事宜，决定了代表名额及产生办法、大会议程、日程等事项。全市区一级教育工作者工会筹委会已经建立44个。

5月26—29日　上海市教育工作者工会第一次代表大会在中西女中(现市三女中)举行，来自全市教育和科研、体育系统的667名正式代表和227名列席代表参加大会。华东教育部部长吴有训、市总工会主席刘长胜到会讲话。陈望道致开幕辞，王子成作筹备工作报告，方明、冯定分别作筹委会工作总结和市教育工作者工会工作任务的报告。大会通过“上海市教育工作者工会章程”；选举产生71人组成的第一届工会委员会和7人组成的财经审查委员会；选出方明等19人为出席全国教育工会第一次代表大会的代表。

5月30日　上海市教育工作者工会在逸园(现上海文化广场)举行成立大会，两万余名教育工作者参加。华东军政委员会饶漱石主席和上海市人民政府潘汉年副市长到会致词祝贺。第三野战军金仲如代表人民解放军向上海教育工作者致以崇高的敬礼。中国保卫世界和平大会宣传团团长萧三作了演讲。冯定带领第一届工会委员会委员和财经审查委员会委员进行就职宣誓。大会通过了给毛泽东主席致敬电。市教育局局长戴白韬致闭幕词。

上海市教育工作者工会成立大会现场

6月　私立中国纺织工学院[①]等3所公私立专科以上学校成立工会组织。

6月　市教育工作者工会会址迁至南京西路1288号。

1950—1958年上海市教育（工作者）工会办公楼

① 1951年6月并入华东纺织工学院，现东华大学。

6月 失救会对失业教师进行登记、救济和培训，至1951年11月，共登记失业教工4 527人，救济教工8 958人次、教工家属16 996人次，共发放救济米562 742斤。半年间有数百名失业教师通过新教育学院和其他方式培训、学习后安排就业。

6月29日 中央人民政府公布实行《中华人民共和国工会法》。这是新中国成立后最早制定的三部法律之一，确定了中国工会在国家政治、经济和社会生活中的重要地位和作用。

7月 上海市教育局机关委员会成立工会组织。

7月24日 上海市教育工作者工会委员会第一次全体会议召开，推选陈望道等25人组成常委会，方明被推举为主席，刘佛年、吴若安、王子成为副主席。

随后召开一届一次常委会会议，确定各部室处的分工人选，讨论确定向中国教育工作者工会第一次代表大会提交的提案内容，以及其他事项。常委会一般每两周举行一次，讨论决定本会的重要工作。

20世纪50年代初的方明同志

7月 市教育工作者工会委员会下设六部一室二处，即组织部、业务部、文教部、劳保部、女工部、青工部，调研室，秘书处和财务处。

8月1日 市教育工作者工会已建立30个区委员会和44个直属基层委员会，会员达22 737人，占教职工总数的75%。

8月2—11日 中国教育工会第一次全国代表大会在北京召开，与会代表329人，代表全国70万教育工作者。周恩来向大会作形势报告，刘子久作工作报告。大会选出65人组成首届全国委员会，吴玉章当选主席，方明等当选副主席。上海出席大会的正式代表共19人。

8月6日　全国教育工会副主席、上海市教育工作者工会主席方明作为中国教育工会代表团成员出席维也纳教育工作者工会国际第五届大会，并当选为教育工会国际（FISE）副主席，任职至1966年。

8月　在中国教育工会第一次代表大会期间，毛泽东主席接见上海代表张琼（张琼时任上海教育工作者工会秘书，当年由杨开慧介绍入党）时，应邀题写了“中国教育工会上海市委员会”会名。

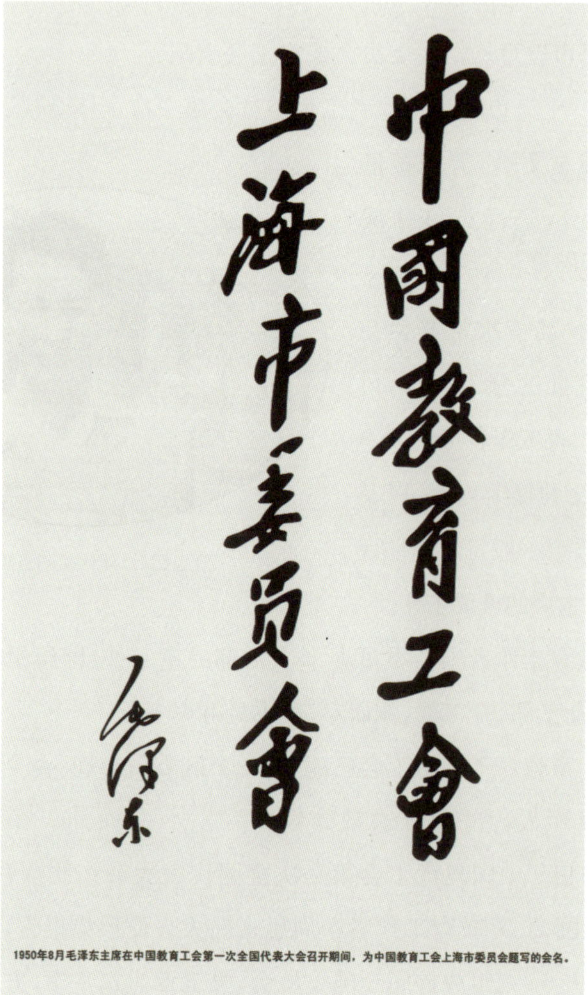
中國教育工會
上海市委員會
毛泽东
1950年8月毛泽东主席在中国教育工会第一次全国代表大会召开期间，为中国教育工会上海市委员会题写的会名。

毛泽东主席为上海市教育工会亲笔题写的会名

9月　遵照中国教育工会第一次全国代表大会决议和全国总工会的指示精神，上海市教育工作者工会改称中国教育工会上海市委员会，简称上海市教育工会，由上海市总工会和全国教育工会双重领导。

11月　市教育工会发动全市教工为抗美援朝捐献飞机大炮，交通大学教工提出捐献“上海教工号”飞机的倡议被采纳。

11月25日　市教育工会机关刊物《上海教工》创刊，该刊为10日刊，四开一张，每期发行5 000～10 000份。1952年停刊。

12月14日　市教育工会组织以大学教授为主体共2 000人参加抗美援朝示威大游行。

12月17日　市教育工会组织全市中、小学教师参加抗美援朝爱国主义宣传活动，1万多人组成92个大队、600多个小队，到工厂、里弄、戏园、茶馆等场所向约40万市民进行宣传。

12月　市教育工会机关工作人员48名，附属机构人员（教合、托儿所）54名。

12月　市立上海中学、私立南洋模范中学等2所中学成立工会组织。

1951年

1月　市教育工会组织高校及其他方面的专家学者数百人，建立经济、财政等12个研究会，专题研究高校及普教各科课程，出版《新民主主义论学习资料》《政治经济学讲授提纲》及大学语文教材等书刊。各研究会还编写了本学科的教学提纲。

1月　市教育工会发布本市大专院校各基层工会劳保工作情况报告，就教职员工日常生活照顾（理发、膳食、交通、住房、健康、经济）、特殊困难济助、会员待遇争取、建立互助组织、协办合作社、举办托儿所、推动人身保险等七个方面介绍和推广部分基层工会的工作经验。

3月27日—6月26日　为提高教育系统教职员工政治学习质量，市教育工会每周二下午 4:30～6:00，在上海人民电台举办“爱国主义讲座”，共 12 讲，邀请金仲华、黄华、郭化若等 12 位有关领导、著名学者作政治经济、时事政策、文化教育专题辅导报告。各级工会组织会员收听。

3 月 31 日　据市教育工会调查研究室统计，全市有各级各类学校 1 460 所，教职员工 31 884 人；其中，大专以上学校 45 所，教职员工 7 629 人。

4 月 2 日　市教育工会组织高校教师 110 人（教授占 80%）参加土地改革工作队，赴宁波及市郊农村参加土改运动，历时两周。土改期间全市参加过土改工作的教师共 782 人。

6 月　市教育工会组织发动全市教工参加保卫世界和平签名活动，共有 246 797 名教工和学生签名。

6 月 17 日　上海市中小学校教育工作者共一万余人在逸园举行欢迎中国人民赴朝慰问团代表大会，市教育工会主席方明致辞，并号召全市教育工作者捐献“上海教工号”飞机两架。赴朝慰问团代表雷洁琼、刘佛年讲话。

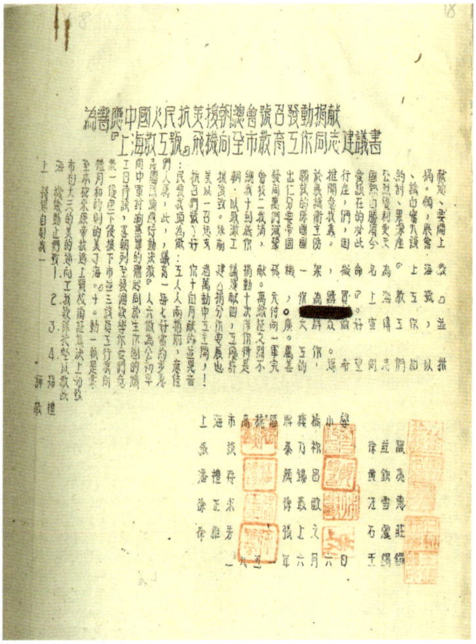

為響應中國人民抗美援朝總會號召發動捐獻『上海教工號』飛機向全市教育工作同志建議書

一九五一年六月六日

捐献“上海教工号”飞机建议书

6月19日 同济大学医学院①成立工会组织。

6月30日 据市教育工会统计，全市教育系统有教职工32 753人，其中女教职工11 615人；拥有基层工会1 421个，其中设立工会委员会276个，设组织员1 145个(25名会员以下单位工会设立组织员1人)，工会小组1 452个；工会会员27 903，入会率85.19%。

7月21日 市教育工会组织第二次中小学校教工参加抗美援朝爱国主义宣传活动，9 242人分成1 064个小队，深入到540个工厂、2 898个里弄进行宣传，听众达297 751人次，间接受影响的市民约100万人次。

9月 市教育工会响应抗美援朝总会的号召，组织全市教工订立爱国公约。至9月底，全市有1 414所学校订立了公约，占学校总数的99.4%，参加订约的教工32 453人，占教工总数的96.1%。

10月14日 华东教育部和市教育工会在华东教育部大礼堂举行学制改革座谈会，各校各单位90余人出席。会上，本会代表吴若安、华东师范大学廖世承、育才中学校长段力佩等11位教育工作者先后发言，充分肯定新学制的优越性。

10月20日 市教育工会就各级私立学校女职工生育期间代课(职)金问题，与市教育局进行商量。市教育局同意此项费用列入学校行政费开支项目，并移入学校预算。假期日数与代课(职)金计算标准按有关规定执行。本会要求各级工会通知学校行政方面，并督促执行。

11月 市教育工会开展全市中等、初等学校教职工健康情况的普查工作。在24 923名教职员工中，患病人数5 089人，占教职工总数的20.4%。报告对教职工患病情况的严重程度、危害性和患病原因等做了分析，并对预防和治疗教职工疾病提出了建议。

12月 上海市教育工会经市总工会向上海市人民政府民政局提交组织登

① 20世纪50年代，在全国高等学校院系布局调整中，同济大学医学院整体迁至武汉。2000年4月，同济大学与原上海铁道大学合并，在原上海铁道大学医学院的基础上恢复设立了“同济大学医学院”。

记表，进行了备案。

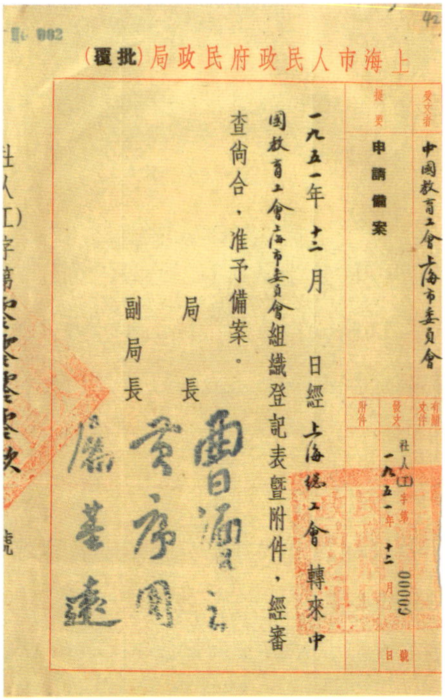
上海市人民政府民政局（批覆）

受文者：中國教育工會上海市委員會

提要：申請備案

一九五一年十二月　日經上海總工會轉來中國教育工會上海市委員會組織登記表暨附件，經審查尚合，准予備案。

局長

副局長

上海市民政局发给本会的批复

1952年

3月　市教育工会成立“五反”宣传大队（属上海市“五反”宣传总队第五大队），各区教育工会及学校成立宣传中队、小队364个，有3 600多名教工参加，在两个月的时间里，深入1 565个里弄，向161 649名市民宣传“五反”运动。参加“五反”检查队的教工有1 500人。

4月　全市为抗美援朝捐献飞机大炮的教工达32 967人，共捐款61.24亿元（旧币），超额翻倍完成捐献两架“上海教工号”飞机的计划。

4月　市教育工会会同市教育局、团市委，组织普教系统教职员政治理论和业务学习，近3万人参加，历时6个月，每周学习5～8小时。政治学习内容为社会科学基本知识(中学)和政治常识(小学);业务学习内容为凯罗夫教育学、五分记分制和教学法等。

5月　全市已有1 526所学校建立基层工会组织1 399个,其中,建工会委员会284个,建工会(会员25人以下单位)1 115个;全市33 198名教工中,工会会员已达29 884人,其中高校6 861人,中等学校6 297人,小学及业余教育16 726人。

5月　市教育工作者开始享受疗休养待遇,有40名教工赴杭州工人疗养院疗养。

5月　教工互助储金会已在256个基层单位建立,8 621人参加,有2 491人从中受益。

6月　市教育工会在两个区试办教师业余政治学校,招收学员507人;同时举办中小学教职员业余政治讲座,每周一次,每次有2 000余人参加。

7月　为配合普教系统教职员思想改造运动,市教育工会协同市教育局举办为期50天的暑期思想改造学习班,全市3 669人参加。

12月　市教育工会举办业余文化学校17所(其中直接管理8所),对全市工友(校勤杂工)进行文化补习,共设107个班级,3 348人参加学习。

截至1952年年底　全市基层工会建教工俱乐部93个,业余剧团3个,文娱研究班2个。

1953年

1月13日　市高校教工思想改造运动已基本结束,17所高校3 433名教职员参加了这一运动。至3月,共有7 000余名中小学教师参加思想改造运动。

1月14日　市教育工会向市教育局提出私立学校教师疾病、生育期间代课金由个人负担改由学校负担的建议。

1月28日　上海市第三届人民代表会议高校代表的选举,由市教育工会主持实施,17所高校共选出代表35名。

2月13日 根据全国教育工会华东办事处通知，上海医学院附属医院工会划归市医务工会领导。

3月 樊春曦任市教育工会副主席(专职)。

3月 全市有全日制学校2 066所，其中大专院校16所，中学221所；工会会员总人数已发展到31 847人，占教职工总人数的75.8%。

3月5日、4月3日 市教育工会两次发出通知，要求把学习、宣传和贯彻《婚姻法》作为当前工会的中心工作。

4月 市教育工会主席方明调全国教育工会工作。

4月 市教育工会组织调查组对部分学校进行深入调查研究，在写出的调查报告中，首次提出学校工会工作要面向教学。

4月17日 市教育工会、市教育局、团市委联合发出“关于加强改善市属学校教职工学习的通知”，对普教系统教职工的政治理论和业务学习作了具体部署。全市近3万教工参加了为期两个月的业余学习。

5月 继1952年对全市公立学校教工21 857人实行公费医疗之后，全市私立学校17 000余名教职工，也开始享受公费医疗。

5月2—11日 中国工会第七次全国代表大会在北京召开，推举刘少奇继续担任中华全国总工会名誉主席，赖若愚当选为全国总工会主席。

8月 龚家昌任市教育工会副主席(专职)。

8月 中国教育工会华东办事处撤销，5名工作人员并入上海市教育工会。

9月 市教育工会组成工作组，对4个区教育工会的工作状况进行历时一个月的全面调查研究，写出调查报告。在此基础上，本会下发了加强、调整、改进区级教育工会组织的意见。

9月16日 市教育工会、市教育局、团市委下发“关于1953年下半年市属学校教职员学习的通知”，在总结上半年学习的基础上对寒假前的学习作了部署。

10月 在市教育工会指导下，北四川路区(今虹口区)教育工会开展“小学教师代表会议”活动，作为对教师进行思想政治工作的试点。

11月28日　市教育工会、市教育局、团市委联合下发“关于直属学校教职员学习党在过渡时期总路线总任务的通知”，部署全市教工学习。

12月　市教育工会组织实施评选1953年度上海市先进工作者，共评选出20名。

12月12日　市教育工会对经济上有困难的患病、体弱教工及孕产妇发放营养品，共发放奶粉1 755磅，鱼肝油丸34 450粒，1 258人受益。

1954年

2月　新中国成立以来，各级教育工会把对生活困难会员经济补助作为一项重要工作，至此，补助金额已达25 634万元(旧币，相当于现在的25 634元人民币)，仅1954年春节就补助了761人。

2月　为解决女教师特殊困难，全市教育系统已建托儿所(站)40所，收托幼儿1 224名。

3月2日　市总工会决定，市教育工会副主席王子成调市总工会宣传部工作；樊春曦任市教育工会党组代理书记、副主席，主持工作。

3月5日　市教育工会组织教育系统教工认购1954年国家经济建设公债，43 899人(包括部分学生)认购1 682 199万元(旧币)，超计划265%。

4月　市教育工会机关调整后设置为一室三部：办公室、大学部、中学部和小学部。

4月　中共上海市委宣传部通知，从即日起，学校教工的政治、业务学习由教育行政部门负责组织，各级教育工会负责组织各项辅助性活动加以配合。

4月　全市教工学习过渡时期总路线、总任务告一段落。三个月来，高校有4 500名、中小学有30 000名教工参加学习。

5月15—17日　市教育工会一届一次代表会议在静安区工人俱乐部召开，

市总工会副主席钟民到会讲话，樊春曦作工作报告。会议选举王子成等45人为出席上海市工会第二次代表大会的代表。

7月 市教育工会组织全市教工学习中华人民共和国宪法草案，全市300余所学校1万余人参加历时一个月学习，还组织政治课教师向24万学生讲解宪法草案。

7月28日—8月21日 市教育工会在市三女中开办上海教工暑期休息站，每期四天，共举办五期，2 006名教工参加休息休养。

8月 市总工会决定，金立人任市教育工会副主席兼大学部部长。

8月13日 经市总工会党组决定，市委组织部批准，市教育工会党组由7人组成，樊春曦任书记。

8月17—20日 市教育工会召开第一次中等学校工会工作会议，主要议题是工会工作如何面向教学。

9月 暑期，全市有140名教工分四批赴太湖华东工人疗养院疗养。

12月 为推进工会工作“面向教学”，市教育工会在各类学校组织推广“生产会议”经验，14所高校召开了59次“生产会议”，80所中小学召开了108次。①

1955年

1月10日 上海市工会第二次代表大会召开，钟民当选市总工会主席。大会决定上海市总工会名称更改为上海市工会联合会。市教育工会系统有42名代表出席本次大会。

2月 市教育工会对全市私立中小学生活困难教工进行春节经济补助，共对819人补助20 685万元(旧币)。

4月 市教育工会组织全市教工认购1955年度国家建设公债，48 907人(占教工总数90.14%)共认购1 095 553元(新币，币值改革后新人民币1元等

① 生产会议是一种群众性的会议。会议根据群众需要召开，组织群众力量，指出单位工作中的不足，帮助群众解决问题，受到群众的欢迎。当时，各类学校借鉴生产会议经验，面向教学，推进工作。

于旧币1万元)。

4月1日　全市有教工54 255人,会员45 816人,基层组织1 806个。

5月　经市工会联合会、市教育工会等推荐,市教育工会副主席王子成、金立人当选第一届上海市政协委员。

5月12日　市教育工会向全市高校工会转发上海交通大学工会“关于发动教师向学生进行政治思想工作报告”。

6月12日　上海市教工第一届体育运动大会在虹口体育场举行,全市5 050名教工运动员参加比赛,田径有2项破市纪录,15项破市工人运动会纪录。3万余名教工入场观看。在此以前,全市各区各校普遍举办了教工体育运动会,约有50%的教工参加。

The opening ceremony of a Shanghai educational workers' sports meeting

第一届教工运动会开幕式现场

7月2日　市教育工会在市工会联合会大礼堂召开一届二次代表会议,出席代表680人,刘佛年副主席致开幕词,刘季平副市长作报告。

8月　市教育工会组织大、中、小学教工200余人分3批赴安徽省参观社会主义建设成就，先后参观佛子岭水库、淮南煤矿、省农业展览会等。

8月　上海教工体育代表队男篮、女篮、女排32人，田径队20人参加在青岛举行的全国教育工作者体育运动选拔赛，球队16人及田径队9人入选参加全国工人运动会。

9月　全市高校有教工篮球队、排球队、乒乓球队、足球队共计145支，共1 446人。

10月　上海戏剧学院华东分院炊事员顾某患肺结核病，休息6个月后，医生证明可以恢复轻工作，但校方劝其退职。市教育工会进行调查认为校方处置不妥，建议市教育局干预，使顾某工作得到恢复。

10月　市教育工会对高校工会提出“教学、教育、生活三位一体，以教学为中心”的工作方针。

10月　10所高校工会设专职干部共20人，其中包括主席1人，办公室主任3人，秘书6人。

11月　部分高校工会下设部门工会委员会。

11月16—20日　日本教职员工会(又称“日教组”)一行35人来华访问，赴华东师范大学、第一师范学校等校参观访问，并与教工进行座谈交流。

12月7日　教工参与学校民主管理性质的“生产会议”经试点后在各高校普遍实行，15所高校召开“生产会议”116次，内容涉及学生减负、考试考察、生产实习、教师工作等。另外，在中小学校召开“生产会议”814次。

12月14日　市教育工会对全市高校和中小学教师的工作、生活、收入、健康以及文化生活等状况进行调查研究，分别写出有关高校教师和中等及初等学校教职员生活情况的两份调查报告。

12月　市教育工会深入交通大学、复旦大学等校，通过开座谈会、个别访谈等方式，向党组织负责人、教授、工会干部调查了解贯彻知识分子政策、党对工会领导、工会与行政关系、工会工作等问题，并写出了调查报告。

1956年

1月19日　全市156所私立中学、621所私立小学，从即日起全部转制，改为公立学校。

2月27日　市教育工会下发关于工会经费垂直管理的通知。从1月1日起，行政按全员工资总额的2%拨缴工会经费。基层工会按行政拨缴总额的50%留用，另50%上缴上级工会。会员缴纳的会费70%留基层工会使用，30%上缴。

3月2日　中国钟声体育协会上海市筹备委员会成立，陈其五任主任委员，会址设在市教育工会内。中国钟声体协是教育、科技系统群众性体育组织。

4月21日　市教育工会召开委员会（扩大）会议，讨论确定李国豪、周铭、严灏景、谷超豪、吴文琪、潘孺荪、李振宇、程卓如、张汇兰、匡定波、金一鸥、褚圻、臧慧芬、许善鑫等14人，为上海教育界出席4月30日在北京召开的全国先进生产者代表会议的代表。

4月　春假期间，市教育工会组织1万余名教工参观工厂和郊区农业生产合作社；组织6600余人赴杭州、无锡等地休息休养。

5月16日　为解决中小学教工住家离工作单位较远、身体差、家务牵累多的困难，市教育局与市教育工会联合发出通知，将逐步把有困难教师调到离家较近的学校工作，要求符合上述条件的中小学教师申请登记。

5月25日　市教育工会对全市教工的居住、交通情况进行一次较全面调查，形成调查报告并报送有关部门。

6月　市教育工会推荐徐汇区永嘉路第二小学周月英，作为中国女教师代表出席世界妇女大会。

7月23日　上海市教工暑期艺术团成立。艺术团下设9个队，团员300余人。

8月6—15日　中国教育工会第二次全国代表大会在北京举行。吴玉章当选为主席，方明等当选为副主席。上海有18名代表出席。

9月4日　为召开市教育工会第二次代表大会，中共上海市委决定建立由钟民、薛尚实、陈琳瑚、樊春曦等 10 人组成的临时党组，钟民任书记，陈琳瑚、樊春曦任副书记。

9月　市教育工会暑期组织 1 294 名教工赴安徽、杭州、青岛等地休养；948 名教工在市内休息站休养；1 200 余名教工子女参加各地举办的夏令营。

11月　上海市教工业余艺术团正式建立。全团下设舞蹈、管弦、话剧、京剧、相声、评弹、创作等 9 个队，370 名团员来自全市大、中、小学及幼儿园。

12月 15—21日　中国教育工会上海市第二次代表大会在市府礼堂召开，202 名代表出席。薛尚实致开幕词，刘季平作政治报告，樊春曦、金立人、段力佩分别作工会工作、财务工作和经审工作报告。李向群、陈琳瑚分别代表市高教局和市教育局作工作报告，市委书记魏文伯、市工会联合会主席钟民到会讲话。大会选出 47 人组成第二届委员会，7 人组成经审委员会。

中国教育工会上海市第二次代表大会全体代表合影照

12月　市教育工会第二次代表大会决定，改区教育工会委员会为工作委员会。

12月　为配合全面工资改革，市教育工会发出“关于各高等学校及中等学校工会组织进行群众工资工作的通知”，要求各级工会组织做好宣传教育工作，协助并监督行政做好本单位的工资改革工作。工改工作 9 月份启动，12 月底基本结束，大部分教工的工资得到增加。

12月　市教育工会机关调整后设置为：主席室、办公室、业务部、组织部、宣传部、财务部和生活福利部，以及秘书科。

12月31日　市教育工会第二届委员会召开第一次全体会议，选出由15人组成的主席团，选举薛尚实任主席（兼职）、樊春曦、杨士达（兼职）、金立人、赵传家（兼职）任副主席；经审委员会选举蒋云任主席，邢育青任副主席。

截至1956年年底　全市有教工71 980人，会员57 508人，占教工总数的80%。

1957年

1月6日　前英国教师工会主席吉尔斯来华访问，在沪期间参观了上海中学、市工人文化宫、市少年宫、市教育工会等。

1月　市教育工会进行机构调整，调整后的机构为一室五部一处：主席室（设秘书长、副秘书长）、组织部、业务部、生活福利部、宣传部、财务部和秘书处。

2月21—27日　日本教职员工会（日教组）第二次教育考察访华团一行41人，在团长中央执行副委员长宫之原贞光率领下访沪，参观上海市大中小学16所，召开座谈会11次，与500名教工一起联欢。

2月27日　全国教育工会与日教组在上海市工会联合会礼堂签订两国教育工会临时协议书。上海市教育工会薛尚实、樊春曦、金立人等参加签约仪式。

方明（右）与宫之原贞光（左）分别代表中日两国教育工会签订协议

3月31日—4月1日　上海市优秀教师代表大会在市人委大礼堂(市人民政府大礼堂)召开,2 000名代表出席,市委书记魏文伯和刘季平副市长分别做《政治报告》和《当前教育工作方针》报告。大会推选出席全国优秀教师代表会议代表72名和出席上海市先进工作者代表会议代表70名,通过了给毛泽东主席致敬电和给全市教育工作者的一封信。

4月　全市71 716名教工认购1957年国家建设公债1 748 616元,超额完成计划指标。

4月　中国人民对外文化协会上海分会、上海市教育局、市教育工会联合举办的"日本大阪儿童画展览——上海与大阪交换儿童画"在沪展出。7月12—17日,上海儿童画展览在日本大阪市举行。

4月26—29日　上海市职工家属代表会议召开,副市长曹荻秋、市工联副主席沈涵到会讲话。教育系统有42名代表出席;会上,教育系统有3人当选为出席全国职工家属代表会议的代表。

6月　市、区教育工会抽调28名专职干部,到基层单位指导整风运动。

6月11日　中共上海市委向全市各有关单位批转了《中国教育工会上海市第二次代表大会的工作总结》。

6月13—15日　锡兰大学教师协会访华团一行7人,在协会主席巴布特斯特率领下来沪访问,先后去学校、工人文化宫、工厂、研究所参观。

6月21日　市教育工会颁发"上海市各级学校工会组织召开常任制会员代表大会或会员大会的暂行条例",决定在部分学校实行常任制的会员代表大会或会员大会制度,参与学校的民主管理、民主监督。到年末,有30余所学校工会开会讨论学校行政工作计划。

7月　市教育工会协助有关部门,对全市2万余名教工进行健康检查发现,10%教师患有各种疾病。

7月　继市钟声体育协会筹委会成立之后,全市已有18个区和407个学校建立钟声体协组织,参加各种体育运动队的有1.3万人,参加"劳卫制"体育标准锻炼的有6 000人。

7月10日　市教育工会组织“教师学习周”活动，全市5万余名中、小、幼教师参加了为期一周的整风“反右派”学习。

7月23日　市教育工会发出“关于举办教工子弟学校的几点意见”的通知，要求有条件的区、校单独或联合开办教工子弟学校，并对有关具体事项作了原则规定。到9月13日，区教育工会联办、自办教工子弟中学6所，共设初、高中班17个。子弟中学有专职教师16人，兼职教师110人。

7月28日　市教育工会优秀工会积极分子代表大会在大光明电影院召开，1 428名优秀工会积极分子的代表出席并受到表彰。全市基层共评选优秀工会积极分子1.4万余名。

8月23—26日　港澳小学教师观光团一行14人在沪观光游览，先后到市少年宫、鲁迅纪念馆、工人新村等参观访问。

9月　市教育工会暑期组织158名教工分两路赴西北、安徽等地参观考察，294名教工到解放军驻沪部队进行慰问、参观和联欢；举办教工子女夏令营，有1 116名教工子女参加；786名优秀教工赴杭州屏风山疗养院休养。

10月17—22日　全印教育协会联合会副主席希尔卡拉尔率全印度教师协会代表团一行6人，在沪参观访问学校、工厂，并与上海教工进行交流和联欢。

12月　上海教工业余艺术团成立一年来共为教工演出150多场，观众达13万人次。

12月　由市教育局、市教育工会组成的教师住房分配委员会对市房调会调拨给的1万平方米，以及市教育局自建的1.3万多平方米，共23 097平方米住房进行分配，728户住房困难的中、小学教师受益。

12月2—12日　中国工会第八次代表大会在北京召开。赖若愚当选全国总工会主席。大会通过新的工会章程，将工会的组织原则由原来的产业原则，改为产业和地方相结合的原则。

截至1957年年底　市教育工会将基层工会经费结余（留存于本会部分）及由市工会联合会拨给本会的十万元作为基层建设工会俱乐部的经费，下拨给复旦大学、同济大学、华东师范大学、上海第一医学院（现复旦大学上海医学院）等4所高校建造工会俱乐部。

复旦大学、同济大学、华东师范大学工会俱乐部外景

1958年

1月　市教育工会80％机关干部响应上级号召，报名下乡劳动锻炼，有6人于15日下放到北郊东方红农业生产合作社。

1月22日　市教育局、市教育工会和团市委联合下发《关于本市中等学校师生寒假下乡参加义务劳动的意见》，要求组织中学师生2～3万人，下乡劳动4～5天。

3月4日 市工会联合会召开上海工人代表会议，教育系统186名代表出席。会议提出“比先进、比多快好省、生产大跃进”的号召。

5月13日 市教育工会在市人委大礼堂召开全市中小学教师“自觉革命奔向又红又专”活动分子大会，2000余人参加。市工联副主席沈涵、市教育局局长陈琳瑚等到会讲话。

8月14—17日 苏联教育工会代表团一行6人在团长谢米洛夫率领下，在沪参观了大、中、小学校，市少年宫和工厂、工人新村，与市教育局、市教育工会负责人座谈，并与200余名上海教工联欢。

8月15—18日 印度尼西亚教联代表团一行6人在团长苏佐诺率领下，从北京来沪访问，参观了学校、工厂、少年宫、工人新村，看望了民族资本家刘念智，并与上海200名教工联欢。

8月25日 市工联党组转发中共上海市委“关于实行工会权力下放的通知”。根据中共中央成都会议有关精神决定，工会实行同级党组织和上级工会双重领导，以同级党组织领导为主的原则。各级工会组织在政治上、思想上、组织上、业务上都必须无条件地接受同级党委领导，取消工会系统垂直领导，各级工会组织对内成为同级党委的工会工作部。

10月 经市工会联合会、市教育工会等推荐，市教育工会副主席金立人当选第二届上海市政协委员。

12月 “整风补课”后，市教育工会机构作了紧缩，大部分工作人员下放或调离，留下7人维持日常工作。上海市教育工会会址从南京西路1288号迁至市工会联合会(中山东一路14号)501、502室。

12月 市工会联合会党组决定，上海市教育工会转由中共上海市委教育卫生工作部领导。

1959年

1月 经国务院批准，原江苏省的嘉定、上海、宝山等3个县划归上海市管辖；同年12月，原江苏省的川沙、青浦、南汇、松江、奉贤、金山、崇明等7个县也相继划归上海市。10个县教育工会组织同时划归上海市教育工会领导。

1月 市教育工会专职副主席金立人调新成区（现静安区、黄浦区）区委教卫部工作。

1月10—16日 阿拉伯联合共和国教师工会代表团一行3人，在团长艾哈迈德、扎基穆罕默德率领下，由该国驻中国大使拉加卜、文化参赞巴德朗陪同，在沪参观了音乐学院、市少年宫及工厂、工人新村等，举行了报告会，并与上海教工举行联欢。

2月3日 市教育工会与市教育局联合行文，决定将本会所属的教工托儿所3所、托儿站59所、哺乳室13所（共收托教工子女2 000余名），下放到各区教育局管理。

3月27日 市教育工会迁至铜仁路257号与市教育局合署办公。1960年起市教育工会由市教育局党组代管。

8月27日 全国总工会决定上海市工会联合会改称上海市总工会。

8月28日—9月3日 伊拉克教师代表团一行10人在团长马姆杜哈·侯赛因·阿卢西率领下来沪访问，先后参观华东师范大学、市东中学等，并赴杭州游览。

8月30日—9月5日 锡兰教师代表团一行4人在沪参观访问，先后参观了部分高校和中小学校。

9月 市教育工会暑期组织1 509人赴杭州屏风山工人疗养院，第一、第二工人休养所和黄山休养；160人赴浙江新安江水电站、绍兴鲁迅故居等地参观；73人赴安徽参观小钢铁厂、水利工程、煤矿和人民公社等；2万余名教工参加市内游园活动。

10月　市教育工会组织并训练2 400名教工组成方队，参加上海市庆祝新中国成立十周年大游行。

1960年

2月4日　市教工春节联欢会在上海青年宫举行，市委宣传部、教卫部，市高教局，市教育局，市教育工会领导到会与近2 000名教工共同联欢。

5月　在全国教育、文化、卫生、体育、新闻方面社会主义建设先进单位、先进工作者评选中，市教育系统评选出先进单位409个，先进工作者543人。

6月1日　全国文教、卫生、体育、新闻系统社会主义建设先进集体、先进工作者代表大会（群英会）在北京召开，上海教育系统蔡祖泉等35名先进个人和51个先进集体出席大会。

8月13—16日　港澳教师参观团一行22人由广东省委办公厅有关人员陪同在沪参观，市委宣传部为代表团举行报告会，介绍国内外形势。

8月26—31日　应全国教育工会邀请，第三届世界教师代表大会代表14人在全国教育工会副主席方明陪同下，在沪参观访问学校、工厂、工人新村、人民公社。市教育工会为客人组织了有500名教工参加的报告会和联欢会。

9月　市教育工会暑期组织2 308名教工赴江西庐山、南昌，安徽黄山，江苏苏州、无锡，杭州屏风山工人疗养院休养，以及前往辽宁鞍山、浙江新安江、河南工厂和农村参观考察。

9月13—17日　应中国教育工会邀请，塞内加尔非宗教教育统一工会副总书记、联合党政治局委员恩多·恩代乃·阿玛杜率非洲教师代表团一行11人来沪访问。

10月1日　市教育工会组织2 400人组成教工方队，参加上海市庆祝新中国成立十一周年游行活动。

截至1960年年底　全市有教工119 110人，会员96 461人，占教工总数的81%；基层组织1 585个，工会小组7 912个，专职干部47名，兼职干部3 785

名;市教育工会机关工作人员14名。

1961年

1月13日　中共上海市委教卫部决定调樊春曦去上海中学工作,免去其市教育工会副主席职务。

2月13日　上海市教育工作者春节联欢会在上海工人文化宫举行。中共上海市委候补书记石西民、教卫部部长杨西光及市高教局、市教育局、团市委、市教育工会负责人,与4 500名先进教师和代表共同联欢。

7月　国家处于经济困难时期,从6月起,市教育工会对教工生活问题进行大量的专题和典型调查,涉及生活状况、教工食堂、困难补助、住房、退休教师等方面,调查工作持续到1962年年底,共写出调查报告和情况反映近20篇。

8月15日　市教育工会组织的上海教育工作者暑期游园会晚间在复兴公园及上海科学会堂同时举行,万余名教工参加。

9月　市教育工会暑期组织1 136名教工赴黄山、雁荡山、屏风山工人疗养院休养,以及赴浙江新安江、绍兴等地参观考察。另外,组织335人赴杭州、无锡、莫干山、青岛等地自费旅游。

10月　市教育工会组织2 400名教工参加上海市庆祝新中国成立十二周年游行活动。

12月20日　经市总工会核准,撤销市教育工会所属的中国科学院上海分院的工会组织。

1962年

2月8日　市教育工会在国际饭店设宴招待中、小、幼教师,130名优秀教师代表出席。市委候补书记石西民、副市长金仲华及市教卫部、市高教局、市教育局、市总工会和市教育工会领导出席,并参加了市教育工作者春节联欢会。

5月31日　市总工会就工会专职干部编制问题批复市教育工会,同意本会直属基层工会专职干部总数保持原来的48名，最多不超过50人；高校、中专学校工会主要专职干部一般应考虑是基层工会副主席。专职干部的工资由所在单位工会经费支付，公费医疗及其他福利待遇仍由行政支付。

6月　经市总工会同意，市教育工会所属上海社会科学院工会组织撤销，会员保留会籍。

8月　市教育工会举办普教系统学校工会干部培训班，上海市中小学工会正副主席（工会干部）900余人参加。市总工会副主席周炳堃、市教育局副局长汪亚民分别作了工会和教育工作专题辅导报告。部分中小学校工会交流了工作经验。

8月25日　3 800多名教工代表参加在中苏友好大厦举行的上海市中小学教师暑期联欢会，市委候补书记石西民、教卫部部长杨西光及市总工会、市教育局、市教育工会领导出席。会前，市领导接见了60名先进教师代表。

9月　市教育工会暑期组织935名教工赴杭州、黄山、庐山、苏州、无锡等地休息休养。另外，还组织了320人自费旅游。

9月22日　市教育工会下发《关于直属基层工会专职干部及工会举办的事业单位工作人员编制、工资福利和集体福利经费补助等问题的意见》，对专职干部、俱乐部等工作人员的编制、配备、工资福利待遇等问题作了规定。

10月1日　市教育工会组织2 400名教工参加上海市庆祝新中国成立十三周年游行活动。

10月27日　市总工会报经中共上海市委整编委员会同意，确定上海市教育工会的编制人数为7人。

1963年

1月30日　市教育工会、市教育局、市高教局等在市人委大礼堂和市青年宫，举行教育工作者春节联欢会，6 000余名教职工出席。市党政领导到会并于会前接见了部分老教师和先进教师代表。

3月　市教育工会组织1963年度高校及中专校教工体育竞赛活动，竞赛项目有男女排球、男女乒乓球、男女棋艺及田径等。

9月 市教育工会暑期组织981名教工赴杭州、青岛、井冈山等地休息休养、参观考察，并组织2 500余名教工参观上海发电厂等16家大型国营企业。各区县、基层工会也组织了6万余人参加各种参观和文体活动。

10月1日 市教育工会组织2 400名教工参加上海市庆祝新中国成立十四周年游行活动。

11月 市教育工会举办小学及幼儿园教师政治理论基础知识讲座，邀请教育系统党政负责人、大学教师主讲"阶级、阶级斗争""人民群众和个人在历史上的作用"等四个专题，每次有1 200余人听讲。

11月5日 市教育工会对全市中小学校教职工住房困难情况作了一次较全面调查。据对普陀等7个区的调查统计，在44 825名教工中，有1 193名特困户申请住房，其中，住房人均不满1平方米的、住危房的、30岁以上待房结婚的、婚后无住房且已有孩子的、特殊困难的教职工有442人。

1964年

2月2日 上海市工会第三次代表大会在市人委大礼堂召开，张祺当选为市总工会主席。教育系统有31名代表出席会议。

2月18日 市教育工会会同市高教局、市教育局、团市委举行教育工作者春节联欢会，教育系统4 000余人参加。市党政领导及市委教卫部、市总工会和主办单位负责人到会，并在会前接见79名先进教师代表。

6月 市教育工会注重抓基层典型工作经验推广，半年来总结了上海第一医学院生理教研室工会小组"做人的思想工作"、华东化工学院[①]工会"依靠积极分子开展工会工作"、崇明路小学工会开展"三摆"活动等6个典型工作经验。

---

① 1952年华东化工学院由交通大学、震旦大学、大同大学、东吴大学、江南大学等校化工系组建而成，1993年更名为华东理工大学。

9月 市教育工会暑期组织640人赴杭州屏风山工人疗养院休养；31名中小学政治教师赴南昌—井冈山参观考察，250人赴新安江参观，3 000人在市内参观工厂，1 000人下农村了解社会主义教育运动情况。

10月1日 市教育工会组织2 400名教工参加上海市庆祝新中国成立十五周年游行活动。

1965年

2月9日 市教育工会会同市高教局、市教育局、团市委举行教育工作者春节联欢会，4 000余名教职工参加。市党政领导、市总工会及主办单位负责人出席，并在会前接见了70名教师代表。

9月 市教育工会暑期组织800人赴杭州屏风山疗养院休养，250名政治教师赴南昌—井冈山考察，45名中小学教工赴河北省阳原县考察普及小学教育情况。另外，组织部分教工参观市内工厂和农村，并下乡参加劳动锻炼。

10月1日 市教育工会组织2 400名教工参加上海市庆祝新中国成立十六周年游行活动。

截至1965年年底 市教育工会有下属基层工会55个，工会会员30 224人，教职工数35 923人。

1966年

1月 市教育工会根据“关于取消机关工会市级机构的报告”精神，同意撤销市教育局工会，会员保留会籍。

1月27日 市教育工会会同市高教局、市教育局、团市委在市人委大礼堂和人民大舞台举行上海市教育工作者寒假联欢会，4 000余名教职工参加，市党政领导及主办单位负责人出席，并在会前接见了84名教师代表。

2月11日 市总工会决定，市教育工会秘书长陈浩任市教育工会副主席。

11月19日 市教育工会召开全体工作人员会议，讨论教工业余艺术团问题，同意艺术团建立毛泽东思想宣传小分队（红艺兵）。

1967年至1977年

“文化大革命”开始后，市教育工会的正常工作基本停顿，其一切组织活动中止。

第三篇

恢复发展与改革创新

（1978 年 1 月—2020 年 5 月）

1978年

3月18—31日　中共中央在北京召开全国科学大会。上海高校系统苏步青、李国豪等12位代表出席，并被评为全国科技先进个人。邓小平在大会讲话中明确指出“知识分子是工人阶级的一部分”，重申了“科学技术是生产力”这一马克思主义基本观点，打开了“文化大革命”以来长期禁锢知识分子的桎梏，迎来了科学的春天。

5月　全国总工会发出召开中国工会第九次代表大会的通知，恢复市教育工会组织及活动提上议事日程。市教育工会原副主席陈浩参加了上海市工会第六次代表大会的筹备工作，并负责恢复市教育工会组织活动工作。

8月12日　陈浩以个人名义向市教育局党组、市教卫办和上海市工会第六次代表大会筹委会分别送交了有关恢复上海市教育工会组织及活动的报告。

9月　上海市工会第六次代表大会在市革委会大礼堂举行，王林鹤当选为市总工会主席。部分高校工会有代表参加。

10月11—21日　中国工会第九次代表大会在北京召开。邓小平代表中共中央、国务院向大会致辞，强调了工会的本质属性和维权职能，要求工会组织必须密切联系群众，让工人信得过、能替工人说话，为工人办事，为中国工人运动发展指明了方向。倪志福当选为全国总工会主席。

10月16日　市教育工会与市教育局共同组织教育业务知识讲座，市、区县和重点中小学校、幼儿园行政干部以及工会干部参加听讲，每周一次，共20讲。

10月18日　市教育局党组向市教卫办递送了《关于建立上海市教育工会第三次代表大会筹备委员会及有关问题的请示报告》。

12月12日　根据中国工会“九大”精神，全国总工会已决定恢复全国教育工会。市总工会与市教卫办联合向中共上海市委请示，提出恢复上海市教育工会组织，建立市教育工会筹委会，并在适当时候召开上海市教育工会第三次代表大会筹备委员会的建议报告。

截至1978年年底　上海市大中小学校和幼儿园有教职工192 997人，其中高校39 534人。

1979年

2月　获中共上海市委组织部批复同意，市教育工会第三次代表大会筹委会由24人组成，刘佛年任主任，段力佩、陈浩、王向毅、吴佩芳任副主任，杨其茂任秘书长。

市教育工会第三次代表大会筹委会副主任陈浩（左二）与方明（右二）等合影

2月　市教育工会会址迁至陕西北路500号（市教育局内），机关工作人员6人。

1978—1991年上海市教育工会办公地点

2月 市教育工会各基层组织及活动陆续恢复，从当月起，行政向工会拨交经费制度也相继恢复。行政按职工员工总额的2%拨缴工会经费，拨缴的经费分成比例为：高校60%留校工会，40%上交市教育工会，市教育工会再将其中50%上交市总工会；普教60%留校工会，40%上交区县总工会(办事处)，区县将其中50%上交市总工会。

2月3日 市教育工会、市教育局、团市委举行教育工作者春节联欢会，教育系统近8 000人参加。市委书记王一平，市革委会副主任杨恺，市教卫办、市总工会及主办单位负责人出席，并于会前接见了80名先进教工代表。

2月10日 市教育工会下发通知，正式启用"中国教育工会上海市委员会"印章。

4月12日 市教育工会向市教卫办提交《关于高等学校工会组织整建工作的报告》，分析了本会所属的24所高校工会情况，同济大学等12所高校已建立工会筹备委员会或恢复原工会委员会；上海科技大学①等7所高校着手进行筹备工作。上海戏剧学院等5所高校工会整建工作尚未开始。"报告"就进一步做好基层工会整建工作提出了意见。

5月24日 全国教育工会下发通知，经全国总工会书记处批准，省市自治区教育工会的名称为"中国教育工会XX省(市、自治区)委员会"。

8月20—23日 日本兵库县教职员工会友好之船访华团一行494人由团长本冈绍次带领抵沪访问，参观了工人新村、少年宫、人民公社、工厂、鲁迅纪念馆等，还与上海教师座谈交流、联欢。

下半年 市教育工会在上海铁道学院②、育才中学、虹口区三中心小学等学校率先开展教代会制度试点工作。

9月 中断13年之久的暑期教工赴外地休息休养、参观考察活动恢复。市

① 全称上海科学技术大学，后并入新组建的上海大学。
② 2000年4月与同济大学合并。

教育工会共组织了2 291名教工到庐山、青岛、杭州莫干山、无锡宜兴等地休息休养、参观旅游。

9月26日　市总工会在文化广场召开新中国成立三十周年表彰先进大会，教育系统有455人受到表彰。

10月8日　市教育工会发出通知，要求各级教育工会对恢复托儿所(站)工作给予支持。各区在托儿所恢复过程中，共得到本会近5万元的资助。“文革”中，它们大多数停办或撤并。

12月6—19日　全国教育工会在北京召开工会工作会议，根据中央“拨乱反正”精神，总结历史经验，研究确定新时期教育工会工作方针和任务。方明在会上作了报告，教育部和全国总工会的领导到会讲话，党和国家领导人方毅、邓颖超、胡耀邦在人民大会堂会见代表并讲话。3位领导的讲话摘要及会议纪要会后由全国总工会转发。陈浩等4人代表上海出席会议。

1980年

2月　市教育工会、市教育局联合召开上海市教育系统1979年度先进工作者表彰大会，536名先进工作者受到表彰。评选先进工作者的工作开始由市教育工会主持进行。

2月8日　市高教局、市教育局、团市委、市教育工会联合举行教育工作者迎春茶话会，教育系统300余人出席。市党政领导彭冲、陈国栋、夏征农、陈沂、杨恺及市教卫办、总工会、主办单位领导出席，彭冲、陈国栋讲话。下午及晚上在市府礼堂、文化广场等7个剧场举行文艺演出，全市近2万名教工观看。

4月　市教育工会下属基层工会以及区县教育工会已基本恢复。在20个区县中，已建工作委员会7个、筹委会8个，筹建筹委会5个，专职干部33人；32所高校、6 612所中小学校和幼儿园恢复了工会组织。

4月　全国总工会转发《关于在学校试建教工代表大会制度的请示报

告》,及中央书记处宋任穷、方毅、胡耀邦批示,要求在全国“积极试点,总结经验逐步推开”。

4月　高校系统的市劳动模范评选推荐工作由市教育工会负责。上海教育工作者首次获得劳动模范称号,高校系统董亚芬等27人荣获1979年度上海市劳动模范荣誉称号;复旦大学化学系物理化学教研室等8个集体荣获上海市模范集体荣誉称号。

4月19—23日　全国教育工会在上海市召开部分省市教育工会工作经验交流会,全国总工会副主席张祺、全国教育工会副主席方明、上海市教卫办副主任舒文、上海市总工会副主席张伟强等到会并讲话。此次会议的主题是总结教代会试点工作的经验,陈浩介绍了上海市试点工作情况。截至当时全国已有12个省市的8所高校、4所中专校及159所中小学校进行了教代会试点。

7月　市教育工会向市教卫办呈送书面报告,提出在本市继续扩大教代会试点并逐步推广的意见。随后在上海第一医学院(现复旦医学院)、上海第二医学院(现上海交通大学医学院)、上海纺织工学院(现东华大学)、上海科技大学等4所高校及建江、大境、市西中学等12所中小学校扩大了试点范围。

9月　市教育工会暑期组织1 760名劳模、先进工作者等分赴北戴河、庐山、厦门、莫干山等地休息休养;600名中小学各科骨干教师分赴绍兴、西安、延安、南京等地作专业参观考察。

9月3日　市教育工会、市教育局联合发出全市中小学校及幼儿园开展庆教龄活动的通知,决定对满30年教龄的教师颁发由市教育局和市教育工会共同署名的“30年教龄纪念证书”,并形成制度。

9月25日　市教育工会、市教育局举行上海市中小学30年教龄教工代表会,1 400余名满30年教龄的教师和其他方面的代表共2 000余人出席,市委书记夏征农讲话,市政协副主席宋日昌以及有关方面领导出席。会上向全市

9 000多名满30年教龄的教师颁发纪念证书。

截至1980年年底 上海市教育系统在会会员21万多人。市教育工会机关工作人员15人。

1981年

1月5—12日 教育部和全国教育工会在北京召开教工代表大会试点工作汇报座谈会,11个省市的学校和地方党、政、工干部出席。教育部副部长张承先,全国总工会副主席宋侃夫,全国教育工会主席方明,中组部宣传干部局局长沙洪在会上讲话。上海市教卫办副主任马万杰、上海市教育工会副主席陈浩等11人参加会议。

1月 教育部和全国教育工会下发《教代会试点汇报座谈会纪要》,肯定了"教代会是调动教工的积极性,实行民主办学的好形式";提出"可以在各地进行试点,总结经验,逐步推开,同时注意不一轰而起搞形式主义"。"纪要"对教代会的性质、职权、工作机构等问题作了初步阐述。

2月13日 204名教师出席上海市中、小学教师、幼托工作者新春座谈会,市教卫办、市总工会、市教育局、市教育工会以及各区县教育局党政工负责人出席。市教卫办副主任舒文、市总工会副主席王关昶在会上讲话。

3月 教育部、全国教育工会下发《关于今年组织教职工暑期活动的通知》,明确了教工暑期活动费用的开支:来往旅费由学校当地教育行政部门负担(高校由学校行政负担),活动期间的床位费、伙食补助费,市内交通费和各项活动费用由工会负担。

4月 文汇报社、市教育局、市教育工会联合组织的推选"优秀人民教师"活动,共收到推荐信115 121封。从中评选出"优秀人民教师"108名,先进教师425名。8月31日举行表彰授奖大会,市党政领导到会讲话。

5月19日 为贯彻《教代会试点汇报座谈会纪要》精神，加快试行教代会制度，市教育局和市教育工会联合召开区县教育局、教育工会负责人座谈会，静安、虹口、川沙3区县教育局负责人作了交流发言。全国教育工会主席方明、市教卫办副主任刘芳、市教育局副局长陈源、市总工会秘书长沈默出席并讲话。

6月 为了解、掌握教师基本情况，市教育工会从4月起对培英中学、长宁中学两校的教师状况进行了为期两个月的深入系统调查。调查报告引起了市总工会和全国教育工会的重视，除报送中央有关领导参阅外，还向各省市教育工会转发。

9月 市教育局、市教育工会联合组织评选普教系统先进职工和先进集体活动，评选出先进个人250名，先进集体50个。12月9日召开表彰大会，市教卫办副主任舒文到会并讲话。

9月 市教育工会暑期组织2 376名教工赴大连、厦门、普陀山、庐山以及莫干山、建德、绍兴等地休息休养。

9月1日 市编制委员会确定上海市教育工会人员编制为20名。

9月11日 全国教育工会转发由中共中央、国务院批准的《国营工业企业职工代表大会暂行条例》，明确“科研、教育、文化等事业单位也要依靠群众，实行民主管理，可以参照这个条例的精神，结合各自的实际情况，制定各自的职工代表大会暂行条例”。

10月 市教育工会派出教工代表队参加上海市第五届职工运动会球类、田径、游泳、棋类等9个项目比赛，有35人(队)获得名次，其中取得两个第一名。

11月13日 市教育工会召开会议，表彰优秀工会积极分子669名，先进工会集体96个。市教卫办副主任刘芳、市总工会副主席张伟强出席并讲话。本会从中推选47人和13个单位出席市总工会表彰大会。

11月23日　市教卫办党组向市教育局党组、各高校党委下发《批转市教育工会〈关于加强工会组织建设的几点意见〉的通知》。明确高校工会党员正副主席中有1人参加校党委；教工2 000人以上的学校可配处级干部担任校工会办公室主任。

12月21—28日　全国中小学校工会思想政治工作经验交流会在北京召开，中共中央书记处书记习仲勋、全国总工会主席倪志福、教育部部长蒋南翔到会听取代表发言，习仲勋讲话。与会全体代表向全国教育工作者发出《建设社会主义精神文明　开展"五讲四美"为人师表活动倡议书》。上海市教育工会副主席陈浩等4人出席会议。

1982年

1月19日　上海市教育、卫生、体育系统1982年迎春茶话会和联欢会分别在上海展览馆和上海体育馆举行。市党政领导及教卫系统党政工负责人和500余名优秀教师、医护人员、运动员和教练员出席，杨恺发表讲话。

3月　市教卫办批转市教育工会《关于改进教育系统评选先进的请示报告》，规定中、小学校及幼儿园每年评选一次校（园）先进，每两年召开一次区县系统的表彰大会；高校每两年评选一次校先进，在此基础上评选推荐市劳模。

4月　高校系统章培恒等18人荣获1981年度上海市劳动模范荣誉称号；华东师范大学物理系1980级普通物理教学小组等5个单位荣获上海市劳动模范集体荣誉称号。

6月2日　为贯彻教育部和全国教育工会关于《教工代表大会试点汇报座谈会纪要》的精神，市教卫办转发上海铁道学院党委《加强党的领导贯彻群众路线，开好教工代表大会》的经验总结报告。

9月　市教育工会暑期组织904人赴杭州屏风山疗养院休养；组织2 853人赴大连、北戴河、西安等地休养休息。

市教育工会组织的上海高校教工赴大连学习休养团合影

9月　按照教育部有关精神，市教育工会会同市教育局、市房地产管理局对市区中小学教职工住房情况作了调查，撰写了调查汇报，报送教育部、城乡建设环境保护部和全国教育工会。“汇报”中提到，全市教职工中，住房困难者占26.1%。其中南市（现黄浦区）、普陀两个区，教师人均住房面积为4.18平方米，低于市区居民平均水平。

截至1982年年底　全年有132所学校召开教工代表大会或教工大会，其中高校7所，分别为上海铁道学院、同济大学、上海第二医学院、上海科技大学、上海海运学院（现上海海事大学）、华东纺织工学院、上海第一医学院。

市教育工会有下属高校工会38家，教职工47566人。工会关系隶属区县教育工会的中小学校工会2009家，教职工164955人，共计212521人。

1983年

1月5—13日　全国教育工会在北京召开高等学校工会思想政治工作汇报座谈会，上海交通大学、同济大学、上海第一医学院工会和上海市教育工会等在会上介绍了经验。中宣部副部长曾德林、教育部副部长彭佩云出席并讲话。

1月14日　市教育工会和市高教局、市教育局在文艺会堂召开高等学校职工教育经验交流暨表彰先进大会，4所高校介绍经验；华东化工学院等11个先进集体和上海财经学院（现上海财经大学）李鸿寿等39名先进个人受到表彰。

2月　市教育工会、市教育局召开教育系统工农教育经验交流和表彰大会，长宁区第一业余中学等21个先进集体和王文培等78名先进个人受到表彰。

2月4日　上海市教育工作者迎春茶话会在上海展览馆举行，300名中年骨干教师、优秀班主任、优秀政治辅导员、“五讲四美”为人师表活动先进个人和先进集体代表出席，市党政领导夏征农、杨恺到会并讲话。下午，全市5 000余名教工代表参加了迎春联欢会。

3月5日　上海市教育工会收到上海师范学院（现上海师范大学）学生会、工会、团委向全市50所高校发出的建立“教师节”倡议书的函文，并于同年5月4日正式报告全国教育工会。

4月1—6日　全国“五讲四美”为人师表活动先进代表会议在北京召开，胡乔木等中央领导和全国人大常委会、全国政协领导，以及全国总工会、教育部、全国教育工会等负责同志出席。13名上海代表参加会议。会上，上海有44个先进个人和先进集体受到表彰。

“五讲四美”为人师表活动上海部分代表合影(后排左四：方明、前排右四：于漪)

5月6日　市教育局、市教育工会召开上海市中小学幼儿园“五讲四美”为人师表活动先进代表会议。会上授予560人为上海市“五讲四美”为人师表活动先进教育工作者，44个单位为先进集体。市党政领导陈铁迪、杨恺到会讲话。

7月13—18日　教育部、全国教育工会在北京联合召开高等学校教职工代表大会工作座谈会。会议交流了教代会工作，讨论拟订了《高等学校教职工代表大会暂行条例》草案。上海市教育工会和4所高校的9位代表出席会议。

8月10—13日　上海市工会第七次代表大会在上海展览中心召开。袁张度当选市总工会主席。市教育工会系统32名代表出席本次大会，廖蜀麟、张则谅、王礼本当选委员，谭先之、杨健当选出席中国工会第十次代表大会的代表。

9月　市教育工会暑期组织3 000余名劳动模范、“五讲四美”为人师表先进、优秀班主任、优秀政治辅导员等赴北京、井冈山、青岛等地休息休养和参观考察。

9月　上海代表在出席全国“五讲四美”为人师表活动先进代表会议期间，出资购买图书资料和教学仪器设备，赠送给部分边远民族地区的农村学校。

10月　全国总工会授予上海第一医学院基础部工会全国“模范职工之家”荣誉称号。

10月19—29日　中国工会第十次代表大会在北京召开，倪志福当选为全国总工会主席。上海教育工会系统谭先之、杨健2名代表出席本次大会。

11月　上海市教育工会主席刘佛年等4人访日，参加第三十三次兵库县教育研讨会，开展教育交流。

11月22日　中共上海市教育卫生工作委员会（以下简称“市教卫党委”）向高校党委批转市教育工会《关于组织高校青工参加自学轮训的几点意见》，提出采取正规办学、脱产轮训的形式，在三年内学习“中国近代史”等3门课程。轮训工作由各校工会具体负责组织实施。

11月22—23日 在市教育工会指导下，上海交通大学举行第一届教职工代表大会。中共中央政治局委员、上海交大校务委员会主任王震以及教育部给大会发来贺电。大会主要议题是听取学校工作报告，讨论学校建设发展规划。会议共征集到提案456件。市总工会主席袁张度出席并讲话。

上海交通大学首届教代会会场

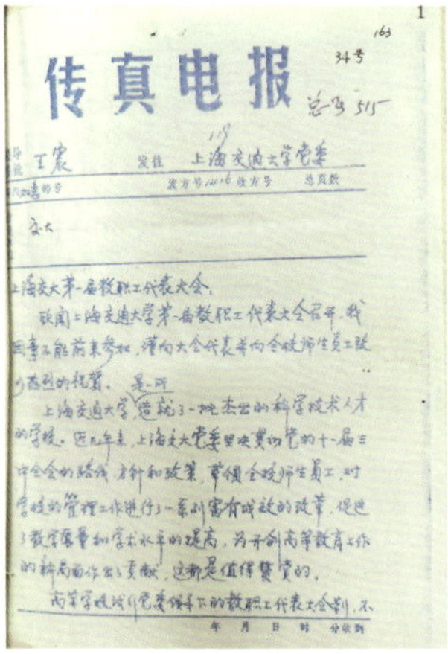

传真电报 34号 总号515

王震 发往 上海交通大学党委

交大

上海交大第一届教职工代表大会：

欣闻上海交通大学第一届教职工代表大会召开，我因事不能前来参加，谨向大会代表并向全校师生员工致以热烈的祝贺。

上海交通大学是一所造就了一批杰出的科学技术人才的学校。近几年来，上海交大党委坚决贯彻党的十一届三中全会的路线、方针和政策，带领全校师生员工，对学校的管理工作进行了一系列富有成效的改革，促进了教学质量和学术水平的提高，为开创高等教育工作的新局面作出了贡献，这都是值得赞赏的。

高等学校实行党委领导下的教职工代表大会制，不

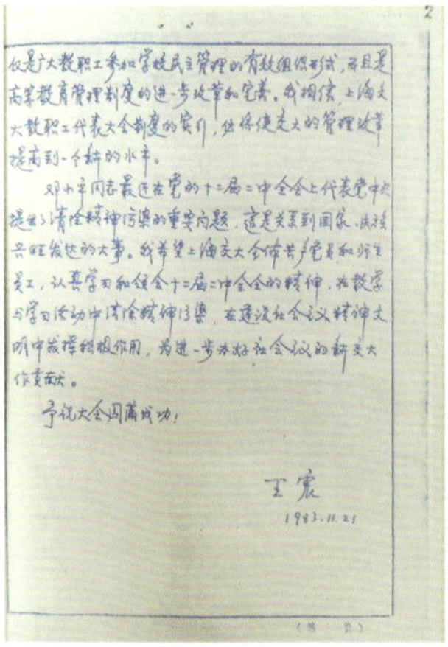

仅是广大教职工参加学校民主管理的有效组织形式，而且是高等教育管理制度的进一步改革和完善。我相信，上海交大教职工代表大会制度的实行，必将使交大的管理改革提高到一个新的水平。

邓小平同志最近在党的十二届二中全会上代表党中央提出了清除精神污染的重要问题，这是关系到国家、民族兴旺发达的大事。我希望上海交大全体共产党员和师生员工，认真学习和领会十二届二中全会的精神，在教学与学习活动中清除精神污染，在建设社会主义精神文明中发挥积极作用，为进一步办好社会主义的新交大作贡献。

预祝大会圆满成功！

王震
1983.11.21

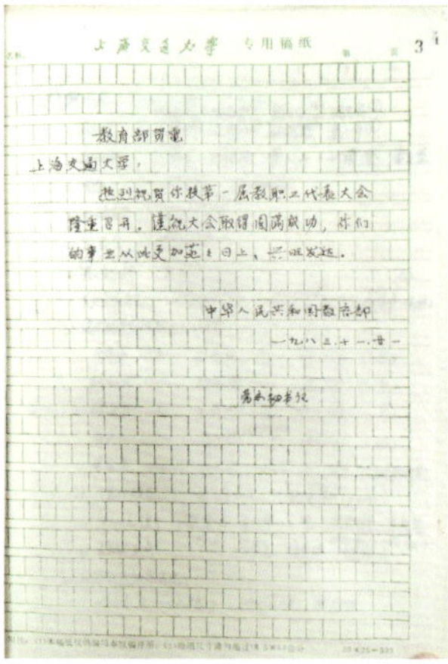

上海交通大学 专用稿纸 3

教育部贺电

上海交通大学：

欣闻你校第一届教职工代表大会隆重召开。谨祝大会取得圆满成功，你们的事业从此更加蒸蒸日上、兴旺发达。

中华人民共和国教育部
一九八三.十一.廿一

贺电内容

1984年

1月25日　市教育工会举行迎春茶话会，市党政工领导以及教育系统300余名市劳模、优秀班主任、“五讲四美”为人师表先进教育工作者等出席。市委常委陈铁迪到会并讲话，教工艺术团进行了慰问演出。

2月20日　市教育工会、市教育局、市房地局，联合向教育部、城乡建设环境保护部、全国教育工会报送《关于1983年度上海市中小学教职工住宅建设工作汇报和报送住房建设情况一览表》。报告1983年度上海市教职工住宅投资、建设情况。1984年年初，住宅建设全部竣工后，可改善1万户教工住房条件，为市区现有教工困难户的三分之一。

3月　市教育工会、市教育局、团市委联合发出《关于进一步开展创文明学校活动的意见》，部署在全市中小学校和幼儿园开展争创文明单位活动。

3月　市教育工会发出《关于在本市中小学、幼儿园中开展争创文明组(室)活动的通知》，决定在年末评选文明单位的同时，评选文明组(室)。

3月8日　市教卫党委同意市教育工会的领导关系由市教育局党组转到市教卫党委。

3月28日　市教育工会制定的《上海市高等院校教职工代表大会暂行条例》，经市教卫党委批准下发各试点单位试行。

4月7日　由全国教育工会主持起草的《高等学校教职工代表大会暂行条例》征求意见稿，发至各省市教育工会征求修改意见，并提交6月召开的全国高校思想政治工作会议讨论。

4月26日　高校系统李郁芬等21人荣获“1983年度上海市劳动模范”荣誉称号；复旦大学中国历史地理研究所等5个单位荣获“上海市模范集体”荣誉称号。

4月24—27日　应全国教育工会邀请，以副委员长桥口和子为团长的日本教职员工会代表团一行6人，在上海参观访问了华东师范大学、中福会幼儿园、市少年宫等。

4月26日　市教育局、市教育工会联合向各区县教育局、教育工会发出《关于本市中小学教工住房分配的几点意见》，对分房对象、分房的组织领导、分房办法及程序等作了具体规定。

5月　教育工会恢复组织活动初期，各基层工会开办洗衣房数百个、理发室448个、缝纫组229个、休息室688个、阅览室684个，添置洗衣机706台。

5月　教育系统各级工会组织了对“文革”期间进校青工的文化补课工作。共组织12 371人参加文化补课工作，其中有3 262人获得初中、高中和大专毕业文凭。15 058名青工参加政治轮训和近代史学习班。

6月6—17日　中宣部、教育部、团中央和全国教育工会在北京联合召开全国高校思想政治工作会议，上海市教卫办、上海市教育工会和复旦大学、上海交通大学等8所高校的代表出席会议。全国教育工会主席方明讲话。

7月5—7日　日本山梨县教职员友好访华团一行22人在沪参观访问。

9月　市教育工会暑期组织3 500名教工赴桂林、庐山、武夷山等地休息休养。从当年开始，市劳模以及优秀教师的休息休养，除由本会负责邀请之外，教职工千人以上的高校，可以按教工总人数2%的名额自行组织活动。

11月　上海市退(离)休教育工作者协会成立，后改称上海市退休教育工作者协会(简称“退教协”)，理事长由陈浩担任。

11月13—15日　应上海市教育工会邀请，日本兵库县教职员工会(相当于我国省级工会)执行委员长石井亮一率兵库县代表团一行5人访问上海，拉开了上海市教育工会与兵库县教职员工会友好互访的序幕。访问期间，日方与本会座谈交流并参观大、中、小学校。全国教育工会主席方明、全总国际部副部长白立文分别在上海市、北京市会见代表团，并进行交流。

11月26—30日　全国教育工会在上海交通大学和上海第二医学院召开上海片教代会现场交流会，4个省市教育工会的负责人以及全国41所高校、上海市43所高校的领导和工会主席出席。现场会所在的两所高校的党委和工会代表在会上介绍经验。

12月5日　市总工会与市教卫党委联合发出《关于健全区县教育工会体制加强基层工会工作的几点意见》，明确上海市教育工会是上海市产业工会，接受市教卫党委和市总工会领导。各区建立工会工作委员会，受区（县）教卫部（教育局党委）和市总工会区办事处（县总工会）领导。市教育工会和市总工会区办事处（县总工会）对区县教育工会及所属基层工会的领导关系，实行条块结合，以块为主的原则，但在根据特点开展工会工作方面，应尊重市教育工会的领导。

12月6—8日　中国教育工会上海市第三次代表大会在沪西工人文化宫举行。这是时隔28年之后召开的新一届代表大会，代表全市21万教育工作者的431名代表出席。刘佛年致开幕词，大会筹委会副主任陈浩作工会工作报告，杨其茂作工会财务工作报告。市委常委、市教卫党委书记陈铁迪，全国教育工会主席方明，市总工会副主席陈秀凤到会讲话。大会选出47委员组成的第三届委员会和7名委员组成的第三届经费审查委员会。大会一致推举刘佛年为市教育工会名誉主席。陈浩任市教育工会顾问。

三届一次全委会会议选举产生9名常委；蔡祖泉任主席，鲁巧英（专职）、吴世华、吴佩芳、陆继椿、金伟民（专职）任副主席。三届一次经审全委会议选举李儒训为主任，沈兴法为副主任。

1985年

1月28日　根据中共中央宣传部的意见，教育部、全国教育工会联合颁发《高等学校教职工代表大会暂行条例》。自此，高校教代会有了第一个法规性质的文件。

2月10日　400余名优秀教师代表参加上海市教育工作者迎春茶话会，市党政领导出席。市委常委、市教卫党委书记陈铁迪讲话。会上宣读了市教卫党委、市教育工会等8个单位“致全市教师的慰问信”和市教育工会、解放日报社联合发出的“开展尊师重教活动的倡议书”。

2月14日　市教育局、市教育工会联合发出首届教师节《开展尊师重教活动的通知》，要求在春节期间，对教师，特别是优秀教师及患病、离退休、孤老教师，普遍进行一次慰问；抓紧住房分配，春节前后使一批教师搬进新居；检查知识分子政策落实情况；解除教师子女入学等后顾之忧。

4月　市教育工会、文汇报社、市音乐家协会、市文艺出版社《儿童歌声》编辑部，联合发起"用美好的歌赞美园丁"征歌活动，共收到全国应征歌曲1 235首。经音协组织专家筛选出46首，评出一、二、三等奖15名。8月20日主办单位在上海音乐厅举办获奖歌曲演唱会。

4月　按照全国总工会部署，市教育工会制定《关于高等学校基层工会创建"教工之家"验收标准和办法》，对本会所属高校工会"教工之家"建设工作进行首轮考核验收。

4月　全国总工会授予上海交通大学戚飞虎、华东师范大学陈吉余"全国五一劳动奖章"。

5月2日　市高教局、市老龄委复函市教育工会、市退教协，同意创办上海老年人进修学院。鲁巧英、陈浩任院务委员会委员、副院长。

5月27日　中共中央发布《关于教育体制改革的决定》，明确学校要"建立健全以教师为主体的教职工代表大会制度，加强民主管理和民主监督"。

7月27日　日本兵库县教育文化交流友好之船访华团一行514人由团长石井亮一率领，第二次访问上海。在沪期间，访华团与上海教育、文化界进行对口交流，举办了中日友好上海、兵库少年儿童作品展览会，并进行参观访问活动。代表团还到南京、无锡市开展交流。市教育工会领导刘佛年、蔡祖泉、鲁巧英、金伟民等出席欢迎仪式。

8月4—6日　日本大阪市教职员组合代表团一行20人在团长、大阪府教职员组合委员长岩井贞雄率领下，在上海参观访问，拜会了上海市政府、市总工会和市教育工会，参观了学校、少年宫、工人新村、托儿所。

8月16日　市委副书记黄菊主持上海市教师节筹备工作领导小组首次会议，会议决定：在岳阳路45号建设上海教育会堂；建教师塑像和教育画廊；农业户口的上海市民办教师，考核合格可转为城镇户口；9月9日召开庆祝教师节大会，表彰市优秀教育工作者。

8月29日　市教育工会在瑞金宾馆举行“庆30年教龄教师联欢晚会”及“昨天、今天和明天——老教师与未来教师见面会”。会上，对全市500余名老教师颁发了30年教龄荣誉证书。市委书记芮杏文讲话，市委副书记黄菊、市委常委陈铁迪、市人大常委会副主任舒文等出席。

鲁巧英在庆30年教龄联欢晚会上致辞

9月　市教育工会暑期共组织4 500余名教工赴北京、绍兴、屏风山等地休息休养、参观访问。有9所高校工会经批准共组织了201名教工到北京、厦门等地考察。当年本会下放自行组织休息休养的学校范围扩大到教职工700人以上的高校，并同意有条件的学校可自行组织部分教工赴外地进行社会考察活动。

9月9日　市委、市人大常委会、市政府、市政协在市府礼堂举行庆祝首届教师节大会，市领导芮杏文、杨恺、黄菊、陈铁迪等出席，市委书记芮杏文讲话。朱宗葆副市长受江泽民市长委托，代表市政府宣布表彰决定，授予陈观烈等260名教师“1985年度上海市优秀教育工作者”称号。优秀教育工作者的代表在会上向全市教师发出《深入开展“五讲四美”为人师表活动　努力做个好教师》倡议书。市教育工会承办了本次大会。

市委、市人大常委会、市政府、市政协隆重举行大会

热烈庆祝新中国第一个教师节

市府宣布授予二百六十位同志市优秀教育工作者称号

芮杏文祝全市教育工作者在新学年里作出新的更大成绩

本报讯　昨天晚上，上海市人民政府大礼堂鼓乐齐鸣，欢声四起，一群穿着节日盛装的孩子们手持鲜花，有节奏地高呼"老师您好！为人师表，无尚光荣！"在这欢乐的气氛中，中共上海市委、市人大常委会、市政府和市政协在这里隆重举行上海市人民热烈庆祝首届教师节大会。

市府大礼堂布置得特别壮观、别致。大门口悬挂着"向光荣的人民教师致敬！"的大红横幅，舞台上淡绿色的天幕，星光灿烂，悬挂着标有"9·10"字样和

上海市庆祝首届教师节大会有关报道

9月10日　上海教师塑像奠基典礼在静安公园举行，市委副书记黄菊、副市长谢丽娟等与300余名师生代表一起参加典礼，谢丽娟在典礼上讲话。上海教师塑像由上海大学美术学院负责设计、上海电缆厂出资建造。

10月　中共中央纪律检查委员会第一书记陈云为上海教育会堂题写了会堂名。

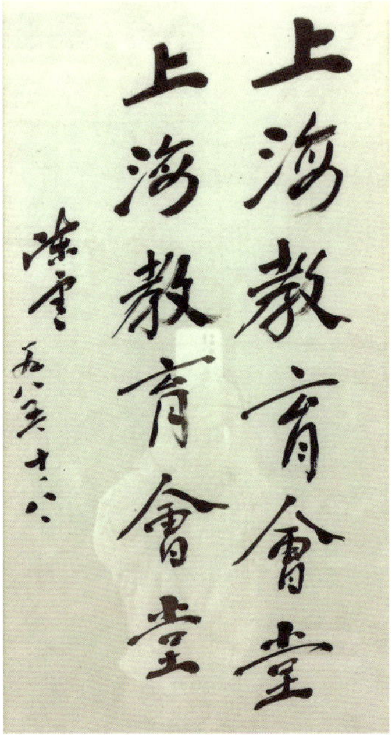

陈云同志题写的上海教育会堂名手迹

11月6—14日　应日本兵库县教职员组合的邀请，市教育工会主席蔡祖泉、副主席鲁巧英、顾问陈浩、华东师范大学工会主席吴铎组成的上海市教育工会代表团访问日本。代表团出席了兵库县第35届教育研究集会，参加了儿童书画作品展览会开幕式，参观了学校、幼儿园等。

11月10日　上海市教工第三届运动会在华东师范大学举行，各高校、区县组团参赛。本届运动会除传统的田径项目外，增加了太极拳、跳绳、健身跑等适合中老年教工的运动项目。

11月20日　市教育工会颁发《关于加强中小幼民主管理，健全教代会制度的几点意见》，对普教系统建立教代会制度的有关问题作了进一步规范。

12月17日　全国总工会下发《关于高等学校工会干部配备和管理的若干意见》，提出高校工会干部要符合革命化、年轻化、知识化、专业化的要求；校工会主席配备副校级干部担任，专职副主席应是正处级，人数较多的部门工会应设专职干部等。

12月　中共中央《关于教育体制改革的决定》的颁布，进一步推动了各级各类学校教代会制度的建立，全市已有25所高校及1 831所中、小学校、幼儿园建立了教代会制度。

截至1985年年底　根据全国总工会在基层工会开展以整顿和健全组织为主要内容的建设“职工之家”活动的精神，上海市教育系统基层工会自年初展开“建家”活动，市教育工会或区县教育工会陆续对其进行考核，至年末，已有上海铁道学院、上海科技大学等7所高校及1 156所中小学校和幼儿园验收合格，首批取得由本会签发的“职工之家”合格证书（该证书由全国总工会统一印制）

1986年

2月6日　上海市教育工作者春节联欢会在上海展览中心、市府礼堂、美琪大戏院、长江剧场等处同时举行，全市6 000余名教工参加。

同日 市党政领导芮杏文、黄菊、舒文、杨恺等在上海展览中心参加了有100余名劳模、先进工作者出席的茶话会。

4月 全国总工会授予上海科技大学周幼威"全国五一劳动奖章"荣誉称号。

5月 《上海教育画廊》在汾阳路(淮海路口)上海教育学院①围墙上建成并投入使用。画廊总长30米,分14块,由市教卫党委、市教卫办和市教育工会等6家单位共同主办。画廊每季度展出一期。

5月 市教育工会组织于漪、王一飞等7人参加的教育系统劳动模范报告团,向全市教工作了3场报告会,数千人听讲。

5月 高校系统尚汉翼等19人获1985年度上海市劳动模范荣誉称号;华东师范大学数学系代数教研室等4个单位获上海市模范集体荣誉称号。

7月10日 经市教卫党委批准,市教育工会建立由金伟民副主席等9人组成的法律咨询小组,并制定了相应的工作章程。

7月26日—8月1日 市教卫党委、市教卫办、市教育工会在安徽屯溪召开高校校长负责制及教育思想研讨会,市委常委、市教卫党委书记陈铁迪,主办单位领导及部分高校党、政、工负责人近100人参加。

7月31日—8月2日 日本大阪府教职员工会第二次访华团一行18人来上海参观访问,拜会了上海市总工会、市教育工会、市外事办公室。

8月22日 全国教育工会在北京召开高校教书育人座谈会,华东师范大学马列主义教研室、上海交通大学应用数学系、上海医科大学(现复旦大学上海医学院)生物学教研室的代表出席并发言。

9月 市教育工会暑期组织3 500余名先进教师和其他教工赴昆明、北京、西安、庐山、武夷山等地休息休养、参观访问。当年,教职工500人以上的高校,均可按教工总人数的3%自行组团。

---

① 1997年并入华东师范大学。

9月3日 上海市教育系统王其藩、赵家镐等36人荣获"全国教育系统劳动模范"荣誉称号；上海市大同中学等4个单位荣获"全国教育系统先进集体"荣誉称号。

9月8日 市教育工会、市高教局、市教育局、解放日报社、文汇报社、新民晚报社、上海电视台和上海人民广播电台共同组织的"庆祝第二届教师节上海教工歌咏汇报演唱会"在上海杂技场举行。18个高校、区县代表队约2 000人参加演出。市长江泽民等党政领导到会观看，电视台、电台作了实况转播。

9月10日 上海教师塑像落成典礼在静安公园举行。市长江泽民为塑像揭幕，市委常委、市教卫党委书记陈铁迪讲话，市领导倪天增、王力平及师生代表450人出席。塑像高3.5米，用汉白玉雕制，工程造价11.575万元。

上海教师塑像

同日 上海教育会堂举行奠基仪式，市委常委、市教卫党委书记陈铁迪，副市长倪天增等出席。教育会堂是由市教育工会和解放日报社倡议、市政府批准建造的，是第一届教师节市政府为教师做的三件实事（教育会堂、教师塑像、教育画廊）之一。

陈铁迪（左）、倪天增（右）参加上海教育会堂奠基仪式

11月6日　市教育工会成立法律咨询处，为上海市广大教育工作者提供义务法律援助服务，每周四下午接待来访。

11月20日　市教卫党委、市教卫办下发《关于上海市高等学校实行校长负责制的若干意见》，以及其他三份配套性文件，提出建立和健全教职工代表大会制度、工会主席参加校务会议等规定。

12月　上海市教师学研究会正式成立，挂靠在上海市教育工会，是经上海市委宣传部批准成立的市一级学会。首任会长为著名特级教师于漪，会员包括大、中、小、幼各级各类学校教师。研究会的主要任务是开展有关教师学的学术研究与成果推广，推进教师教育科研课题研究，开展教师专业发展学校评审，组织培训，关注教师的职业状态及发展等。

12月19日　市总工会授予上海交通大学工会、上海铁道学院工会“上海市模范职工之家”称号；授予季学玉、钟陵强“市优秀工会工作者”称号；授予袁震宇等10人“市优秀工会积极分子”称号。

1987年

1月13—16日　市教卫党委、市教卫办、市高教局、市教育局、市教育工会在上海展览中心分别举行了高校系统教师、管理干部、老干部、学生和普教系统教师迎春恳谈会，恳谈会共有1 500余人参加，市党政领导分别出席了各恳谈会并讲话。

2月　市教卫办决定成立上海教育会堂筹建工作领导小组。小组成员由市教卫办、市教育局、市高教局和市教育工会有关负责人共8人组成，市教卫办秘书长潘洪萱任组长，市教育局副局长刘期泽、市高教局副局长卜中和、市教育工会副主席金伟民任副组长。

2月20日　市教卫办批准上海教育会堂扩初设计方案，会堂总建筑面积1万平方米，投资800万元，其中财政投资350万元，集资450万元。

3月24日　复旦大学大学英语部(19)85级第一教学组、同济大学第三学生食堂被市总工会授予“上海市双文明班组”称号。

3月27日　经市教卫办同意，市退教协的领导关系挂靠在市教育工会。截至3月底，已有14个区县建立退教协，会员1万多名，占退休教师的三分之一。

4月　全国总工会授予复旦大学陈允吉全国五一劳动奖章荣誉称号。

4月26日—5月2日　中国教育工会第三次全国代表大会在北京举行。李星万当选为全国教育工会主席，方明任顾问。上海教育系统朱裕贞等13名正式代表和5名特邀代表出席。鲁巧英当选为委员、常委。

6月8日　根据市总工会《关于征集和编纂工会组织史的通知》的要求，市教育工会成立由原副主席樊春曦等7人组成的上海市教育工会史编写组，完成了《中国教育工会上海市委员会组织史资料》编写工作。

6月　市教育工会、市高教局举办高校教书育人成果发布及评选活动，44所高校的83位业务教师、17位校党政领导在16个分会场同时发布成果，观众达6 000余人次。上海交通大学王嘉善、上海海运学院张绍麟等2人获一等奖，

4人获二等奖，13人获三等奖。获奖者的事迹汇编成《育人群英(第一辑)》，发行2万册。

7月20日　市教育局、市教育工会联合发出《关于用好福利费关心教工生活疾苦的通知》，要求按规定用好退休教工福利费，以解决退休教工的特殊生活困难和享受疗休养等。

8月12—18日　日本八尾市教职员工会友好访华团一行31人来沪参观访问，参观了学校，拜会了市总工会、市教育工会，并专程到南京参观南京大屠杀遇难同胞纪念馆。

8月　日本大阪府学校事务职员日中友好访华团一行12人在沪参观访问。

9月　市教育工会暑期组织3 500余名先进教师和其他教工，赴北京、西安、庐山、武夷山等地休息休养。在上一年的基础上，扩大下放给高校工会按教工总人数的3%自行组团赴外地休息休养的学校数。

9月　市教育工会和市牛奶公司为年满30年教龄的中、小、幼教师每人每日订牛奶一瓶，时间两年。1万余张订奶卡，由区县教育工会在教师节前后发到用户。

9月10日　市教育工会、市高教局、市教育局授予叶仰林、陈昌福等280人"1987年度上海市优秀教育工作者"称号。

同日　第三届教师节之际，上海教育会堂正式开工建设。

10月17—21日　京津沪教育工会工作研讨会在上海举行。会议交流了工会如何在教育改革中发挥作用等方面经验，并考察了华东化工学院民主管理工作。全国教育工会副主席范立祥，市教卫党委副书记金炳华出席。

10月21日　市教育工会在同济大学召开"大学生思想教育衔接问题座谈会"，27所市重点中学的校长、教导主任、高三年级班主任及15所高校的一年级学生辅导员、班主任、系党总支书记、校工会主席出席会议。市教卫党委副书记金炳华出席并讲话。

1988 年

1 月 29 日　首轮上海高校工会建设“教工之家”工作已基本完成。三年期间，有 41 所高校工会接受了市教育工会考核验收，占全市高校工会的 97.6%。其中 39 所高校获得“职工之家”合格证书，占接受验收高校工会的 93%。

市教育工会领导向高校工会颁发“教工之家”合格证书

2 月 11 日　全市甲型肝炎流行，大批职工师生接受隔离治疗，市教育工会鲁巧英、金伟民等领导分别到复旦大学、同济大学等 8 所高校看望慰问患肝炎的教职工。

4 月　经市总工会、市教育工会等推荐，市教育工会主席鲁巧英当选第七届上海市政协委员。

4 月　全国总工会授予华东化工学院陈敏恒、上海医科大学姚泰“全国五一劳动奖章”荣誉称号。

4 月　市教育工会组织 6 所高校工会专职副主席，赴广东各地考察学习“在政策开放形势下如何做好教育工会工作”，先后考察了广州、深圳等地的教育工会及中山大学等校工会，返沪后撰写了考察报告，并作专题介绍。

4月22—23日 石井亮一率领日本兵库县友好访华团一行5人来沪参观访问，拜会了市总工会和市教育工会并进行工作交流，参观了华东师范大学、市西中学、教育会堂工地。

5月11日 高校系统杨福家等20人荣获“1987年度上海市劳动模范”荣誉称号；上海机械学院（现上海理工大学）低温生物工程研究室等5个单位荣获“上海市劳动模范集体”荣誉称号。

5月16—19日 中国教育工会上海市第四次代表大会在华东师范大学举行，254名代表出席。市总工会主席江荣、全国教育工会副主席范立祥、市教卫党委副书记胡绿漪等出席并致词。市教育工会主席蔡祖泉出席会议。鲁巧英作工会工作报告，金伟民作财务工作报告。大会选出35人组成的第四届工会委员会，5人组成的经费审查委员会。市教卫办主任王生洪出席闭幕会并讲话。大会期间，市教育部门和市总工会的领导与部分代表进行了恳谈。

5月19日 市教育工会召开选举大会，出席中国教育工会上海第四次代表大会的高校和本会机关的代表参加。会议选举22人为出席上海市工会第八次代表大会的代表。

5月26日 市教育工会召开四届一次全委会，选举产生常委7名，鲁巧英任主席，江晨清、季学玉任副主席。四届一次经审全委会选举李儒训任主任，张渭明任副主任。

6月22—24日 哥伦比亚教师联合会总书记哈依曼·杜桑率领的哥伦比亚教师联合会代表团一行2人在沪访问，参观了长乐路小学，并与上海市教育工会进行工作交流。

7月4日 市教育工会召开四届一次常委会会议，研究本会下半年工作、教师节工作以及本届常委会工作制度和职责范围。市总工会副主席张良志出席并讲话。

7月22—23日 日本大阪府教育工会第四次友好访华团一行20人来沪访

问，与上海市教育工会座谈交流。

8月8—12日 上海市工会第八次代表大会在沪西工人文化宫举行，江荣当选为市总工会主席。市教育工会系统杨兴海等22名代表出席本次大会。

8月13—14日 日本第三次“铭心会”南京集会友好访华团一行17人来上海参观访问，并赴南京参观南京大屠杀遇难同胞纪念馆。市教育工会相关人员陪同。

9月 市教育工会暑期组织3 700余名劳动模范、先进教师和其他教工赴北京、西安、武夷山、庐山等地进行休息休养、参观访问、社会考察。

9月2日 市教育工会参加了上海城建学院、上海工业大学①等高校办学水平评估工作。在组织评估试点单位工会干部研讨基础上，就教代会民主管理评估指标问题向市高教局提出了《关于普通高校办学水平评估指标体系修改的建议》。

9月3日 经市教育工会主席办公会议研究决定，本会机关机构设置为一室四部：办公室、大学部、普教部、生活部和财务部。

9月8日 市教育工会召开“教育系统劳模与企业家庆祝第四届教师节座谈会”，副市长顾传训、市政协副主席赵宪初，市总工会、市教育部门领导，老教育家刘佛年，部分企业厂长、经理和教育系统的劳模共300余人出席。鲁巧英主席主持会议，顾传训讲话。

同日 上海市教育系统劳模联谊会（筹）成立，刘元璋任主任，江晨清、吴欢章任副主任。

9月9日 市教育工会组织的一台主要由教师演员参加的文艺节目，在庆祝第四届教师节大会上演出。演出后，市委书记江泽民、市顾问委员会主任陈国栋接见了部分演员。

---

① 1994年上海工业大学联手上海科学技术大学、原上海大学和上海科技专科学校组建了新上海大学。地址为上海市闸北区延长路149号，现上海大学延长校区。

9月12—14日　市教育工会举办工会专职干部专题研讨班，就工会关心的维护教职工合法权益、加强工会自身建设等问题进行了讨论和交流。鲁巧英主席等领导以及高校工会和区县教育工会专职主席、副主席参加。

9月14—19日　市教育工会主席鲁巧英率闸北(现静安区)等4个区的教育局局长、党委书记、工会主席及4所中学的校长共17人，到北京学习考察中小学管理体制改革的经验，并形成了专题考察报告。

9月21日　市教育工会召开四届二次全委会，鲁巧英主席介绍了北京市中小学校管理体制改革经验。会议还讨论了本会下半年工作要点。

10月13—17日　日本日中教育研究恳谈会代表访华团一行7人访问上海，参观了建平中学，并与市教育工会进行座谈交流。

10月17日　上海市教育工作者技术协作委员会成立。

10月19—21日　应全国教育工会邀请，国际自由教师工会联合会总书记费雷德·范·利尤文一行4人来华访问，在上海参观访问了学校、少年宫、文化宫等。

10月19—23日　全国教育工会在华东化工学院召开“高等学校民主管理座谈会”，全国24个单位31位代表出席，上海50所高校工会主席列席。会上，华东化工学院党政工分别介绍了学校管理体制改革与民主管理同步发展的经验，上海市教育工会主席鲁巧英作专题发言。全国教育工会副主席范立祥作总结报告。

10月22—28日　中国工会第十一次代表大会在北京举行。大会提出了工会在全国深化改革中的主要任务，进一步明确了工会的维护、建设、参与和教育四项社会职能。倪志福当选为全国总工会主席。上海教育工会系统邵德明、周水康出席本次大会。

12月2—6日　应市总工会、市教育工会邀请，石井亮一率领的日本兵库县教育工会代表团来沪举行仪式，将价值1 200万日元的音响设备赠予新建的教育会堂。

12月17—20日　市教育工会召开教工休养工作总结会议，市教育工会、市教育局、各区县教育工会、教育局负责人等46人出席。

1989年

1月3日　日本福冈县立黑木高等学校今村洋来沪拜会上海市教育工会副主席江晨清，就举办今村洋书画展一事交换意见并达成协议。

1月11日　市教育工会在调研总结基础上，撰写的《华东化工学院民主管理调查》转发各高校工会，推广先进工作经验。

1月17日　市教育工会召集部分劳模、法律工作者讨论《教师法》草案，提出修改意见并整理上报。

2月1日　市教育工会在上海医科大学举办教育系统工会专职干部与市教卫办领导恳谈会，就上海教育面临的形势、挑战、发展目标和战略等问题与王生洪主任交流。

2月2日　市教育系统劳动模范、先进工作者、市人大代表、市政协委员等300余人出席由市教育工会举行的迎春茶话会，市政协主席谢希德、副市长谢丽娟及市教卫办、市高教局、市教育局领导出席。会上宣读了朱镕基市长给大会的祝贺信。

2月11日　市教育工会在市政协礼堂举行恳谈会，就党政支持工会工作、发挥工会作用等问题进行座谈。市总工会、市教育党政部门以及各高校党、政、工领导出席。

2月15—17日　市教育工会在上海教育学院举办民主管理基础理论讲习班，邀请有关专家学者作专题辅导，各高校工会专职干部100余人参加学习。

3月4日　全市高校女教工代表100余人，参加庆祝“三八”国际妇女节活动，市政协以及市总工会、市教卫党委、市高教育、市教育局、市教育工会领导谢希德、胡志宏、杜玉英、伍贻康、鲁巧英等出席。

3月6日　市教育工会法律咨询处与上海华夏律师事务所第二咨询部合署

办公，为全市教职工提供法律咨询服务。

3月9日　市教卫办召集高教局、教育局、教育工会有关负责人，研究上海教育会堂筹建及开办等若干问题。会议明确“上海教育会堂是市教育工会下属的一个独立核算的事业单位；会堂产权归市高教局、市教育局、市教育工会共同所有”，“成立上海教育会堂管理委员会，成员由市教卫办、市高教局、市教育局、市教育工会领导组成。会堂在管理委员会领导下由市教育工会具体负责管理工作”。教育会堂管理委员会由11人组成，张长耕任主任，卜中和、刘期泽、鲁巧英任副主任，陈铁迪为名誉主任。

4月　全国总工会授予上海农学院赵则胜“全国五一劳动奖章”荣誉称号。

4月　复旦大学王沪宁、中国纺织大学（现东华大学）华大年、上海机械学院（现上海理工大学）刘高联、上海财经大学石成岳、上海师范大学杨庆尧等5人荣获“全国先进工作者（全国劳动模范）”荣誉称号。

6月2日　市教育工会召开部分高校老教授座谈会，与会者一致认为，爱国与勤奋学习不相矛盾。

6月9日　市教育工会召集教育系统劳模座谈，学习朱镕基市长8日晚上的电视讲话，7位劳模发言一致拥护朱市长讲话，号召全市教工坚持工作，为稳定大局作贡献。市教育工会领导联名写信给朱市长，表示拥护讲话，响应号召，与广大教工一起努力，稳定学校的教学秩序。

6月29日　市教卫党委批复，鲁巧英兼任上海教育会堂主任。

7月15—30日　市教育工会在苏州西山举办高校党政负责人、高校工会专职主席、中小学德育高级教师和优秀班主任参加的学习班，学习党的十三届四中全会精神，研究、部署下学期工作。

8月29日　经市总工会同意，市教育工会提供20幅书画参加1989年度举行的日本大阪第36次教职员画展。

8月31日　市教育工会四届四次全委（扩大）会议召开，鲁巧英传达江泽民总书记在接见出席全国总工会十一届三次主席团扩大会议人员时的讲话精神。四届委员会委员、高校工会专职主席、区县教育工会主任、主席等102人出席。

9月　暑期教工休息休养实行“下放权限、经费包干”办法，把占教职工总人数4%的名额下放到基层自主组织安排。市教育工会按上缴经费的12.5%回拨给各基层单位，作为休息休养经费补助。当年共有5 411名教工赴外地休息休养。

9月7日　上海市教育系统邓景发等33人荣获“全国教育系统劳动模范”荣誉称号；408人荣获“全国优秀教师”和“优秀教育工作者”荣誉称号。

9月8日　市教育工会在大世界游乐中心举行庆祝教师节联欢活动，4 000余名教职工参加。陈铁迪、王生洪及市高教局、市教育局、团市委领导与教育系统劳动模范亲切会面、座谈，陈铁迪在会上讲话。

9月9日　全市3 000余名教工在普陀体育馆集会，庆祝第五届教师节，市党政领导出席大会，陈至立在会上讲话。会上表彰了1989年度市优秀教育工作者和市优秀园丁奖获奖教师。

9月10日　市教卫办、市教育工会、市少科站、市摄影家协会和市教师书画协会联合举办上海教师摄影、书画展览。陈铁迪、谢丽娟、江荣等领导出席开幕式。

9月29日　上海市高校女教职工委员会成立，鲁巧英任主任。

10月11日　市教育工会举行集会，欢迎9位全国教育系统劳动模范载誉归来，谢丽娟、谢希德、江荣及市教育部门领导亲切会见劳模，于漪、王沪宁、杨庆尧作为劳模代表介绍了此次出席全国劳模大会的情况和体会。

11月10日　市教育工会在上海交通大学召开“为了一个育人目标——大学与中学衔接研讨会”，16所中学校长、团委书记、优秀班主任、上海交通大学领导及市教育行政部门、市教育工会负责人共100余人出席。

12月　中共中央发出《关于加强和改善党对工会、共青团、妇联工作领导的通知》，进一步强调各级党委必须牢固树立全心全意依靠工人阶级的思想，高度重视工会工作；党对工会实行统一领导；支持工会依法独立自主地开展工作。

12月2日　全国教育工会主席李星万在上海分别会见了本市高校工会专职主席和区县教育工会负责人，就发挥工会作用，依靠教职工办学，加强工会思想政治工作等问题讲话。

12月5—8日　应全国总工会邀请，以马达加斯加工会联合会主席菲尔为团长的革命工会访华团一行2人来沪访问，市教育工会主席鲁巧英会见了客人并陪同参观访问。

1990年

1月2日　市教育工会在南市区（现黄浦区）举行“心中有育人目标”大型座谈会，普教系统80余名优秀青年教师围绕教书育人问题进行探讨和交流，市教育局副局长张民生、市教育系统劳模联谊会主任刘元璋等出席。

1月3—4日　市教育工会举办高校工会主席专职干部学习班，传达学习全国总工会十一届二次执委会会议精神，市总工会副主席王耀曦出席并讲话。

1月20日　市教卫党委、市教卫办和市教育工会在长宁区少年宫举行上海市教工迎春联欢会，陈铁迪、王生洪、鲁巧英等领导到会与教工共同联欢。

1月22日　市教育工会举办忘年交活动，80多位老年和青年教师应邀参加，一师附小、天目西路幼儿园等青年教师和上海交通大学、同济大学等校老教师在会上作交流发言。市委原书记、市总工会原主席钟民写来贺信，市政府顾问舒文、市总工会副主席王耀曦等出席。

2月10日　市教育工会召开四届六次全委（扩大）会议，学习《中共中央关于加强和改善党对工会、共青团、妇联工作领导的通知》。3月12—17日，市教育工会委托市教卫党校举办高校工会专职主席学习班，集中学习该文件精神。市教卫党委副书记胡绿漪作学习动员，市总工会主席江荣等作辅导报告。

4月5日　市教育工会与市教卫党委组成联合调查组，对上海财经大学等6所高校青年教师的状况进行历时半年的调研，撰写的《关于上海市部分高校青年教师情况的调查报告》受到市教育部门领导的重视和好评。

4月10—11日　苏联列宁格勒工会代表团在上海参观访问，市教育工会鲁巧英与列宁格勒教育工会主席留德米拉交流了双方的工作情况，并陪同客人参观了教育会堂和南洋模范中学。

4月27日　上海教育会堂通过验收投入使用。

建成后的上海教育会堂

5月14日　经市教卫办同意，在教育会堂北侧建造160平方米办公楼一幢，作为市教育工会机关办公用房。

5月26日　高校系统蒋慰孙等14人荣获“1989年度上海市劳动模范”荣誉称号；上海师范大学教育科学研究所中小学教育整体改革试验科研组等4个单位荣获“上海市模范集体”荣誉称号。

6月6—7日　应市总工会邀请，日本前教职员工会委员长田中一郎一行4人来上海访问，并参观教育会堂。

8月　华东化工学院、虹口中学等5所学校工会被评为“全国教育工会先进集体”；钱之文等6人被评为“全国教育工会先进工作者”；陈浩等23人获“老教育工会工作者”荣誉证书。

8月24日　市教育工会主席鲁巧英在市政府新闻处的新闻发布会上宣布，上海教育会堂当年教师节正式对外开放。

9月　教育系统工会暑期组织7 521名教工赴外地休息休养，其中240名由市教育工会组织，其余由各基层工会按总人数的3%自行组团休养。

9月1—6日　1990年上海教工围棋、桥牌团体联谊赛在新落成的教育会堂举行，高校、区县共37个队280人参赛。华东化工学院获围棋第一名，上海建材学院①获桥牌第一名。

9月4日　市教育工会、市高教局联合下发《关于统一颁发〈从事教育工作三十年纪念证书〉的通知》，对高校的发证对象、范围和办法等问题作了具体规定。

9月5日　市教育工会在教育会堂召开纪念上海教育工会成立40周年大会，教育系统300余名代表出席，市教卫党委书记刘克到会讲话。会上表彰了高教系统优秀工会干部288名，优秀工会工作者62名。

9月6日　市教育工会主席鲁巧英会见以清田泰寿为团长的日本义务教育友好视察团。

9月8日　应市教育工会邀请，石井亮一率日本兵库县教职员工会访华团一行4人参加上海教育会堂落成仪式，并为上海市部分中小学教师作了“日本教育现状及改革”的报告。谢丽娟副市长会见了代表团，鲁巧英等陪同。

9月9日　上海教育会堂落成典礼在会堂正门举行，市委副书记陈至立、市人大常委会副主任陈铁迪、副市长谢丽娟、市政协主席谢希德等市党政领导参加，谢丽娟作了讲话。

---

①　1996年并入同济大学。

著名教育家刘佛年、赵宪初参加剪彩仪式

同日 上海市庆祝第六届教师节大会在教育会堂举行，来自全市的300余名教工代表出席。会上表彰了203名青年教师标兵和优秀青年教师，46个普教系统文明组室。谢丽娟副市长宣布市政府对73名中小幼特级教师的命名决定，市委副书记陈至立讲话。

同日 以史为鉴，以史育人——“上海教育工会四十年”图片展和教育系统劳动模范事迹展览在教育会堂同时开幕。

10月6日 市教育工会向各高校工会转发全国总工会《关于深入开展建设职工之家活动的决定》，在上海市高校系统开展新一轮“建家”活动。

同日 市教育工会与市侨联联合举办“烛光奖”评选活动，30名优秀教师入选。

10月23日 在敬老周活动期间，市教育工会在教育会堂开设法律和医疗咨询活动，组织律师和医生为152人提供咨询服务。

10月25日 高校系统周水康等2人被市总工会评为“上海市优秀工会工作者”，孟长富等7人被评为“上海市优秀工会积极分子”，华东化工学院工会被评为“上海市先进工会集体”。

10月31日 市教卫党委决定，江晨清任上海教育会堂主任。

11月 为纪念市教育工会成立40周年，市教育工会编写了《中国教育工会上海市委员会简史》。

11月6—26日 上海市教工象棋联谊赛在教育会堂举行，高校、区县共有21个队、60人参加比赛，上海大学队获第一名。

11月5—8日 市教育工会、市教育局、市陶行知研究会联合举办“学陶”（学习陶行知教育思想）短训班，区县教育局、教育工会干部及中小学教师共60余人参加学习。

11月16日 市教育工会会同市教卫办、市教育局、团市委、市中小幼教师奖励基金会在教育会堂召开上海市中小幼优秀教师座谈会，全国政协副主席苏步青及各主办单位领导到会并讲话。

11月21日 市教卫党委、市教卫办、市教育局、市高教局、团市委和市教育工会等6家单位联合发出《关于开展学习伟大人民教育家陶行知活动的通知》。

11月26日 市教育工会推荐的上海海运学院教师卢士勋和古北中学退休教师袁振鹏两个家庭，被评为“全国优秀教育世家”。

12月7日 市教育工会、市高教局、团市委在教育会堂联合举行“学习曾乐、立足本职、报效祖国”为主题的高校先进青年教师座谈会。市政协副主席杨槱、市教卫党委书记刘克及各主办单位领导与50余名青年教师座谈交流。市教卫办主任王生洪讲话。

12月 “上海市教育系统劳动模范协会普教分会”成立。

“上海市教育系统劳动模范协会普教分会”与会人员合影留念

1991年

1月19日　市教育工会召开四届八次全委(扩大)会议,增选孙光荣、吴采兰为四届委员和常委。

2月10日　市教育工会在教育会堂举行迎春茶话会,教育系统的劳模、先进工作者150余人出席,5位教师就举办一流教育问题建言献策。市人大常委会副主任陈铁迪、市教卫办主任王生洪、市高教局局长徐匡迪在会上讲话。

3月21—23日　市教育工会接待来上海访问的日本教育交流协会访华团。

4月　全国总工会授予复旦大学郑祖康"全国五一劳动奖章"荣誉称号。

4月26日　市教育工会主席、市政协委员鲁巧英在市政协七届四次全体会议上作交流发言,并提出"让教师成为让人羡慕的职业,满三十年教龄教师退休以后工资100%不打折扣"的提案,得到了市领导黄菊的肯定。该项提案被评为优秀提案。后经市委市府研究决定,此项工作开始实施。

4月28日—5月4日　市教育工会举办高校工会专职主席培训班,学习全国总工会和市总工会《关于继续深入开展建设"职工之家"的决定》的文件精神,总结以往"建家"工作经验,研讨高校工会新一轮建设"教工之家"活动实施方案。

5月21—23日　日本前教组委员长、日中教育交流协会会长田中一郎访问上海,鲁巧英主席陪同客人参观访问。

6月　市委宣传部、市教卫党委、市教育工会、团市委联合下发《关于组织本市高校教书育人先进事迹报告团的通知》,组成有邓景发、曹建明等8位劳模、优秀教师和模范集体代表参加的教书育人事迹报告团,向高校教职工作巡回宣讲。

6月　闸北区(今静安区)和南市区(现黄浦区)相继召开教育工会第一次代表大会,民主选举产生区教育工会委员会,开启了区一级教育工会由工作委员会向委员会的转变。

6月14日　市教育工会对部分中小学教师的职业道德状况进行调查时发现，教师有体罚和变相体罚学生的现象。为此，撰写了专题报告并报送市教卫办，提出了整改的意见和建议。

7月　上海及华东地区发生大面积洪涝灾害，市教育工会捐款1万元支援灾区。

7月20日—8月4日　上海高校优秀青年教师44人和普教优秀青年教师35人分别在市教育工会主席鲁巧英和市教育局副局长潘文铮率领下，赴湖南萍乡、江西井冈山和南昌等地开展社会考察，并深入萍乡煤矿，与青年技术人员进行座谈交流。此次活动是市教卫党委、市高教局和市教育工会共同组织的青年教师暑期社会实践活动的组成部分。

考察团成员在萍乡煤矿下矿井参观前的合影

8月7日　日本日中教育交流大集会访华团一行83人来沪参观访问，参观了普陀区少年宫等处，并与200多位上海市教育工作者进行了交流。

8月12—13日　日本第六次“铭心会”东京集会友好访华团一行39人来沪访问，参观了教育会堂和华东师范大学等单位，随后赴南京参观南京大屠杀遇难同胞纪念馆。市教育工会相关人员陪同。

8月18日　石井亮一率领的日本兵库县教育工会访华团一行232人第三次来上海访问，参观了教育会堂和部分大中小学校，与上海教师进行了座谈交流。副市长谢丽娟、市总工会主席江荣会见了代表团部分团员。代表团还到北京、南京进行交流。

9月　市教育工会办公楼竣工。11月1日，本会从陕西北路500号迁至岳阳路1号新址办公。

9月　市教育工会暑期组织9 621名教工赴北京、厦门、庐山、新安江、黄山、东钱湖、武夷山等地休息休养。

9月9日　"上海市庆祝第七届教师节暨优秀教师表彰大会"在教育会堂举行，160余名优秀教师代表出席，市党政领导到会并讲话。会上表彰了市优秀教育工作者299名，高校优秀青年教师200名和市园丁奖获得者2 300名。

市党政领导与受表彰的优秀教师合影

9月10日　上海市教育系统马在田等13人荣获全国教育系统劳动模范荣誉称号；86人荣获全国优秀教师和优秀教育工作者称号。

同日　反映高校优秀教师教书育人事迹的专题电视片《塑造未来——上海高校教师风貌巡礼》在上海电视台播放，该片由市教育工会与上海师范大学联合拍摄并获得上海第十届高校电视教材评选二等奖。片中首次介绍了陈竺、陈赛娟夫妇的感人事迹。

10月　市教育工会与上海工会干部管理学院在教育会堂联合举办高校工

会专职干部岗位培训班，对高校工会专职正副主席等进行为期一年共6门课程、196学时的培训，104人参加学习，88人经考核合格获得结业证书。

10月　市教卫党委、市教卫办、市高教局、市教育工会联合举办"上海高校教书育人组织管理工作"评选活动，37所高校推荐94个系和组室参评。华东化工学院基础教育部等9个单位获得一、二、三等奖，10月12日，在教育会堂举行经验交流暨授奖大会，市教卫党委书记刘克出席并讲话。

高校教书育人组织管理工作经验交流暨授奖大会

10月　市教育工会与市教卫党委、市教卫办、市教育局和市陶研会评选出58所中、小学校为学习陶行知先进单位。青年教师"学陶"演讲比赛评出一、二、三等奖共6名。

10月2日　日本学生协会中近地区研修访华团访沪期间，拜会上海市教育工会，参观了教育会堂，鲁巧英、江晨清会见了日本客人。

11月5—15日　应日本兵库县教职员组合邀请，以鲁巧英主席为团长的上海市教育工会代表团一行5人访日。其间，参观了大、中、小学校，出席了兵库县第41届教育研讨会。兵库县知事、神户市市长等会见了代表团。

11月26—30日　中宣部教育司、国家教委思政司、全国教育工会在北京召开高校教师教书育人座谈会，上海工业大学化学系和华东化工学院基础教育部代表出席。

12月11日　市教卫党委在教育会堂召开教育系统工会工作经验交流会，高校、区县教育局分管工会工作的党委负责人及工会主要干部等260余人参加。鲁巧英主席汇报了市教育工会的工作情况，华东化工学院党委书记蒋凌棫等4人作交流发言，市总工会副主席王耀曦、市教卫党委副书记尹继佐到会讲话。

1992年

1月10—11日　市教育工会召开四届九次全委(扩大)会议，市总工会主席江荣和市教卫党委副书记尹继佐到会讲话。

2月15日　市教育工会举行区县教育局局长、党委书记恳谈会，鲁巧英主席通报了本会工作情况，尹继佐到会讲话。这是区县教育工会归口同级党委领导之后，为加强条块结合而召开的首次会议。

3月2日　市教育局、市电影局、市教育工会、市中小幼教师奖励基金会联合发出通知，组织师生观看《烛光里的微笑》影片，开展影评征文和演讲比赛。292名师生获得征文比赛一、二、三等奖，14名师生获得演讲比赛一、二、三等奖。

4月　全国总工会授予同济大学马在田“全国五一劳动奖章”荣誉称号。

4月　高校系统陆谷孙等14人荣获“1991年度上海市劳动模范”荣誉称号；上海大学工学院力学教研室等4个单位荣获“上海市模范集体”荣誉称号。

4月3日　第七届全国人民代表大会第五次会议通过《中华人民共和国工会法》。该法自公布之日起施行。1950年颁布的《中华人民共和国工会法》同时废止。全国人民代表大会常务委员会于2001年10月和2009年8月先后两次对本法作了修正。

5月11日　市教卫党委在教育会堂召开高校分管工会工作的党委书记会议，

检查贯彻《中共中央关于加强和改善党对工会、共青团、妇联工作领导的通知》的情况。华东化工学院等10所学校党委书记在会上发言，尹继佐主持会议并讲话。

7月1日　市教育工会决定，选择上海科技大学工会和上海铁道学院工会为上海市高校开展新一轮深入建设“教工之家”活动的试点单位。

7月28日　日本门真市教职员友好访华团一行35人来沪访问，江晨清副主席会见了日本客人。

7月31日　应市教育工会邀请，日本大阪府教职员工会（大阪府教组）委员长岩井贞雄率领的大阪府教组访华团一行5人来访，在沪期间，拜会了市总工会和市教育工会，双方进行了会谈。两会自此正式建立友好交往关系。

8月2日　澳门教师工会（乐华）参观团一行18名教师来沪参观，鲁巧英主席等会见了客人。

9月　暑期教工赴外地休息休养，仍实行“权限不放，经费包干”的办法，由各基层单位按照教工总人数的4%～5%的名额自行组织。另外，市教育工会组织了300余名市劳模、先进教育工作者赴武夷山等地休息休养。

9月　市侨联、市教卫办、市教育工会和刘湖涵教育基金会联合评选出1992年侨界教师“烛光奖”49名。

9月7日　市教育工会、市中小幼教师奖励基金会在上海国际贵都大饭店举行上海市庆祝第八届教师节座谈会，教育系统历届劳动模范及优秀教师500余人与市领导共话教育改革。市委副书记陈铁迪，市政协主席谢希德、副主席杨槱、赵宪初及市教卫办、市总工会、市妇联、市教育工会领导出席。

同日　市教卫办、市教育工会联合举办的“上海市尊师重教先进集体、先进个人事迹展览会”在教育会堂开幕。展览会展出了55个先进单位和15名先进个人的事迹。

同日　市教育工会根据高校教书育人组织管理工作先进经验编辑的《育人群英（第二辑）》发行。

9月14日　市教卫党委决定，鲁巧英任上海教育会堂主任。

10月6日　市教育工会召开普教系统学校内部管理改革试点单位工会干部大会，学校工会主席及部分校长、党支部书记等300余人参加，上海商业职业技术学校在会上介绍了试点工作经验。

10月12日　田中一郎为团长的日本日中教育交流协会访华团一行25人来访，拜会了市教育工会，参观了教育会堂。

10月17日　日本学生协会中近地区研修访华团一行23人来沪访问，参观了教育会堂，鲁巧英会见了日本客人。

10月18日　日本教职员组合访华团来沪访问，鲁巧英主席在教育会堂向客人介绍了上海市教育工会情况，部分上海教工与日本客人进行座谈交流。

10月24日　市教育局、市教育工会、市中小幼教师奖励基金会在教育会堂召开普教系统文明组室表彰大会，51个文明组室受到表彰。市教育局副局长劳国敏、基金会副理事长姚庄行出席并讲话。

11月1日　上海市第四届教工运动会在上海工业大学举行决赛和闭幕式，全市72个代表团8 000余名运动员参加，虹口区获田径团体总分第一名。本届运动会从3月21日起分散举行预赛。

上海市第四届教工运动会现场

12月11—12日　市教育工会召开高校教书育人研讨会，8所高校分管教书育人工作的党政工负责人及有关专家教授20人出席，市教卫党委副书记王荣华，市高教局副局长伍贻康到会并讲话。

12月24日　市教育系统工会经济事业工作会议召开，各高校分管领导及校工会分管主席出席，6个单位在会上作交流发言，鲁巧英主席作专题工作报告。市总工会主席滕一龙、副主席杜玉英等出席并讲话。上海市高校工会经济事业主要形式为“三产”“技协”，从1985年的4所发展到当时的24所高校，注册资金已达1 500万元。

1993年

1月16日　市教育工会在教育会堂举行上海教育系统劳动模范、先进教师迎春茶话会，120余人出席，市政协主席谢希德、副主席赵宪初及市委宣传部、市教卫党委、教卫办领导尹继佐、郑令德、王生洪等出席。谢希德、尹继佐讲话。

2月　上海工会系统所属东钱湖、屏风山等6所疗养院(所)，计划外常年接待教育系统离退休教工休养。市教育工会与市高教局、市教育局分别向高校和区县教育局、教育工会发出通知，要求组织退离休教工前往休养，休养所需费用，高校、区县教育行政部门可予支持。

3月5日　市教育局、市教育工会、市中小学幼儿教师奖励基金会评选出“上海市园丁奖”1 939名。

3月19日　市教育工会召开高校工会主席会议，向上海科技大学、上海铁道学院两个“建家”试点单位的校工会颁发新的“教工之家”合格证书。从1993年起，高校新一轮“建家”活动全面启动并形成制度。

4月5日　日本大阪府退职教职员联络协会会长石原忠一来访，鲁巧英主席等在教育会堂会见了日本客人。

4月7—9日　中国教育工会上海市第五次代表大会在教育会堂举行，出席大会的正式代表248名，特邀代表14名，列席代表29名。副市长谢丽娟，市教卫党委书记郑令德、副书记王荣华，市总工会副主席杜玉英等到会致辞。鲁巧英作工会工作报告，江晨清作财务工作报告（书面），李儒训作经审工作报告（书面）。大会选出31名委员组成第五届工会委员会，5名委员组成第五届经费审查委员会。

中国教育工会上海市第五次代表大会会场

4月9日　市教育工会召开五届一次全委会会议，选举7人为常委，江晨清为主席，吴采兰、季学玉为副主席；召开五届一次经审全委会，选举张渭明为主任，茅一德为副主任。

4月20日　市教育工会主席江晨清会见来访的日本兵库县教职员组合委员长石井亮一。

4月24—29日　中国教育工会第四次全国代表大会在北京召开，蒋文良当选为全国教育工会主席。上海教育系统王凤新、邓景发等8名代表出席本次大会，江晨清当选为兼职副主席，季学玉、庄顺根当选为委员。

4月　全国总工会授予上海科技大学王保华“全国五一劳动奖章”荣誉称号；授予同济大学南浦大桥工程组“全国五一劳动奖状”荣誉称号。

5月20—25日　市教育工会在南京铁道医学院召开“上海高校工会参与学校改革工作研讨交流会”，40所高校工会主席出席。8所高校工会主席作了交流发言。会议共收到23所高校工会提交的30篇交流文章。

5月　市教育工会筹建的“三产”企业上海东岳科工贸服务中心成立。

6月4—8日　上海市工会第九次代表大会举行，滕一龙当选为市总工会主席。市教育工会系统王昌如等23名代表出席本次大会，江晨清当选常委。金林祥、徐珍珠当选委员；龚薇当选经审会委员。

6月　市教育工会对全市40所高校工会、教代会参与学校改革的情况进行为期半年的调研，撰写的调查报告报市教卫党委和上级工会，并在《中国教工》连续刊载。

6月　市教育工会所属东岳科工贸服务中心筹建的“上海岳阳城市信用合作社”，经中国人民银行上海分行批准成立。该社系具有法人资格的集体所有制的金融机构。

7月16—25日　市教卫党委、市高教局、市教育工会联合组织上海高校优秀青年教师开展暑期社会考察活动。本会组织23名优秀青年教师赴陕西延安、西安等地参观革命遗址和名胜古迹，在陕北与老红军等进行座谈，接受爱国主义和革命传统教育。

7月29日　日本大阪府教职员劳动组合第二次访华团一行30人来沪，市教育工会领导会见了日本客人。

8月17—19日　应全国总工会邀请，石井亮一委员长率领日本兵库县日中教育文化交流代表团一行130人第四次来访，参观了上海市中小学校，参加了中日教师交流研讨会。会上，上海市教育局局长袁采、市教育工会主席江晨清、日本兵库县教育委员会教育次长（代教育长）畑喜春分别作报告，石井亮一发言。代表团还在西安、南京进行参观交流。

9月　上海市教育系统谷超豪等14人荣获“全国教育系统劳动模范”荣誉称号；128人荣获“全国优秀教师”“优秀教育工作者”称号。

9月2日　市教卫党委、市教卫办、市高教局、市教育工会、市中小学幼儿教师奖励基金会共同授予陈建领、俞吾金等304人“1993年度上海市优秀教育工作者”称号。

9月10日　市教育局、市教育工会、市中小学幼儿教师奖励基金会授予冯恩洪、邹兆芳等12人“上海市普教系统优秀教师标兵”称号。

9月30日　市教育工会召开休息休养活动总结交流表彰会。会上交流了工作经验，表彰了12个先进单位，31名优秀领队。当年暑期，本会在全国各地开设了13个休养点，各基层单位按教工总人数的5%～6%名额自行组团到各休养点休息休养，共有15 682人参加。

10月31日　第八届全国人民代表大会第四次会议通过《中华人民共和国教师法》，自1994年1月1日起施行。该法明确教师享有对学校教育教学、管理工作和教育行政部门的工作提出意见和建议，通过教职工代表大会或者其他形式参与学校的民主管理等权利。

10月24—30日　中国工会第十二次代表大会在北京召开。尉健行当选为全国总工会主席。上海教育工会系统程天权参加会议。

11月24日　应日本大阪府教职员组合邀请，由江晨清主席为团长的上海市教育工会代表团访问日本大阪府等地，其间，出席了由中、日、韩教育工会参加的教育研讨会，并向“和平大阪”赠送了上海市中学历史教科书。

12月15日　市教卫党委、市教卫办、市高教局和市教育工会组织上海高校“教书育人、管理育人、服务育人”先进个人评选活动，全市42所高校推荐67人参评，最终评选一、二、三等奖44人。主办单位在教育会堂举行表彰大会，市教卫党委书记郑令德出席并讲话。

12月　经市总工会、市教育工会等推荐，市教育工会主席江晨清当选第八届上海市政协委员。

1994年

2月　市教育工会在教育会堂召开优秀教师新春茶话会，教育系统历届劳模、全国和市优秀教师、教师标兵、市园丁获奖得者等170余人出席，市教卫党委书记郑令德到会讲话。

3月 (19)94上海教师艺术节启动。本届艺术节由市教卫党委、市教卫办、市高教局、市教育局和市教育工会联合举办，市委副书记陈至立、副市长谢丽娟任组委会名誉主任，办公室设在上海市教育工会。艺术节历时半年，其间组织发动广大教职工创作了书画摄影作品、演出节目达2.6万余件(个)，8万余人参与，并先后举办声乐、器乐、舞蹈、时装表演等专场演出。

3月7日 教育系统庆祝“三八”节暨上海市教育工会女教职工委员会、女教授联谊会成立大会举行。市教育工会女教职工委员会由17人组成，吴采兰任主任；市女教授联谊会理事会由11人组成，王宗光任会长。市教卫党委书记郑令德、市总工会副主席杜玉英、市高教局副局长伍贻康出席并讲话。

3月9日 市教育工会召开13所高校分管工会工作的党委领导座谈会，讨论“全国高等学校教职工代表大会条例”修订稿。市教卫党委副书记秦绍德出席并讲话。

3月13日 国家教委和全国教育工会在北京召开“学校教职工代表大会条例”研讨及修改工作会议，上海市教育工会副主席吴采兰、上海科技大学校长郭本瑜出席并发言。

4月 市教育工会对全市高校民主管理状况进行专题调查，历时三个多月，召开七场近百人参加的座谈会，同时采用填写问卷、下基层访谈等方式，初步摸清了十多年来全市高校教代会民主管理基本情况，撰写的专题调查报告为市总工会《调查与研究》刊载。

4月11日 市教育工会在教育会堂召开1993年度高校工会建设“教工之家”工作总结交流会，宣布上海第二医科大学等41所高校工会通过“建家”工作年度考核，获颁“教工之家”合格证书。

4月28日 高校系统王建磐等15人荣获“1993年度上海市劳动模范”荣誉称号；华东政法学院(现华东政法大学)国际法系等5个单位荣获“上海市模范

集体”荣誉称号。

5月　市教育工会恢复上海市教育系统劳动模范联谊会活动。

5月　华东师范大学工会建立校内互助补充保险基金制度并订立相应章程，校工会资助 10 万元。参加者每人每年缴纳基金 20 元，当家庭财产遭窃、遭毁时可获得物损价值三分之一的补偿。

6月9日　经市教卫党委批准，市教育工会机关内设一室三部：办公室、组宣部、学校部、生活部。

6月15日　市委组织部、市教卫党委、市教卫办联合转发由市教育局、市教育工会制定的《上海中小学实行校长责任制若干意见(试行)》，要求在全市中小学校贯彻实施。文件包括教代会的主要职责等内容。

6月23日和28日　市教育工会分别在奉贤、嘉定召开“新时期工会工作研讨会”和“调查研究工作研讨会”，各区县教育工会主席(主任)参加。两会共收到调研报告 10 余篇。

7月5日　第八届全国人民代表大会常务委员会第八次会议通过《中华人民共和国劳动法》，1995 年 1 月 1 日起正式施行。全国人民代表大会常务委员会于 2009 年 8 月和 2018 年 12 月先后两次对本法作了修正。

7月8日　市教育工会主席江晨清等会见来访的意大利米兰教育工会乔吉蒂女士，市总工会副主席杜玉英出席。

7月11—21日　市教育工会副主席吴采兰率上海高校优秀青年教师暑期社会考察团一行 40 人，赴陕西西安、延安等地进行参观考察，参观了航天基地，与西北工业大学青年教师进行座谈交流。

7月18日　上海市科、教、文、卫、新闻、出版和直属单位工会工作研究会成立，江晨清当选研究会会长，市总工会主席包信宝、副主席吴申耀等出席并讲话。

7月30日　江晨清主席等到上海武警一支队慰问官兵，并与支队政委就军民合作事宜进行商谈。

8月2日　石井亮一率领的日中文化交流团一行9人来沪访问，上海市总工会主席包信宝、市教育工会主席江晨清等会见了日本客人。

8月15日　市教育工会召开五届三次全委(扩大)会议，传达全国教育工作会议精神，听取并审议本会下半年工作报告。市教卫党委副书记秦绍德到会讲话。

8月20日　市教育工会、市教育局、市陶行知研究会在上海家化公司明星度假村联合举办普教系统青年教师"学陶"讲习班，邀请北京师范大学教育学专家和上海建平中学冯恩洪校长作专题辅导报告，劳国敏、江晨清等领导出席并讲话。

8月27日　市教育工会邀请各新闻单位记者参加恳谈会，江晨清主席通报本届教师节活动安排。

同日　上海教工象棋队获全国第十届教工象棋赛男子团体冠军，上海大学黄钦森获男子个人冠军。

9月　市教育工会召开1994年度暑期教工休息休养总结表彰大会，各区县教育工会和高校工会负责人出席，会上，12个单位和52名个人受到表彰。暑期本会共组织18 000余名教工赴北京、桂林、张家界等22个休养点休息休养。

9月1日　(19)94上海教师艺术节书画摄影展在上海美术馆揭幕。经各基层单位选拔推荐，共有1 038件作品参展。市中小幼教师奖励基金会理事长陈国栋、市政协副主席刘恒椽、市委副秘书长王荣华及市教卫党委、市教卫办、市教育工会领导出席，市教卫党委书记郑令德致辞。展览会展出一周，参观者逾万人次。

9月2日　市教育工会与浦东张江高科技园区开发总公司联合举办"百名高校优秀青年教师作客张江"活动，100余名副教授以上的青年教师参观了高科技园区和外资企业，并参加大型座谈会。浦东新区管委会副主任黄奇帆、市教卫党委书记郑令德和市教育工会主席江晨清等出席并讲话。

9月3日　市总工会与市教育工会在教育会堂举行"百名劳模话教育——

劳动模范为上海教育改革与发展献计献策大型座谈会”。会上，收到与会者的100多条书面建议，14位劳模代表发言。市人大常委会副主任、市总工会主席包信宝讲话，市教卫党委、市教卫办、市教育工会等领导出席。

9月4日 市教育工会联合华骏爱满天下艺术中心等5家单位在上海第二医科大学举办庆祝教师节大型义务医疗咨询活动，1万多名教师前来咨询。全国教育工会原主席方明参加并讲话。

同日 市教育工会与上海教育电视台举办“露美杯”上海教师家庭风采赛，6个教师家庭进入决赛，上海交通大学陈尊毅、方玲家庭获一等奖。

9月6日 市教育工会在上海家化公司资助下，组织百名长期从事工读教育的教师参加浦东一日游活动。

9月6—7日 市和区县教育工会、高校工会主席30余人参加了上海市教育工作会议。他们在讨论中就教师住房、工资等问题，向会议提出了书面意见和建议。

9月7日 上海海运学院左飚、上海市尚文中学黄静华获全国“三育人”先进个人称号；上海教育工会系统张方宜、钱子文、包美琪获全国优秀教育工会工作者称号。

9月8日 市教育工会主办的岳阳城市信用社正式营业，后并入上海城市合作银行。1998年9月28日，上海城市合作银行更名为上海银行。

同日 市教育系统帮困基金正式设立，岳阳信用社资助10万元。此前，上海外国语大学等5所高校和各区县教育系统也已成立各类教职工帮困基金或救急济难互助会。

同日 市侨联、市教育工会、市教卫办和市教育基金会联合召开“侨界教师烛光奖”表彰大会，31名教师获奖。

同日 首届上海教师艺术节闭幕式文艺演出——《托起明天的太阳》在上海电视台演播厅举行，参加汇演的文艺节目达205个，演出人员180余人。副市长谢丽娟等领导出席并观看了演出。上海电视台和上海教育电视台对本场演出进行了联合实况转播。

演出电视画面截图

9月9日　庆祝第十届教师节暨尊师重教先进集体和先进个人表彰大会在上海影城举行，52个先进集体、10个先进个人受到表彰。会上还宣布了市政府命名84位特级教师的决定。市长黄菊以及陈至立、胡正昌、谢丽娟、刘恒椽、陈国栋等市领导出席大会。

9月9—11日　市教育工会副主席吴采兰率教师文艺演出团赴梅山冶金公司为职工演出。演出期间，市教卫党委副书记秦绍德专程到梅山慰问学校教职员工。

演出团合影

10月1日　首届上海教师艺术节总结表彰大会举行，22个单位和个人获组织奖，14个节目获创作奖，195个节目获一、二、三等奖和优秀奖。大会向文汇报社、上海电视台、上海家化联合公司等六家单位赠送锦旗。会上宣布将成立“上海绿叶教师艺术团”。薛喜民、秦绍德、江晨清等领导出席。

10月25—28日　市教育工会召开“上海高校民主管理调查研究成果交流会”。会上，5所高校工会负责人作专题报告，大会共收到论文、调查报告22篇。

11月　教育系统选派75名运动员组队参加上海市第六届职工运动会，获团体总分第六名；获金牌6枚，金牌总数名列第三。

11月14日　本会召开五届四次全委会议，增选赵启荣为市教育工会委员、常委和副主席。

11月16日　市教育局、市教育工会、市中小幼教师奖励基金会开展评选普教系统文明组室活动，28个文明组室受到表彰。姚庄行、江晨清等出席表彰活动，市教卫党委副书记秦绍德讲话。

12月28日　市教育工会召开“送温暖工程”经验交流会，高校、区县教育局党政工领导150余人出席，华东师范大学工会等5个单位介绍经验，江晨清作专题报告。市教卫党委副书记秦绍德、市总工会副主席杜玉英出席并讲话。

1995年

1月3—8日　日本大阪教组书记长樋口浩率大阪府第三次友好访华团一行20人来沪访问，参观了建平中学、打虎山路一小和教育会堂。江晨清主席等会见了代表团。

1月10日　上海市教育卫生系统妇女委员会成立，郑令德任主任，赵启荣任常务副主任。市妇联主席章博华、市教卫党委副书记秦绍德、市总工会副主席杜玉英出席。妇委会设在市教育工会。

1月14日　市教育工会举行新春座谈会，市教卫党委、教卫办、市高教局、市教育局、市教育工会及各高校党、政、工负责人100余人出席。

1月25日　市教育工会、市教育系统劳模联谊会、市教育发展基金会在教育会堂举行劳模迎春联欢会，100余名教育系统历届劳模出席。

2月8日　上海市第十届人民代表大会常务委员会第十六次会议通过《上海市工会条例》，本条例自1995年5月1日起施行。1997年和2002年，分别进行两次修正。

2月11日　市教育工会在教育会堂召开教育系统工会干部会议，传达市总工会和全国教育工会会议精神，报告年度工作总结和工作思路。市教卫党委副书记秦绍德到会讲话。

3月6日　市教育工会在教育会堂举行教育系统庆祝“三八”节暨表彰先进大会，表彰了50名女能手。市教卫党委书记郑令德、副书记秦绍德出席并讲话。

3月7日　市教育工会与市教卫系统妇委会在外滩陈毅广场举行“三八”节医疗咨询服务活动，特邀上海医科大学等校专家教授开设了14个服务项目，接待600余人咨询。郑令德、江晨清等领导到场。

3月11日　上海市教育工会主席江晨清会见日中友好教育协会副会长小林昭宏。

3月18日　第八届全国人民代表大会第三次会议通过《中华人民共和国教育法》。本法自1995年9月1日起施行。该法规定学校及其他教育机构应当按照国家有关规定，通过以教师为主体的教职工代表大会等组织形式，保障教职工参与民主管理和监督。

3月27—31日　京津沪教育工会工作研讨会在上海教育会堂举行。会议就学校民主管理、工会自身建设、师资队伍建设等问题进行交流。三地教育工会还对京津沪青年教师爱国主义系列活动安排达成一致意见。

4月22日　市教育工会与市教委、市文化局联合在上海音乐厅举办“日高杯”钢琴演奏比赛颁奖仪式及汇报演出。本次比赛历时4个月，1 000余人参加，27人获一、二、三等奖，7个区县教育工会获组织奖。

4月24日　市教育工会举行五届五次全委会议，传达全国教育工会四届五次常委会会议精神，通报了本会近期工作。会议增选张中韧等3人为五届委员会委员。

4月28日　同济大学马在田，华东师范大学王建磐，上海医科大学闻玉梅、顾玉东等4人荣获“全国先进工作者”荣誉称号。

5月6日　上海市普教系统义务讲学志愿者协会成立，挂靠上海市教育工会。于漪任理事长，江晨清、胡炯涛等任副理事长。协会的主要职责之一是组织义务讲学活动，与挂钩地区教师建立对口关系，无偿提供教学参考资料与咨询服务，并为当地优秀青年教师创造进修条件。

5月9日　市教育工会召开工会先进集体和个人表彰大会，授予上海医科大学等5所高校工会“先进教工之家”称号；授予邵德明、张志敏等47人“优秀工会工作者”称号，授予谢关根、朱慧玲等172人“优秀工会积极分子”称号。市总工会、市教卫党委、市教育工会领导杨森、秦绍德、江晨清等出席并讲话。

5月22—23日　《上海市中小学校校长负责制实施意见(试行)》颁发一周年之际，市教育工会召开普教系统工会主席座谈会，就文件贯彻过程中的工会、教代会等工作进行总结。长宁等区县教育工会在会上交流了经验。

5月22日—6月5日　应意大利米兰市教育工会邀请，吴采兰等一行3人访问意大利4个城市教育工会及7所大、中、小学校，幼儿园，并与米兰市教育工会主席乔吉蒂就发展友好关系事宜进行了会谈。

5月25日　在庆祝上海工会成立70周年之际，市教育工会系统邵世明获“全国优秀工会积极分子”称号；江晨清等4人获“上海市优秀工会干部”称号；童从奇等5人获“上海市优秀工会积极分子”称号。

7月　市教委、市教育工会、市教育发展基金会、市中小幼教师奖励基金会联合组织1995年度评优活动，共评选出市园丁奖1 000名，育才奖300名，市优秀教育工作者304名，获奖者在第十一届教师节受到表彰。

7月25日—8月3日 在纪念抗日战争胜利50周年之际，市教育工会副主席吴采兰率上海高校优秀青年教师暑期社会考察团一行20人，赴北京地区参观了中国革命历史博物馆、卢沟桥抗日战争纪念馆、地道战遗址等，并与北京理工大学青年教师座谈交流。

8月 市人大常委会副主任、市总工会主席包信宝在市教育工会领导陪同下，专程上门慰问复旦大学、华东理工大学、上海戏剧学院和上海第二医科大学等校的困难教师。本会还向8名特困教师子女发放了帮困助学金。

8月4—11日 市教育工会、市普教系统义务讲学志愿者协会组织劳模、特级教师于漪等14人组成义务讲学团，赴湘西土家族苗族自治州为边远贫困地区教师义务讲学，1 600余名中小学校长及语文、数学教师听讲。25日，组织10名特级教师赴上海奉贤县为千余名中学骨干教师进行培训。

8月24日 以石井亮一为团长的日本兵库县日中友好教育交流团一行105人第五次来沪访问，参观了华东师范大学、上海师大附中和长宁区实验小学。市教育工会在教育会堂举行大型交流会，市教委张伟江副主任、全国教育工会原主席方明、江晨清主席和石井亮一委员长先后发言。谢丽娟副市长会见了交流团的部分团员。代表团还在北京、重庆、武汉等地进行参观交流。

同日 日本大阪市“7WD＋1”教师书画展在教育会堂展出，展出作品的8位日本教师与上海29位美术教师进行座谈交流。

9月 上海市教育系统陈明仪等13人荣获“全国教育系统劳动模范”荣誉称号；雍炯敏等105人荣获“全国优秀教师”荣誉称号；10人荣获“全国优秀教育工作者”荣誉称号。

9月 市教育工会暑期组织18 500余名教工赴北京、井冈山、长江三峡、桂林、西安等20条线路休息休养。

9月7日 由市教育工会组织的“一流教育与师资队伍建设”大型研讨会在上海家化联合公司举行，150余名教育系统的劳模、优秀教师出席。市政协主席陈铁迪、副主席刘恒椽、王生洪以及市教卫党委、市教委、市教育工会领导等参加。

“一流教育与师资队伍建设研讨会”会场

9月8—11日　以田渊直委员长为团长的日本大阪府教职员工会访华团一行5人来访，访华团参观了上海交通大学、南洋模范中学、建平中学，还出席了南市区（现黄浦区）庆祝第十一届教师节大会并致辞。

9月9日　上海教师绿叶艺术团正式成立，这是原上海教工艺术团在走过近40年的历史、两度中断后重建的，由市教育工会领导、管理的教师群众性业余艺术团体，下设6个队组，团员60人。陈至立、陈国栋、谢丽娟、王生洪等领导出席揭牌仪式。艺术团自编自演的一台节目——《绿叶的故事》，于本届教师节期间在上海电视台播出。

9月14日　为迎接第四次世界妇女大会在北京召开，市教卫党委、市教育工会、市教卫系统妇委会主办的“上海教卫系统妇女成果展”在市工人文化宫揭幕。市长徐匡迪为展览会撰写了前言。副市长谢丽娟、市妇联主席章博华及市总工会、市教卫系统有关部门负责人200余人出席。成果展以图片形式集中展示了教卫系统200余名优秀女教师、女医务工作者的科研成果及先进事迹。展出6天，观众达4 000多人。

9月26日　日教组中央执行委员长横山英一率领的日本教职员工会代表

团一行 24 人来访，市教育工会主席江晨清等会见了代表团。

10月 上海市普教系统义务讲学志愿者协会与湖北省特贫困县通山县第一中学建立了帮教关系。随后两年间，上海市闵行中学与通山县第一中学、浦明师范附属小学与通山县通羊一小、通羊二小相继结为“手拉手”学校，进行多次信息资料交流、经验交流和人员间互访交往。1997 年 5 月 28 日，上海市委、市政府收到了通山县委、县政府致谢教育工会及有关学校的函文。

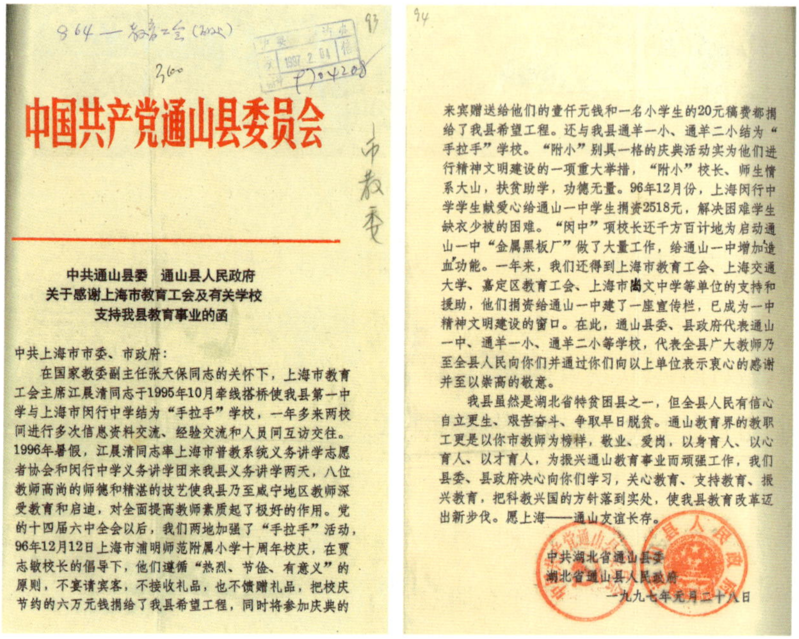

中国共产党通山县委员会

中共通山县委 通山县人民政府
关于感谢上海市教育工会及有关学校
支持我县教育事业的函

中共上海市市委、市政府：

在国家教委副主任张天保同志的关怀下，上海市教育工会主席江晨清同志于1995年10月牵线搭桥使我县第一中学与上海市闵行中学结为“手拉手”学校，一年多来两校间进行多次信息资料交流、经验交流和人员间互访交往。1996年暑假，江晨清同志率上海市普教系统义务讲学志愿者协会和闵行中学义务讲学团来我县义务讲学两天，八位教师高尚的师德和精湛的技艺使我县乃至咸宁地区教师深受教育和启迪，对全面提高教师素质起了极好的作用。党的十四届六中全会以后，我们两地加强了“手拉手”活动，96年12月12日上海市浦明师范附属小学十周年校庆，在贾志敏校长的倡导下，他们遵循“热烈、节俭、有意义”的原则，不宴请宾客，不接收礼品，也不馈赠礼品，把校庆节约的六万元钱捐给了我县希望工程，同时将参加庆典的来宾赠送给他们的壹仟元钱和一名小学生的20元稿费都捐给了我县希望工程。还与我县通羊一小、通羊二小结为“手拉手”学校。“附小”别具一格的庆典活动实为他们进行精神文明建设的一项重大举措，“附小”校长、师生情系大山，扶贫助学，功德无量。96年12月份，上海闵行中学学生献爱心给通山一中学生捐资2518元，解决困难学生缺衣少被的困难。“闵中”项校长还千方百计地为启动通山一中“金属黑板厂”做了大量工作，给通山一中增加“造血”功能。一年来，我们还得到上海市教育工会、上海交通大学、嘉定区教育工会、上海市尚文中学等单位的支持和援助，他们捐资给通山一中建了一座宣传栏，已成为一中精神文明建设的窗口。在此，通山县委、县政府代表通山一中、通羊一小、通羊二小等学校，代表全县广大教师乃至全县人民向你们并通过你们向以上单位表示衷心的感谢并至以崇高的敬意。

我县虽然是湖北省特贫困县之一，但全县人民有信心自立更生、艰苦奋斗、争取早日脱贫。通山教育界的教职工更是以你市教师为榜样，敬业、爱岗，以身育人、以心育人、以才育人，为振兴通山教育事业而顽强工作，我们县委、县政府决心向你们学习，关心教育、支持教育、振兴教育，把科教兴国的方针落到实处，使我县教育改革迈出新步伐。愿上海——通山友谊长存。

中共湖北省通山县委
湖北省通山县人民政府
一九九七年元月二十八日

通山县委、县政府发来的感谢函原件

10月4日 市教育工会、市教卫系统妇委会召开高校、区县教育系统工会、妇女干部会议，市教卫党委书记、市教委主任郑令德传达了第四次世界妇女大会有关精神。

10月9日 以盐川上至为团长的日本兵库县老教师研修团一行 34 人来访，市教育工会主席江晨清、市退教协理事长鲁巧英会见了日本客人。

10月12日 市教育工会摄制的《在爱的氛围中教书育人——上海海运学

院左飚副教授教书育人事迹》电视片在中国教育电视台播放。该片获得全国教育工会“为国育人”演讲活动一等奖。本会获组织工作一等奖。

10月20日　市教育工会在教育会堂举行纪念“上海中、小、社教进步教师团体成立50周年大会”，王尧山、张承宗、邵有民、周克、马飞海、方明、陈育辛、龚兆原、丁瑜等近400位当年从事地下革命斗争的老同志、老领导出席了纪念大会。江晨清主席主持会议。

10月23日　京津沪青年教师爱国主义系列活动在北京人民大会堂落下帷幕。此次活动的内容由“在这片热土上”征文比赛、教书育人演讲比赛和社会考察三部分组成，三市教育工会各自选拔出的优胜者进京参加决赛。上海有15人获一、二、三等奖，其中一等奖2名。

10月31日　市教育工会召开五届六次全委（扩大）会议，传达全国教育工会四届三次会议精神。

11月8—15日　以中国教育工会副主席、上海市教育工会主席江晨清为团长的中国教育工会代表团一行4人访问日本，参加了兵库县第45届教育研讨会，在日中教育交流座谈会上进行交流。

11月11日　市教育工会张渭明和上海大学工会周水康获全国优秀民主管理工作者称号。

11月21日　市教卫党委批转市教育工会《关于加强上海市高校工会干部队伍建设的若干意见》。

11月23日　市教育工会与市教卫系统妇委会、市女教授联谊会举行女教授联谊会工作交流会，华东师范大学等4所高校在会上交流了经验。

11月23—24日　市教育工会与市退教协举办华东地区退协工作研讨会。谢丽娟、刘恒椽等市领导，市教卫党委、市教委、市教育工会领导张民生、姚庄行、陈一平、江晨清以及老领导方明、鲁巧英等出席。

11月27日　市教育工会邀请市教委副主任魏润柏在上海中医药大学为教育系统工会干部作教育改革形势报告。

12月12日　“上海教育系统实施送温暖工程总结表彰暨《情暖校园》首发式”大会举行，表彰了工会送温暖工作先进集体和个人，上海交通大学等单位作了交流发言。谢丽娟、王荣华、杜玉英到会讲话。

截至1995年年底　上海教育系统普遍建立了帮困联系制度，两年来慰问困难教工11 285人次，发送慰问金50多万元。

1996年

1月8日　经市教卫党委批准，上海教师绿叶艺术团管理委员会由5人组成，江晨清任主任，赵启荣任副主任、艺术团团长。

1月10日　市教委和市教育工会举行上海高校“教书育人、管理育人、服务育人”先进集体经验交流和表彰大会。本次活动评选出一等奖4个，二等奖6个，三等奖20个。全国政协副主席、上海大学校长钱伟长，市教委主任郑令德出席并讲话。

上海市高校“三育人”先进集体表彰大会会场(右三：钱伟长，左三：郑令德)

1月22日　市教育工会与上海教育电视台共同摄制的四集电视片——《百年树人》在上海教育电视台连续播放。该片反映了复旦大学政治—行政学教研室等4个团体的“三育人”先进集体事迹。

2月2日 市教育工会召开五届七次全委(扩大)会议,江晨清主席作年度工会工作报告,市教卫党委秘书长陈一平到会讲话。

2月9日 市教育工会举行有170余名高校党政工领导参加的迎春座谈会,市教卫党委、市教委、市教育工会领导王荣华、郑令德、江晨清等出席。

2月12日 市教育工会举行教育系统劳模迎春茶话会,100余人出席,市领导胡正昌、老领导杨士法等出席。

3月 市委副书记陈至立、副市长谢丽娟及市教卫党委书记王荣华,在市教育工会领导陪同下,分别探望慰问了复旦大学、上海中山中学等5所学校的困难教师。

3月 江晨清主席在市总工会国际交流工作会议上作《努力开拓、扎实工作,为教育工作者的国际交流做贡献》的交流发言。

3月27日—5月30日 市教育工会举办专职干部新一轮上岗资格培训班,对127名高校工会专职干部和本会机关干部进行为期10天的专题培训。培训内容包括中国特色社会主义理论和实践、市场经济有关法律、工会理论和业务知识等方面。

4月 根据国家教委的要求,市教卫党委、市教委和市教育工会组成上海高校教书育人状况调查组,经过数月广泛调查,由本会负责撰写了调查报告《坚持“五个结合”,扎扎实实做好教书育人评选工作》,并上报国家教委。

4月 全国总工会授予上海海运学院左飙、上海交通大学严隽琪“全国五一劳动奖章”荣誉称号。

4月30日 高校系统项海帆等16人荣获“1995年度上海市劳动模范”荣誉称号;上海财经大学会计学系等5个单位荣获“上海市劳动模范集体”荣誉称号。

5月10—12日 由吴采兰带队的普教系统“学陶”讲习班学员一行23人赴南京参观考察了由陶行知先生创办的晓庄师范,并与南京市中小学青年教师座谈交流,共同举行“学陶”专题报告会。

5月15日　全国教育工会在上海举办有13个省市教育工会参加的生活保障工作研讨会，就工会“送温暖工程”、扶贫帮困和教工疗休养等工作进行交流。市教育工会主席江晨清在会上作了专题发言。全国总工会副主席滕一龙、全国教育工会副主席张易安、上海市教卫党委书记王荣华、市总工会副主席杜玉英、吴申耀等到会并讲话。

5月20—24日　市教育工会、市教卫妇委会在市委党校举办教育系统妇女干部培训班，市妇联主席孟燕堃等5位领导和专家作辅导报告。

6月21日　市教育工会召开区县教育工会负责人会议，交流普教系统教师聘用合同制试点工作情况，征求对本会起草的“劳动争议调解试行办法”的修改意见。

7月13—18日　市教育工会、市普教系统义务讲学志愿者协会组织义务讲学团9人，由江晨清带队赴湖北通山县开展义务讲学。同年8月2—11日，江晨清带10人赴内蒙古呼伦贝尔进行义务讲学。

7月19—26日　市教育工会组织的上海高校优秀青年教师暑期赴黔考察团一行18人，参观了遵义等地革命遗址，与遵义医学院青年教师进行座谈交流。

8月　上海大学陈一民、闵行区中心小学赵妙娟获全国教育工会授予的“三育人”先进个人称号。

8月2日　由京谷一郎为团长的日本枚方市日中友好协会第25次访华团一行18人来访，市教育工会领导会见日本客人。

8月26日　市教育工会召开五届八次全委(扩大)会议，江晨清主席报告了本会上半年工作情况和下半年工作要点。会议部署了第十二届教师节的活动安排。

9月　市教育工会精选近几年反映教师题材优秀歌曲，编辑录制了一套MTV光盘——《耕耘者之歌》，并在上海各家电视台多次播出。

9月3日　市总工会主席包信宝由市教育工会领导陪同，上门慰问上海大学、同济大学、上海建材学院[1]、华东理工大学等校困难教师。

9月5日　市教育工会在教育会堂举行“爱岗敬业——百名劳模、优秀教师结对拜师活动”，全国劳模于漪在会上向全市教师发出“教书育人，为人师表”的倡议。市政协主席陈铁迪到会讲话。

9月6—7日　市教育工会在教育会堂开设法律义务咨询活动，华东政法学院4位专家教授为70多名教职工提供法律咨询服务。

9月9日　市总工会副主席杜玉英由市教育工会领导陪同，慰问建庆中学、中国纺织大学、上海交通大学等校困难教师。

9月10日　市教育工会与市教师摄影研究会共同举办的《科教兴国·教育为本》教育系统摄影展在外滩陈毅广场开幕，2 000余人出席，市总工会副主席吴申耀出席并剪彩。摄影展共展出照片368幅，并在教育系统巡回展出。

9月12日　市教育工会在上海家化联合公司举办“爱国、报国、兴国——上海百名优秀青年教师走向21世纪”大型座谈会，11位青年教师发言。市总工会、市教育工会领导吴申耀、江晨清等出席。

9月14日、21日　市教育工会分别召开区县和高校暑期教工休息休养工作总结交流会。本会暑期共组织2万余名教工赴外地休息休养，还组织了2 300余名教工参加常年双休日度假旅游。

9月17—23日　应日本大阪府教组的邀请，以吴采兰副主席为团长的上海市教育工会代表团一行5人访问日本，参观了当地学校，中日双方进行了交流。

9月26日　市教育工会协同市侨联评选出第四届侨界教师“烛光奖”获得者40人。

10月24日　市教育工会与市教卫妇委会在上海交通大学包兆龙图书馆，举行“事业、家庭和我”为主题的演讲比赛决赛，3人获一等奖。市教委主任郑令德、市总工会副主席杜玉英、市妇联主席孟燕堃等出席并讲话。

---

① 1997年上海建材学院并入同济大学。

12月 市教育工会被评为全总国际交流先进单位。

12月6日 为加强对基层民主管理工作的指导，市教育工会下发《关于建立上海高校教代会报告制度的通知》，要求各高校和直属单位教代会召开前和闭会后，按规定分别向本会作出书面报告。

12月7日 市教育工会在上海家化公司举行“奉献给教师的一份爱”表彰会，谢丽娟副市长到会并讲话。本会和上海家化公司联合开展了“为教师献一份爱”双休日度假活动。五年共组织了6 000余名教师赴江苏吴江黎里镇家化度假村休养。

12月14日 市教育工会在教育会堂召开普教系统义务讲学汇报交流会，市教卫党委书记王荣华出席并讲话。

12月17日 市教育工会、市中小幼教师奖励基金会在教育会堂召开普教系统文明组室表彰大会。会上表彰了格致中学物理教研组等30个文明组室。江晨清等出席，市教委副主任夏秀蓉讲话。

12月21日 应市教育工会邀请，以皮雷利·沃尔凡戈主席为团长的意大利伦巴第大区教育工会代表团来沪访问。江晨清主席会见客人，双方进行了会谈。代表团在沪参观了大中小学校、少年宫，并与长宁、闸北区（现静安区）教育工会座谈交流。

12月26日 市教育工会举行教育系统“情满校园”总结表彰大会，教育系统200余人受到表彰，市教卫党委副书记殷一璀到会讲话。

截至1996年年底 全市高校工会、区县教育工会已建立帮困基金55个，基金1 800余万元，1995年、1996年两年共帮助困难教工5 829人，金额141万元。

1997年

1月6日 以门川顺治为团长的日本大阪府教职员组合访华团来访，江晨清主席等与日本客人进行了友好会谈。

1 月 17 日　23 个参赛队、350 人参加的教育系统教工乒乓球团体赛结束，经过 45 天、132 场比赛，同济大学、徐汇区代表队并列获得第一名。

1 月 25 日　市普教系统义务讲学团一行 16 人赴宝山区长兴、横沙两乡开展义务讲学活动。

1 月 29 日　江晨清、赵启荣率领教师绿叶艺术团在警备区礼堂为“南京路上好八连”所在团的 3 000 名官兵进行慰问演出。市教卫党委副书记殷一璀在演出前致慰问词。

2 月 23 日　市教育工会举办高校党政工干部春节座谈会，市教卫党委书记王荣华、副书记殷一璀、市教委主任郑令德等 140 余人出席，王荣华、殷一璀讲话。

2 月 25 日　邓小平同志逝世。市教育工会组织部分高校工会、区县教育工会主席座谈，缅怀邓小平同志的丰功伟绩。

2 月 27 日　上海市教育系统精神文明建设委员会成立，市教育工会主席江晨清担任副主任。

3 月 6 日　市教育工会、市教卫妇委会举行教育系统庆祝“三八”节暨表彰先进大会，表彰教育系统三八红旗手等先进集体和个人。市教卫党委书记王荣华、市教委主任郑令德和市妇联副主席李丽到会讲话。

3 月 8 日　市教育工会、市教卫妇委会在外滩举行上海教师庆“三八”节为民服务活动，邀请 6 所高校的 20 名专家教授为市民提供咨询服务。

3 月 30 日　在市总工会召开的上海工会系统送温暖工程总结表彰大会上，市教育工会作经验交流，并被评为上海市工会系统送温暖工程先进集体。

4 月 23 日　市教育工会根据全国和上海市总工会有关文件精神，下发《关于加强对高校和直属单位工会干部协管工作意见的通知》，就基层工会干部的管理范围、管理内容、操作程序等作了规定。

4 月 28 日　全国总工会授予上海中医药大学胡之璧“全国五一劳动奖章”荣誉称号。

5 月　上海市教育工会被评为全国总工会财务工作先进集体。

6 月 5 日　市教育工会举行高校“先进教工之家”表彰大会。上海交通大学等 9 所高校工会荣获 1996 年度“先进教工之家”称号；复旦化学系工会等 14 个部门工会荣获“模范教工小家”称号。市总工会副主席吴申耀出席并讲话。

6 月 11—17 日　市教育工会召开高校工会民主管理研讨会，讨论修改高校教代会评估方案草案。

民主管理研讨交流会会场

7 月 4 日　市教卫党委、市教委主办，市教育工会承办的“我的讲台我的爱”教师演讲进行决赛，12 人获一、二、三等奖。市教委副主任薛喜民、张民生以及市教育工会副主席吴采兰出席。

7 月 8—15 日　市教育工会主席江晨清、原主席鲁巧英，应日本兵库县教组的邀请，出席日本兵库县教组成立 50 周年纪念活动。

7 月 9—21 日　市普教系统义务讲学团 35 人分赴贵州凯里、湖北咸宁和甘肃天水开展义务讲学，三地参与听讲的教师共 4 400 余人。

7 月 22 日　市教育工会在教育会堂召开工会互助保障工作会议，华东政法学院、上海电视大学（现上海开放大学）、上海农学院①作交流发言。市总工会互助保障会领导作专题讲座。

① 1999 年 9 月，上海农学院并入上海交通大学，成立上海交通大学农学院。

7月26日—8月10日　市普教系统义务讲学团一行12人，赴甘肃天水义务讲学，参加听讲的教师有1 200余人。

7月26日　市教师绿叶艺术团和海军上海基地战士文工团在上海财经大学大礼堂联合演出文艺节目《神圣的使命》，驻沪三军指战员1 200余人观看了演出。

7月30日　教师绿叶艺术团赴横沙岛为海军东海舰队五支队作慰问演出，600余名官兵观看。

8月4—14日　全国教育工会在新疆召开实施送温暖工程研讨会，上海市教育工会在会上作交流发言。

8月18—19日　以石井亮一为团长的日本兵库县教职员组合访华团一行105人第六次来访。上海市教育工会与日本代表团在教育会堂联合举办《中日教育交流——面向21世纪的教育改革》大型报告会，江晨清和石井亮一分别作主题发言，方明、夏秀蓉到会讲话。市政协副主席谢丽娟等会见了代表团部分成员。代表团还前往北京、长春、大连、沈阳等地参观交流。

8月21—23日　以林显富副理事长为团长的澳门中华教育会代表团一行5人来访，市教育工会主席江晨清等会见代表团。

9月　市教委、市教育工会、市教育发展基金会、市中小幼教师奖励基金会联合评选并表彰1997年度上海市育才奖175名，园丁奖991名。

9月9日　全国教育工会在北京召开送温暖工程总结表彰大会，上海市教育工会和同济大学工会、上海交通大学工会被评为先进集体。

同日　市教育工会举行“树师表形象，创文明校风——上海市百名优秀青年教师庆祝第十三届教师节座谈会”，9位教师围绕师德师风建设作交流发言，市教委主任郑令德到会讲话。

9月15—20日　樋口浩为团长的日本大阪府教职员组合第三次友好代表团来访，上海市教育工会与代表团进行了会谈。在沪期间，代表团考察了闸北八中等学校。

9月18日　市教卫党委批复，上海市教育工会和上海市教卫系统妇委会的人员编制21名；市教卫妇委会办公室与市教育工会女工部实行两块牌子一套班子，合署办公。

9月24日　市教育工会、市教卫妇委会在教育会堂召开部分高校女博士生导师、女校长、女书记座谈会，郑令德到会并讲话。

10月21日　上海市第十届人民代表大会常务委员会第三十九次会议通过《上海市实施〈中华人民共和国教师法〉办法》。本办法自1998年1月1日起施行。

10月30日　市教育工会召开暑期休息休养工作总结表彰大会，表彰优秀组织奖、优秀领队以及达标单位。当年本会共开辟48条线、52个点，组建538个团，共19 404名教工赴各地休息休养。

11月12—16日　第二届京津沪青年教师研讨交流活动在上海举行，50余名来自三市的优秀青年教师，参加了“面向21世纪塑造师表新形象主题研讨会”并进行了交流。

12月　全国总工会授予上海医科大学基础医学院工会“全国模范职工小家”荣誉称号。

12月1日　市教育工会召开五届十次全委会会议，增选赵雪华等7人为五届委员会委员。

12月26日　市教育工会召开五届全委（扩大）会议，选举王洪伟等7人为上海市教育系统出席中国教育工会第五次代表大会的代表。

1998年

1月7日　经上海市教卫党委批复的《上海市教育工会内部机构设置与干部管理权限》和《加强上海市高校工会干部队伍建设若干意见》两个文件，由全国教育工会向各地教育工会转发。

1月8日　国家教委颁布《教师和教育工作者奖励规定》，对学校教师及科研、管理、服务人员中取得显著成绩者，授予“全国优秀教师”和“全国优秀教育工作者”称号；其中做出突出贡献者，由国务院教育行政部门和人事部门授予“全国模范教师”和“全国教育系统先进工作者”称号。评选每三年一次。

1月10日　市教委拨50万元资助市教育工会的帮困基金。元旦、春节期间，市教育工会系统使用帮困基金开展慰问、补助困难教工42 390人，补助金838.6万元。高校工会及区县教育工会已建有帮困基金会65个。

2月　经市总工会、市教育工会等推荐，上海市教育工会兼职副主席、上海交通大学工会主席季学玉当选第九届上海市政协委员。

3月　由市教育工会组织编写、吴采兰副主席任主编的《学校教代会基础知识问答》一书，由上海三联书店出版发行。该书在全国29个省市自治区发行达8万余册。

《学校教代会基础知识问答》封面

3月7日　市教育工会、市教卫妇委会举行庆祝“三八”节暨“比翼双飞”模范佳侣表彰大会，表彰模范佳侣、女职工先进集体以及女职工标兵、文明职工家庭等。市教卫党委、市教委、市教育工会领导王荣华、郑令德、项伯龙、张伟江、江晨清等出席。自1997年开始，“上海市教育系统比翼双飞模范佳侣”每两年评选一届，评选工作当年第四季度开始，次年“三八节”予以表彰。

3月16—19日　全国教育工会在华东师范大学召开“全国高校工会精神文明建设工作经验交流会”。会上交流了各地高校教工俱乐部建设的经验。华东师范大学等5所高校工会俱乐部被评为“高校工会教工活动阵地示范单位”，全国教育工会主席蒋文良、副主席龚乐进到会讲话。

3月22—24日　日本大阪市教职员组合委员长谷川昭及大阪市教职员会馆专务理事平沢保人来访，市教育工会主席江晨清等会见日本客人。

3月30日　市教育工会召开高校工会干部会议，万庆华等13人当选为出席上海市工会第十次代表大会的代表。

4月22—25日　中国教育工会第五次全国代表大会在北京召开，蒋文良当选为全国教育工会主席。上海教育系统7名代表出席，江晨清等4人当选委员，江晨清当选为兼职副主席。

4月28日　全国总工会授予复旦大学陈良尧“全国五一劳动奖章”荣誉称号。

4月　高校系统丁文江等16人荣获“1997年度上海市劳动模范”荣誉称号；上海外国语大学英语学院等4个单位荣获“上海市模范集体”荣誉称号。

4月22日　上海市尚文中学教师黄静华获全国教育工会授予的“师德标兵”称号，5月又获“上海市十大杰出职工”称号。

5月25日　为贯彻党的十五大精神和《中华人民共和国老年人权益保障法》，推进本市普教系统退休教工管理服务工作的制度化、规范化，市教育工会会同市教委、市退教协联合下发《关于本市普教系统学校创建合格退休教工之家的若干意见》。

6月3—5日　上海市工会第十次代表大会在市委党校举行，包信宝当选市总工会主席。市教育工会系统13名代表出席本次大会。顾国庆当选为委员，江晨清当选为常委，江晨清当选出席中国工会第十三次代表大会的代表。

6 月 18 日　市教卫党委决定江晨清兼任上海教育会堂主任。

6 月 25 日　市教育工会与上海第二医科大学工会共同创办的上海市再就业护工培训中心在该校挂牌，包信宝、张伟江、江晨清等领导出席揭牌仪式及首期护工培训班开学典礼。首期 80 名学员全部来自农工商集团的下岗职工。

7 月 8—15 日　市普教系统义务讲学团一行 6 人赴新疆阿克苏、喀什、乌鲁木齐义务讲学，听讲者达 6 000 余人。

7 月 15—29 日　市普教系统义务讲学团一行 13 人，分两批赴辽宁葫芦岛市义务讲学，为全国希望工程培训中心来自全国 6 省市的 119 所学校 152 名校长及教师讲课近百课时。

7 月 24 日　日本大阪市教职员组合委员长东修三率访问团一行 11 人来沪。

同日　上海教育会堂与大阪市教职员组合所属的教职员会馆签订友好合作协议。教育会堂主任江晨清与大阪教职员会馆理事长竹内功代表双方在协议上签字。

8 月　经市总工会复验，上海医科大学基础医学院工会再次获全国“模范职工小家”称号。

8 月　我国长江、嫩江、松花江流域发生特大洪灾，市教育工会捐款支援灾区。

8 月 29 日　中华人民共和国第九届全国人民代表大会常务委员会第四次会议通过《中华人民共和国高等教育法》，本法自 1999 年 1 月 1 日起施行。该法规定，高等学校依法自主办学，实行民主管理。依法保障教职工通过教代会等组织形式，参与学校民主管理和监督。

9 月　上海市教育系统陈康民等 14 人荣获“全国模范教师”荣誉称号，赵家镐等2人荣获“全国教育系统先进工作者”荣誉称号，田禾等36人被评为“全国优秀教师”，吴友富等2人被评为“全国优秀教育工作者”；杨玉良等209人被评为“上海市优秀教育工作者”。

9月8日　市教育工会举行教育系统首场劳动模范事迹报告会，400余名教师聆听了全国劳模、全国十大师德标兵之一的黄静华等作的先进事迹报告。会上，本会向陈根发等12位教育系统劳模事迹报告团成员颁发证书。

9月10日　市教育党委、市教委、市中小幼教师奖励基金会和市教育工会联合举办庆祝第十四届教师节暨优秀教师表彰大会，表彰全国和上海市评选的各类先进个人。

同日　全国教师摄影展览在外滩陈毅广场揭幕，展出获奖作品200幅。市教育工会、文汇报社和市教师摄影研究会等共同举办全国教师摄影作品比赛，收到6 000多幅参赛作品，其中上海市有4 000多幅，20幅作品获奖。参展作品结集出版了《(19)98中国教师摄影艺术作品集》。

9月13—18日　以办公室主任张中韧为团长的上海市教育工会第三次访日代表团一行6人应邀访问日本大阪、冈山等地。与大阪府、大阪市教职员组合及大阪市政府教育委员会举行会谈，并参观了当地中小学校。

10月　市教育系统精神文明建设委员会、市教育工会、市教育发展基金会和市中小幼教师奖励基金会联合举办“我心中的好老师”上海师德建设征文活动。收到征文5 000余篇，其中53篇获一、二、三等奖。获奖征文与1997年演讲比赛获奖作品合并编辑出版了《我的讲台我的爱》一书。

10月11日　市教育工会举行纪念教育系统工会恢复教工休养工作20周年系列活动，内容包括开展摄影、录像、征文作品评选；举办20年成果展、专题研讨会；举行纪念大会暨《情满校园(休息休养工作专辑)》首发式。20年来本会共组织了17万多名教工赴各地休息休养。

10月19—24日　中国工会第十三次代表大会在北京举行。尉健行再次当选全国总工会主席。上海教育工会系统江晨清代表出席本次大会。

中国工会第十三次代表大会期间尉健行主席（前排左三）与
部分上海代表合影（前排右一为江晨清）

11 月 3—11 日　应意大利伦巴第大区和米兰市教育工会邀请，江晨清率上海市教育工会代表团访问意大利米兰、威尼斯和罗马等地，并与意大利全国教育工会等进行工作会谈。

11 月 15 日　上海教工第八套广播操比赛在上海体育学院举行，全市教育系统 64 个参赛队、500 余名教工参加比赛，华东师范大学等 20 个参赛队获得优胜奖。

12 月 11—12 日　市教育工会、市中小幼教师奖励基金会召开表彰及交流会，黄浦区顾家弄幼儿园小中班年级组等 30 个单位获“上海市普教系统精神文明组室”称号。主办单位根据 29 个文明组室的事迹材料，编辑出版了《众手浇灌文明花》一书。

1999 年

1 月 14 日　市教育党委、市教委、市教育工会联合下发《关于全心全意依靠教职工办好高等学校的意见》，内容包括：统一思想，充分认识全心全意依靠教职工办学的重要性；加强教职工代表大会建设，健全学校民主管理制度；适应教育改革需要，大力推进教职工队伍建设；认真贯彻《教育法》《教师法》

《高等教育法》等法律，维护教职工的合法权益；切实加强学校党委对工会的领导等方面。

3月10日 市教育工会、市教育妇委会举行纪念“三八”妇女节表彰先进暨教育形势报告会，表彰上海市和教育系统各类妇女工作先进集体32个，先进个人75名。市教育党委书记王荣华出席并讲话。

3月25日 全国教育工会下发《关于推进校务公开工作的意见》，要求各地先行试点，取得经验后普遍推行，并要求各级教育工会配合党政抓好此项工作。

4月26—30日 全国教育工会与全国中小幼教师奖励基金会在北京联合举行表彰活动，上海有6人获得全国普教系统“老有所为”先进工作者称号。

4月28日 全国总工会授予上海交通大学丁文江、上海医科大学顾玉东“全国五一劳动奖章”荣誉称号。

6月16日 市教育工会经审会举办新工会会计制度讲座，对全市高校及直属单位工会分管主席、经审会主任、财务干部等进行业务培训。市总工会经审会领导作辅导报告。

7月2日 在市教育工会指导下，上海医科大学召开第十九届工会会员代表大会，直接选举校工会正副主席。此举在上海市高校尚属首次。

7月16—21日、26—29日 市教育工会组织的市普教系统义务讲学团27人，分赴河南济源市和云南昭通地区开展义务讲学活动，两地共有中小学校长及各科教师近千人听课。

8月 市教育工会成立的上海市高校女教授咨询中心在黄浦区青少年活动中心和曲苑小区，为市民义务提供医疗保健、家庭教育等方面的咨询服务。

8月19日 上海市教育工会、日本兵库县教育工会、美国洛杉矶教育工会在上海联合举办“面向21世纪——中、日、美中小学教育改革研讨会”，150余人出席。江晨清主席主持会议，石井亮一委员长、戴·希古奇主席及吴采兰副主席分别作专题报告。上海市总工会副主席李毓毅出席并致开幕词。

出席“中、日、美中小学教育改革研讨会”中外嘉宾合影

同日 上海市教育工会与美国洛杉矶教育工会在上海虹桥宾馆签订建立友好合作关系协议，商定双方每两年各派出代表团互访，并进行教育工会信息资料和教师文化艺术交流，江晨清主席和戴·希古奇主席代表双方在协议上签字。

8 月 30 日 市教育工会开展对全市高校教代会工作状况及普教系统民主管理状况的调查，并分别形成专题调查报告。

9 月 8 日 全国教育工会在北京召开庆祝第十五届教师节暨表彰先进大会，上海有华东理工大学、曲阳二中等 4 所学校获“民主管理先进单位”；姚泰、范关荣、傅锦疆、黄兆康等 4 人获“全心全意依靠教职工办学优秀领导干部”。

9 月 15 日 市教育工会、上海电视台联合举办的以“捧着一颗心”为主题的庆祝第十五届教师节歌咏演唱会在云峰剧场举行，全市教育系统 3 000 余名教工参加演出。上海电视台、上海教育电视台等转播了演出实况。

9 月 16 日 市教育工会召开表彰大会。复旦大学等 11 所高校工会获 1998 年度上海高校工会“先进教工之家”称号；复旦大学管理学院等 16 个部门工会获“模范教工小家”称号；8 人获“支持工会工作的好领导”称号，68 人获“优秀工会工作者”称号，208 人获“优秀工会积极分子”称号。

9月23—28日　应上海市教育工会的邀请，日本大阪府教职员组合门川顺治委员长率第四次友好访华代表团一行5人来访，江晨清等与代表团进行了座谈交流。

9月　市教育工会暑期共组织17 000余名教工赴外地休息休养，并在北京、井冈山、延安、遵义等地建立了集体休息休养、培训和革命传统教育基地。另外，还组织了6 400余名教工双休日度假旅游。

10月18日　市教育工会组织起草的《上海市中小学校教职工代表大会试行意见》作为中小学校实行校长责任制的配套文件，由市委组织部、市教育党委、市教委联合下发实施。

同日　市教育系统职工技协召开工作会议，表彰1998年度职工技协先进单位、先进个人和运营积极分子。多年来，教育系统职工技协稳步发展，根据12个基层技协统计，已完成111个项目，收入1 556万元，留利总额50万元。

11月9—15日　应日本兵库县教职员组合的邀请，副主席赵启荣率上海市教育工会代表团访问日本。其间，代表团出席了兵库县第49次教育研讨会。

11月17日　市教育党委、市教委、市教育工会、市教育发展基金会和市中小幼教师奖励基金会联合举办“为了民族的创新——99上海师德建设系列活动”，其中“万名教师谈创新”征文活动由市教育工会组织实施，共收到征文181篇，最后，评选出一、二、三等奖30篇。

同日　市教育党委、市教委、市教育工会、市教育发展基金会和市中小幼教师奖励基金会在大同中学召开师德建设经验交流及表彰大会，市教育党委书记王荣华、副书记于信汇等到会讲话。

截至1999年年底　全市高校工会、区县教育工会共建立帮困基金135项，金额3 400万元；慰问困难教师3 600余人，发放慰问金600多万元。另外，全市已有85 000余名教师参加市总工会医疗互助保障计划。

2000年

1月3日　为了在工会系统贯彻落实好全国第三次教育工作会议精神和科教兴国战略，进一步加强教育工会工作，市总工会、市教育党委转发全国总工会《关于加强教育工会工作的若干意见》，提出了提高认识、加强领导，发挥教育工会作用，加强改革建设三点意见。

同日　市教育系统劳动模范迎新会暨《群星璀璨——上海市高等院校劳动模范集》首发式在文新报业大厦举行。全市教育系统近百名历届劳模出席。副市长蒋以任、市教育党委书记王荣华、市总工会副主席吴申耀等出席会议。

3月12—19日　应洛杉矶联合教师工会的邀请，以江晨清主席为团长的上海市教育工会代表团一行5人赴美国访问。代表团应邀出席了旧金山亚太裔教育高峰会议，并与两地的联合教师工会、旧金山亚裔劳工联盟、中小学校长及教师进行了座谈交流。江晨清接受了《世界日报》等3家报社的采访。

3月25日　本会组织有关人员编写《上海市教育工会大事记》，记录新中国成立前的教师运动、教师组织活动以及新中国成立后50年教育工会工作的重要事件。

3月29日　为纪念上海市教育工会成立50周年，本会向各基层工会和有关方面征集有关文献和资料。

4月19日　市总工会授予市教育工会系统江晨清、张锡九“上海市优秀工会工作者”称号。

4月29日　复旦大学陆谷孙、上海交通大学丁文江、同济大学孙立军、上海电力学院曹家麟等4人荣获“全国先进工作者”荣誉称号。

5月19日　教育系统劳模协会普教分会承办的浦东模范中学揭牌。市人大常委会副主任、市总工会主席包信宝，市政协副主席王生洪为学校揭牌。中国科学院和中国工程院院士李国豪题写校名，著名劳模、原市二中学校长吴小仲出任首任校长。

5月26日　纪念上海市教育工会成立50周年座谈会在教育会堂举行。全国教育工会原主席方明、副主席万明东，市总工会副主席唐国才等出席并讲话。董金平、江晨清、鲁巧英、吴采兰等出席。

座谈会现场

5月30日　市教育工会按照建设“教工之家”考核指标，确认所属34家基层工会为1999年度合格“教工之家”。

6月　市教育工会开展第一届优秀调研成果评选活动，共收到调研报告、论文38篇。其中关于教代会民主管理的有16篇，教职工队伍建设的有14篇，工会组织建设的有4篇，工会保障工作和校园文化建设的有4篇。上海大学工会《努力完善院级教代会制度》《积极推进基层民主管理》和闵行区教育工会《闵行区教师师德状况调查及对策》等3篇文章获一等奖。另评选出二等奖4个、三等奖6个。

7月20—27日　由中国象棋协会、中国大学棋类协会主办的2000年全国高校象棋比赛在天津市举行。市教育工会派出了上海市高校教工象棋一队和二队参加比赛，分获教工组团体冠、亚军，这是上海高校教工连续第四次夺得团体冠军，余奇文、黄钦森分获教工组个人冠、亚军。

8月　市总工会授予上海第二医科大学、华东理工大学、上海大学、华东师范大学等4所高校工会2000年度上海市“模范职工之家”称号。

9月　市教育工会暑期组织16 908名教职工参加各地休息休养活动。

9月4日　市教育工会和上海市工会管理干部学院，共同对1 000余名高校部门工会和中小学校工会主席进行为期8周的业务培训，每周授课一次，内容涉及形势任务、工运理论、教育管理等。培训结束由市总工会颁发继续教育培训证书。

9月6—7日　中国教育工会成立五十周年纪念座谈会在北京举行，会上表彰了工会先进集体和个人。虹口区教育工会、上海大学工会等5家工会获“全国教育工会先进集体”称号；赵雪华等6人获“全国优秀教育工会工作者”称号。

9月26日　市总工会转发《中华全国总工会关于加强工会会员会籍管理有关问题的暂行规定》，指出工会会员会籍管理工作是工会组织建设的一项重要的基础工作。

12月　市总工会授予上海医科大学护理学院工会上海市“模范职工小家”称号。

12月　华东师范大学等9所高校工会被市教育工会评为保障工作先进集体和个人。本会征集的《情暖校园》保障工作专辑，在2000年9月底编辑出版。

12月1日　市教委、市教育工会联合开展普教系统文明组织评选活动，东格致中学数学教研组等32个组室被评为“上海市普教系统文明组室”。

12月15日　市教育工会组织机关干部分十路下基层慰问困难职工，给100名特困教职工子女学杂费补贴，并开展结对帮困，资助资金达10万元。

12月23日　以日本兵库县教职员组合委员长石井亮一为团长的日本日中教育交流代表团一行9人访问上海。市教育工会江晨清主席等与日本朋友进行座谈交流。市总工会主席包信宝会见了代表团全体成员。

12月31日　在市教育工会指导下，全年有上海师范大学等7家基层工会召开了工会会员代表大会或工会会员大会，进行换届改选。

截至2000年年底　市教育工会有下属高校和直属单位工会45个，教职工58 000人，会员55 444人，其中女会员23 407人。连同全市各区县教育工会所属各级各类学校和其他教育单位的工会会员，共计24万余人。

2001年

1月15日　市教育工会召开高校工会三产、技协先进表彰会，复旦大学、华东理工大学工会荣获"上海市职工技协先进集体"称号；15人荣获"先进个人"称号。市总工会副主席张兴淮出席并讲话。

1月17—22日　以江晨清主席为团长的上海市教育工会第四次访日团应大阪教育工会邀请访问日本大阪、奈良、冲绳等地。代表团与大阪府教职员组合委员长门川顺治、前委员长田渊直等进行了友好会谈。

1月21—31日　市教育工会领导陪同市教育党委副书记于信汇前往复旦大学、上海交通大学等高校，慰问困难教职工家庭。本会机关干部分赴有关学校慰问困难教师家庭，向定向帮困的10位高校教师各发放慰问金5 000元，并对100名企事业单位困难职工子女进行帮困助学。

2月13—14日　中国教育工会上海市第六次代表大会在市总工会所属的海鸥饭店举行。出席大会的正式代表共250人，列席代表、特邀代表114人。市委副书记龚学平发来贺信。市人大常委会副主任、市总工会主席包信宝，全国教育工会主席张宏遵，市政府副秘书长、市教育党委书记王荣华，市教委主任张伟江，市教育党委副书记于信汇等出席会议。江晨清作工会工作报告，以及财务工作报告（书面），张渭明作经审会工作报告（书面）。大会选举产生了33名委员组成的市教育工会第六届委员会和7名委员组成的第六届经费审查委员会。

在六届一次全委会上，11人当选为常委，夏玲英当选主席，吴采兰、张中韧、陈阿根当选副主席。在六届一次经审全委会上，张渭明当选主任，陈国辉当选副主任。

2月15—18日　全国教育工会主席张宏遵等在市教育工会领导陪同下前往闸北区、虹口区以及浦东新区教育工会考察指导工作，并参观了新中中学、虹口区教育学院和浦东新区等。

2月28日　市教育工会在教育会堂召开会议，夏玲英主席向各区县教育局党委和区县总工会领导通报中国教育工会上海市第六次代表大会的主要情况。市教育党委副书记于信汇出席并讲话。

3月6日　市教育工会、市教卫妇委会举行上海教育系统纪念“三八”国际劳动妇女节暨表彰先进大会，表彰上海市教育系统先进女职工、市三八红旗手(集体)等。上海交通大学顾海英等在会上作交流发言。夏玲英主席致辞，市教育党委副书记于信汇出席并讲话。

3月15日　市教育工会与上海工会干部管理学院联合在金山等8个区县举办教育系统基层工会主席培训班，1 200余名基层工会主席参加。

同日　为配合上海实施医疗制度改革，3月1日起教师全员纳入医疗制度改革，市教育工会召开“推进多层次医疗保障工作交流会”，要求教育系统各级工会提高认识，确保医保政策顺利出台，平稳运作。市教育党委副书记于信汇，以及市总工会、市教委等有关部门领导出席。

4月8—21日　费尔南多·迪·劳勒率意大利伦巴第大区教育工会代表团访问上海。上海市教育工会与代表团进行了友好会谈。市总工会副主席李毓毅会见了代表团。

4月28日　江泽民同志在全国劳模座谈会上发表重要讲话，指出工会是党领导的工人阶级群众组织，是党联系职工群众的桥梁和纽带，肩负着维护职工群众合法权益的基本职责……要切实维护职工群众的具体利益，真心诚意地为职工群众服务……各级党委和政府要高度重视工会组织的工作，为它们履行职能创造条件，通过它们把广大职工群众更加紧密地团结在党的周围，更好地完成党和政府提出的各项任务。

4月20日 高校系统宋后燕等18人获得“1998—2000年度上海市劳动模范”荣誉称号；复旦大学应用表面物理国家重点实验室等4个单位获得“上海市模范集体”荣誉称号。

4月21日 市教育工会在浦东新区举行由教育系统百名劳模参加的“弘扬劳模精神，聚焦教育改革”报告会。浦东新区副区长周汉民应邀作《教育与经济发展》报告。

同日 市教育工会组织全市34所高校、14所直属单位的59 337人参加市总工会“三项”（重大病、住院、女职工特种病）医疗保障计划。

4月30日 由上海交通大学、上海大学、浦东新区教育工会250人组成的教师合唱队代表市教育工会参加市总工会举行的“五一歌会”，并获得最高奖。

5月15日 市教育工会召开六届二次常委会会议，审议通过1999—2000年度高校先进教工之家、模范教工小家的评选结果及全国师德标兵、市育才奖等推荐名单。

5月23日 市教育工会举办的“上海教工2001年乒乓球赛”同时在同济大学、上海第二医科大学、上海交通大学和建平中学4个赛区拉开竞赛序幕。

5月28日 市教育工会向市慈善基金会赠送“爱满天下”巨幅彩旗，夏玲英主席等出席。

5月31日 教育系统劳模协会普教分会承办的浦东模范中学揭牌一周年庆典活动在学校举行。市总工会副主席汪兰洁、浦东新区副区长周汉民、市教育工会主席夏玲英等出席。

6月29日 市教育妇委会召开工作会议，项伯龙副书记代表党委宣布，原“上海市教育卫生妇女工作委员会”更名为“上海市教育系统妇女工作委员会”，市教育工会主席夏玲英兼任妇委会主任、女工部部长朱家凤兼任副主任。市教育党委副书记于信汇出席并讲话。

7月1日 市教育工会女工委、市教育系统妇工委在上海教育电视台举行“唱支山歌给党听——上海女教师双语朗诵大赛（决赛）”。

同日　市教育工会参与编辑出版《时代的先锋　民族的希望》一书，全书集中展示了上半年上海市教育系统征文和演讲共86篇文章。

7月4日　市教育工会授予华东理工大学等11所高校工会1999—2000年度上海市高校“先进教工之家”称号；授予上海海运学院商船学院等15个部门工会上海市高校“模范教工小家”称号。

7月11—13日　市教育工会组织市义务讲学志愿者协会前往甘肃张掖地区开展义务讲学活动。

7月12日　市委组织部副部长周鹤林率市厂务公开工作领导小组检查团对教育系统及上海第二医科大学校务公开工作进行调研检查。市教育党委副书记于信汇、市教育工会主席夏玲英等参加汇报。

7月15—23日　市教育工会副主席吴采兰率上海市高校优秀青年医学专家义诊服务团一行18人赴云南丽江、大理地区，为700余名患者提供医疗服务，并为当地医务人员义务讲学。

8月16—28日　市教育党委副书记于信汇、市教育工会副主席张中轫率上海市教师绿叶艺术团赴云南昆明、文山、红河、西双版纳等地进行采风和慰问演出，数千少数民族群众及上海老知青代表观看。

8月18—19日　日本兵库教育工会代表团来沪访问。上海市教育工会、兵库教育工会联合在教育会堂举行中日教育研讨会，夏玲英主席、石井亮一委员长作主题发言。市教育党委秘书长董金平致欢迎辞。

8月21日　市总工会副主席吴申耀前往复旦大学调研指导工作，分别听取复旦大学和上海财经大学工会关于教职工素质工程工作的汇报。夏玲英主席等参加。

9月　市教育工会暑期组织1.8万余名教职工参加各类休息休养活动，并将休养对象向骨干教师倾斜。

9月6日　上海市教育系统俞丽拿、谢慧萍等14人荣获“全国模范教师”称号；冯容士荣获“全国教育系统先进工作者”称号。

9月8日 市教育工会、市教师摄影协会在上海图书馆举办庆祝第十七届教师节“光彩世界 教师情怀”大型摄影展。

同日 市教育工会“女教工维权热线”举行开通仪式。这是本会专为教育系统女教职工设置的，有关劳动权益、家庭婚姻心理健康、法律咨询服务的热线。市总工会副主席吴申耀以及谢幼书、夏玲英等出席。

9月9日 市教育工会邀请华东政法学院法律专家为全市教职工进行法律咨询活动。

9月10日 市教育工会参与组织的“肩负时代重任 实践‘三个代表’”大型座谈会在复旦大学举行。市领导和教育系统百余名劳模、优秀教育工作者欢聚一堂，庆祝新世纪第一个教师节。市委副书记龚学平主持会议，中共中央政治局委员、市委书记黄菊发表重要讲话。李国豪、吴小仲、张文军等教师代表发言。市委、市政府、市人大、市政协领导，以及市教育党委、市教委和本会领导出席。

同日 为庆祝第十七届教师节，展示新世纪人民教师风采，市教育工会在《劳动报》和《上海教师》创刊号出版专刊，以照片、事迹、格言组合形式宣传近两届市劳模、模范集体和全国模范教师。

9月16日 市教育工会女工委、市教育妇委会召开高等教育“女性学”学科建设会议，正式启动高等教育“女性学”学科建设工作，会议初步拟定了“女性学”的主干课程内容。

9月18—21日 由美国洛杉矶联合教师工会书记洛伊斯·布雷德福德为团长的洛杉矶教育工会代表团来华访问，上海市教育工会与代表团在教育会堂举行会谈，并就进一步加强双方的交流与合作达成了意向性意见。在沪期间，代表团参观访问了中小学校。

9月18日 市教育工会主办的“2001年上海教师文艺会演”在上海大剧院举行。这是该剧院落成以来第一次有教师群众文艺团体走进这个艺术殿堂。市教育党委、市教委、市总工会、市教育工会等领导出席并观看演出。

9月21—26日 由日本大阪府教职员组合执行委员长门川顺治为团长的大阪府教职员组合第5次访中团访问上海。上海市教育工会与大阪府教组就新世纪加强双方的合作与交流举行了会谈。代表团还参观访问了甘泉中学。

9月27日 华东政法学院顾功耘教授、复旦大学应用表面物理国家重点实验室分别被市总工会授予“2001年上海市职工职业道德十佳标兵”和“十佳单位”称号。

10月 市教育工会完成机构改革，设一室三部：办公室、基层工作部、生活文体部、女职工部。

10月14日 全国教育工会《中国教工》2001年编委会暨宣传工作会议在贵阳市举行。上海市教育工会在会上介绍开展教育扶贫有关工作情况。

10月30日 市教育工会召开同济大学、华东理工、东华大学等10所高校校长座谈会，交流校务公开工作，征求有关工作意见。市教育党委副书记于信汇、秘书长董金平和夏玲英主席等出席。

于信汇（右起第四）主持高校校长座谈会

11月12日 市教育工会下发《关于认真学习宣传和贯彻新修订的〈中华人民共和国工会法〉的通知》，要求所属各级工会组织认真学习贯彻，依法开展工会工作。

11月16日　市教育工会在华东师范大学体育馆举行“上海市教育系统女教工木兰拳会操”，14所高校和2个区县近200名女教师参加。

11月22日　市教育工会召开11所高校党委书记座谈会，交流校务公开民主管理工作。市教育党委副书记于信汇出席，夏玲英主席主持会议。

11月28日　市教育工会与北京市教委校务公开工作考察团在国际交流中心进行座谈交流，吴采兰副主席等出席。

12月　市教育工会、市教育系统劳模联谊会组织普教系统于漪、吴小仲、高润华等著名劳模、语文特级教师参加上海市世界外国语中学教研辅导活动，对青年教师进行听课、评课。

12月6日　市教育工会召开杉达学院、东海学院等7所民办高校党组织负责人会议，讨论研究民办高校组建工会工作。

12月24日　市教育工会举办《工会法》辅导系列讲座，高校、直属单位工会和区县教育工会专兼职干部100多人参加学习。

12月27日　市教育工会举行六届三次全委会会议，增选叶银忠为副主席，熊仿杰、曹小敏为常委，倪浩为委员。

12月31日　在市教育工会指导下，全年有华东师范大学等17个高校及直属单位工会召开了工会会员代表大会或工会会员大会，进行换届改选。

截至2001年年底　市教育工会有下属高校和直属单位工会45个，教职工61 585人，会员59 852人，其中女会员25 454人。全市各区县教育工会所属各级各类学校和其他教育单位的工会会员，共计24万余人。

2002年

1月11日　市教育工会在上海外国语大学举行“我怎样当工会主席——高校工会专职主席2001年度工作交流考评会”。

1月12日　市教育工会女工委和市教育系统妇工委举行由高校党政女领导、女院士、女劳模、女教授参加的“学高身正、与时俱进——上海女教授迎春联谊活动”。市妇联主席孟燕堃,夏玲英主席等出席。

1月15日　市教育工会举办学习《工会法》辅导讲座,市教委副主任张民生作题为《加入WTO与教育改革发展》报告。

1月23日　市教育工会、平安保险公司联合推出上海教师医疗补充保险,并在锦江小礼堂举行签约仪式。市教委、市教育工会有关领导出席。

2月20日　市教委下发《关于转发上海市教育工会〈关于在上海市教育系统实施“上海市教师补充医疗保障计划”的意见〉的通知》。参保教师补充医疗保障计划的教师可以获医疗门、急诊和住院自费部分70%的理赔。

2月24—28日　中国教科文卫工会第一届全体委员会第一次会议在北京举行,张宏遵当选全国教科文卫工会主席。上海市教育工会夏玲英当选常委;复旦大学工会主席熊仿杰当选为委员。

3月4日　上海市教育工会与新疆乌鲁木齐市教育工会签订友好交流协议。3月至5月,乌鲁木齐市教育工会4位干部分别在闸北、卢湾、虹口区和浦东新区教育工会挂职交流。

3月6日　市教育工会女工委、市教育妇委会在上海外国语大学举行教育系统庆祝“三八”国际妇女节暨表彰“比翼双飞模范佳侣”大会。夏玲英主席致辞,市教育党委副书记于信汇出席并讲话。

3月7—15日　市总工会副主席李毓毅分别到复旦大学、上海工程技术大学调研指导工会工作。夏玲英主席等参加。

3月13日　为筹建上海市教师法律援助中心,由华东政法学院20位专家教授组成的上海市教师法律援助中心教师律师团成立。市教育工会领导向各位律师颁发聘任证书。

3月21日　上海市教育系统法律援助中心(以下简称“法律中心”)正式成立,并在华东政法学院举行揭牌仪式。该中心是上海市教育工会为全面履行工会组织的维护职责,建立稳定和谐的劳动关系而设立的。成员主要由市总工会,市教育工会和上海部分高校的领导、法律专家担任。从当月起,法律中心每周四下午在该院工会接受全市教职工咨询，并提供法律援助。

4月1日 市教委和市教育工会联合转发由教育部、全国总工会下发的《关于全面推进校务公开工作的意见》，要求各单位根据实际情况制订推进校务公开的工作计划和实施办法。

同日 市教育工会推荐的上海交通大学工会“科技扶贫到山区”被市总工会评为“上海市职工十佳好事”。

4月6—13日 市教育工会组织12所高校党委领导和工会专职负责人前往西安、北京高校学习考察校务公开工作。

4月8日 按照市总工会部署，以夏玲英任组长的上海市教科文卫职工群体状况调研组成立。以系列调研活动为基础撰写的《上海市教科文卫职工群体状况调研报告》获得2002年度上海工会优秀调查报告、论文评选二等奖。

4月16—29日 市教育工会女工委、市教育妇委会组织教育系统妇女干部学习培训班，市教育党委副书记于信汇应邀作教育形势报告。

4月30日 全国总工会授予华东政法学院顾功耘“全国五一劳动奖章”荣誉称号。

5月5—15日 以夏玲英主席为团长的上海教育工会代表团访美，其间拜访了洛杉矶教育工会、旧金山教师工会等工会组织，就双方工会关心的有关问题进行了交流，并参观了中小学校及幼儿园。

6月3日 中共中央办公厅、国务院办公厅下发《关于在国有企业、集体企业及其控股企业深入实行厂务公开制度的通知》，明确此文件精神原则上适用于教育、科技、文化、卫生、体育等事业单位。

6月17日 市教委、市教育工会联合转发全国总工会、教育部下发的《关于在社会力量举办的学校建立工会组织的意见》。

6月17—28日 高校工会主席第二期党校培训班在市教育党校举行。市教育党委副书记于信汇、市总工会副主席唐国才等领导和专家分别作辅导报告。

8月21日　市总工会召开深化“建、创、树”活动，推进职工素质工程大会，吴采兰副主席代表市教育工会在会上作专题交流发言。

8月28日　市教育系统精神文明建设委员会、市教育工会联合授予94个组室、24个岗位为教育系统文明组室和文明岗称号。

8月29日　市教育工会女工委、市教育妇委会组织妇女干部一行13人赴崇明岛举行“帮困助学，助学成才”活动，并对40名崇明特困儿童进行结对帮困，为每人每年提供800～1 000元的资助。

9月　市教育工会暑期组织12 100名教职工参加各地休息休养活动。

9月　市总工会分别授予上海外国语大学张祖昕教授、上海交通大学图像通讯与信息处理研究所“2001年度上海市职工职业道德十佳标兵”和“上海市职工职业道德先进集体”称号。

9月10日　上海市庆祝第十八届教师节《走进艳阳天——何金娣事迹》大型诗歌剧在东方电视台演播厅举行。市委书记黄菊等市委、市政府领导以及市教育党委、市教委领导观看演出。市教育工会参与排练了这台文艺演出。

9月12日　日本北海道教职员组合代表团来沪访问，并参观了上海市进才中学。其间，上海市教育工会与北海道教职员组合举行了会谈。

9月15—22日　以张中韧副主席任团长的上海市教育工会第五次访日团出访日本大阪，并前往东京、北海道访问。双方就教师医疗保险工作等进行研讨交流。

9月25日　市教育工会成立上海教师队伍思想与稳定状况调研组，先后向教育系统发出调查问卷2 200份，撰写的专题调研报告上报全国教科文卫体工会。

10月22日　市教育工会举行第二届优秀调研报告、论文评选活动，收到34个高校、区县教育工会参评的调研报告、论文共68篇。此次评选活动共评出一等奖3篇、二等奖9篇、三等奖18篇。

10月26—30日　澳大利亚昆市兰州教师工会、独立教育工会代表团来沪友好访问，并与上海市教育工会举行会谈。其间，代表团参观访问了普陀区进华中学、徐汇区西南位育中学。28日，双方正式签订友好合作协议，商定双方每两年各派出代表团互访，交流教育工会工作、教育工作经验，并不定期交流教育工会与教育工作信息及有关资料。

11月2日　上海市第五届教工运动会开幕式在复旦大学举行。市人大常委会副主任、市总工会主席包信宝，市政协副主席谢丽娟，市教育党委书记王荣华等出席。夏玲英主席主持开幕式。近8 000名教职工参加了开幕式广播体操等展示项目以及各项田径、趣味竞赛。

上海市第五届教工运动会开幕式

11月11日　市教育工会举行部分高校工会、区县教育工会主席学习党的十六大精神座谈会。夏玲英主席就工会组织深入学习贯彻党的十六大精神，全面推进工会工作提出要求。

12月　市教育工会获市委宣传部等六单位举办的上海市百万职工学习贯彻“两法一条例”（《劳动法》《工会法》《上海市劳动合同条例》）知识竞赛优秀组织奖。

12月5日　市教育工会在上海大学举行第五届教工运动会总结表彰会。市教育党委副书记项伯龙出席并讲话。会上，上海教工乒乓球队、羽毛球队、游泳队和网球队宣告成立，市教委秘书长吴根发代表张伟江主任向运动队授旗。

12月23日　市教育工会推荐的同济大学校长吴启迪荣获“2002年上海市全心全意依靠员工办事业十佳校长”；戴炜栋、方明伦、杨德广、汪泓、祁学银等5位高校领导荣获市“员工信赖的好校长(书记)”。

12月26日　《工会理论研究——上海市教育工会优秀调研报告论文专辑》首发式暨上海市教育工会理论研究会成立会议举行。夏玲英主席任会长。研究会每年开展优秀论文调研报告评比，并出版专辑。

研究会在《工会理论研究》杂志出版的部分专辑

12月28日　中华人民共和国第九届全国人民代表大会常务委员会第三十一次会议通过《中华人民共和国民办教育促进法》，本法自2003年9月1日起施行。该法规定，民办学校依法通过以教师为主体的教职工代表大会等形式，保障教职工参与民主管理和监督。民办学校的教师和其他工作人员，有权依照工会法，建立工会组织，维护其合法权益。

12月31日　市总工会授予上海中医药大学等4所高校工会“2002年度上海市模范职工之家”称号；授予华东理工大学信息科学与工程学院等4个高校部门工会上海市“模范职工小家”称号。

截至2002年年底　市教育工会有下属高校和直属单位工会45个，教职工62 931人，会员61 509人，其中女会员26 206人。全市各区县教育工会所属各级各类学校和其他教育单位的工会会员，共计24万余人。

市教育工会经审会派出审计组、考核组，全年对华东政法学院等11家基层工会2001年度经费收支状况、工会会计基础工作规范化分别进行审计、考核。

在教育工会指导下，全年有上海外国语大学等8家基层工会召开了工会会员代表大会或工会会员大会，进行换届改选。

2003年

1月16日　市教育工会召开六届四次全委(扩大)会议，听取并审议了年度工会工作报告。六届四次全委会上，增选袁继鼎等6人为委员，袁继鼎、张长华为常委。

1月20日　市教育工会举行“建设城市文明　塑造城市精神　劳模再立新功”2003年上海教育系统劳模迎新座谈会，于漪、廖昌永等劳模发言，夏玲英主席等出席并讲话。

1月22日　市教育工会女工委、市教育妇委会在虹口区青少年活动中心举行“爱心助你成才——教育系统妇女干部与崇明结对助学儿童迎新欢聚活动”。

2月　经市总工会、市教育工会等推荐，市教育工会主席夏玲英当选第十届上海市政协委员。

2月21—24日　中国教科文卫体工会一届二次全委会在北京举行。会议增选上海交通大学工会主席张增泰为委员。会议期间，中国教科文卫体工会女职工委员会成立，夏玲英当选为副主任。

2月28日　上海交通大学车身制造技术中心等8个集体被评为“上海市文明班组”；复旦大学学科建设办公室等4个岗位被评为“上海市红旗岗”。

3月3日　市教育工会、市教育妇工委在上海第二医科大学举行“上海教育系统庆祝三八国际劳动妇女节暨女性人才工程创建工作汇报展示会”，夏玲英主席致辞，市教育党委副书记项伯龙讲话。

3月19日　市教育党委下发《关于在本市普通高等学校进一步推进校务公开的意见（试行）》，提出了校务公开的基本原则和要求、主要内容以及形式和途径。上海市高校校务公开工作领导小组成立，办公室设在市教育工会。

3月28日　市总工会主席陈豪、副主席吴申耀、总工会秘书长侯其彬等来到市教育工会调研指导工作。市教育党委纪工委书记阮显忠和夏玲英主席等出席。

4月2日　市教育工会在复旦大学召开上海高校教工住房货币化分配研讨会。复旦大学有关领导在会上作了专题介绍。

4月8日　复旦大学、上海工程技术大学被中共中央纪委、中共中央组织部、全国总工会等5部委（单位）授予“全国厂务公开工作先进单位”荣誉称号。

同日　市教育工会在教育会堂召开选举大会，夏玲英等12人当选教育工会系统出席上海市工会第十一次代表大会的代表。

4月16日　上海市教育工会机关办公地点从岳阳路1号搬迁至陕西北路500号1号楼。办公及教工会议、活动场地面积增至近800平方米。

陕西北路500号1号楼（上海市教育工会办公楼）

4月28日　市教育党委、市教委、市教育工会联合下发《关于充分发挥各级教育工会组织在防范“非典”中的监督、维护作用，切实保障广大教职工健康、安全度“五一”的通知》。

同日　市教育工会召开高校工会、区县教育工会主席会议，动员教育系统各级工会积极投入抗非典工作。市教委主任张伟江和市教育党委副书记项伯龙向各级工会组织提出了开展抗非典工作的要求。夏玲英主持会议。

4月30日　全国总工会授予上海音乐学院廖昌永“全国五一劳动奖章”荣誉称号。

同日　华东理工大学物理化学教研室被市总工会评为“上海市职工职业道德先进单位”；高校系统7个集体和个人入选市“精神文明百件好事”；8个高校组室、4个岗位荣获市“文明组室”和“文明岗”称号。

5月13日　市总工会授予上海体育学院党委书记于信汇、复旦大学党委副书记彭裕文上海市“心系职工好领导”称号；授予吴采兰、杨伟民、徐建中、方帼萍上海市“优秀工会工作者”称号。

5月23日　市教育党委书记李宣海、党委秘书长董金平到市教育工会调研和指导工作。夏玲英主席汇报了本会工作。

6月9—12日　上海市工会第十一次代表大会在上海展览中心召开。陈豪当选为市总工会主席。市教育工会系统有12名代表出席本次大会，夏玲英当选委员、常委，黄自萍当选为委员。

6月17—19日　上海市妇女第十二次代表大会在上海展览中心召开，夏玲英当选为市妇联执委会委员。

6月24日　市教育工会举行市教育系统劳模联谊会第二届理事会成立暨劳模协会教育分会揭牌仪式。全国劳模李国豪、于漪任名誉会长，刘元璋任顾问，王生洪任会长，夏玲英、陈林、吴小仲、刘京海、顾功耘任副会长。市教育党委副书记翁铁慧出席。

同日　市教育党委决定成立上海市学校校务公开工作领导小组，组长由市教育党委书记李宣海担任。市教育工会主席夏玲英任领导小组成员兼办公室主任，吴采兰任副主任。

6月26日　市教育工会召开高校工会和妇委干部会议，夏玲英主席传达上海市工会第十一次代表大会和上海市妇女第十二次代表大会精神。

7月10日　市教育工会召开六届十四次常委（扩大）会议，交流学习《"三个代表"重要思想学习纲要》的体会。会议还审议了高校先进教工之家等评选事项。

7月15日　市总工会副主席谢峰到市教育工会调研工作，并就教育系统建立优秀青年女教师成才资助基金进行了协商与研究。夏玲英主席等出席。

7月17日　全国教科文卫体工会副主席万明东前来上海市教育工会调研指导工作。夏玲英主席等参加汇报。

8月　受非典疫情影响，市教育工会暑期组织了2 000余名教职工到没有疫情影响的地区开展暑期休息休养活动。

8月5日　日本兵库县教育工会石井亮一委员长访沪。夏玲英主席会见了石井亮一，对他长期以来致力于发展两国人民的友好交往和发展上海、兵库教育工会的友好交流表示赞赏和感谢。

9月　全国总工会授予华东师范大学工会"全国模范职工之家"荣誉称号。

9月4日　在市教育工会领导陪同下，市教育党委书记李宣海、市教委主任张伟江看望和慰问了著名劳模于漪老师、毛蓓蕾老师和张煦院士。

李宣海书记、夏玲英主席向毛蓓蕾老师敬献鲜花

9月5日 市教育工会开展2001—2003年度教育系统特色工作成果评选。华东师范大学工会“建立培养基金 资助攻读学位”、虹口区教育工会“铸造新师魂——创建上海市‘学习型’组织”等20项工作获特色工作成果奖。

9月6日 为庆祝第十九届教师节，上海教师绿叶艺术团前往崇明县，为海岛教师举行2个专场慰问演出。夏玲英、张中韧带队前往慰问。

9月7日 市教育工会与市教育会堂联合组织100名来自崇明、长兴、横沙三岛的教师参加上海一日游活动，参观上海科技馆、上海城市发展规划馆、教育会堂等。

9月8日 在市总工会的支持下，市教育工会建立了“上海市优秀青年女教师成才资助金”，为本系统40岁以下的优秀青年女教师提供家庭服务、生育哺育、单亲困难补贴，以及教学科研成果奖励。首批获得资助的共有54人。

9月9日 市教育工会和市教育劳模协会举行“我为科教兴市献良策”座谈会，丁文江、刘京海等8位劳模发言，积极为上海的科教兴市和新一轮发展出谋划策。座谈会由市政协副主席、复旦大学校长、教育系统劳模协会会长王生洪主持。市人大常委会副主任、市总工会主席陈豪，市教育党委书记李宣海出席并讲话。

同日 市教育工会与教育会堂联合举行“三十教龄正年轻”百名教师生日庆典活动，向9月份生日年满三十教龄的老师们致贺。

9月10日 吴采兰代表教育系统出席市职工职业精神倡导公约签约仪式暨职工职业道德双十佳表彰会。华东师范大学陈玉琨被评为“市十佳职业道德标兵”。

9月12日 市教育工会与教育会堂联合举行“与特级教师面对面”入师教育座谈会。于漪、洪雨露等6位特级教师、特级校长与100余名即将走上教师岗位的新教师进行了交流。市教委副主任瞿钧，本会夏玲英主席出席。

9月20日 市教育工会与教育会堂联合举办教师免费体检活动，100名来自基层学校的教师参加。

9月22—26日　中国工会第十四次代表大会在北京召开，王兆国当选为全国总工会主席。上海教育工会系统夏玲英等出席本次大会。

9月29日　市教育工会在教育会堂召开教育系统工会主席会议，夏玲英主席传达中国工会第十四次代表大会精神。会后，本会下发《关于学习贯彻中国工会十四大精神的通知》。

10月9—13日　路易丝主席率美国洛杉矶教育工会代表团来访。其间，上海市和洛杉矶两地教育工会进行了工作交流。代表团参观了万航渡路小学和华东师范大学。

10月12—16日　全国教科文卫体女职工委员会、上海市教育工会在上海联合召开女职工工作理论研讨会。全国教科文卫体女工委主任汪林仙、副主任夏玲英主持会议。全国教科文卫体工会副主席万明东、市总工会副主席吴申耀和汪兰洁出席并讲话。会议期间，与会代表参观了上海大学、上海交通大学和浦东新区。

10月20日　市教育工会举行教育系统先进教工之家、教工小家和工会特色工作成果表彰会，华东师范大学等7家高校工会获“先进教工之家”免检单位，上海师范大学等10家高校工会获“先进教工之家”称号，22个部门工会获“模范教工小家”称号。本会出版了《上海市教育工会特色工作成果专辑(二)》。

10月21—24日　华东六省一市教育工会工作研讨会在上海举行。会议重点交流了开展高校二级民主管理工作和创建工会特色工作的经验。夏玲英主席主持会议。在沪期间，与会者参观了上海科技馆、位育中学以及松江大学城、东方绿舟等单位。

11月10日　市总工会在上海体操中心举行职工羽毛球比赛，以华东师范大学为主体的上海教工队参赛，并获得冠军。

11月11日　市教育系统劳模协会高教分会、普教分会第二届理事会成立，陈林、吴小仲分别任高教分会和普教分会会长。

11月13日　日本兵库县教育工会新当选委员长田治米政美来沪访问。夏玲英主席会见了日本客人，双方进行了友好会谈。

11月13—24日 吴采兰副主席率上海市教育工会代表团出访澳大利亚，与昆士兰州教师工会和独立教育工会举行会谈，并参观了以招收华人为主的中学。

12月5日 上海第二医科大学工会、同济大学后勤工会、杨浦区杭州路第一小学工会获“全国教科文卫体工会抗击非典先进集体”，沈海民等4人获“先进个人”称号。

12月18日 市教育工会举行六届五次全委（扩大）会议，审议通过了本会年度工作报告、经审工作报告。六届五次全委会增选沈海民为委员。

12月25—26日 市教育工会举行2003年度高校、区县教育工会主席工作考评暨“我怎样当好工会主席”交流会。各高校、区县教育工会主席在会上作了汇报交流。

12月26日 市教育工会领导陪同市教育党委书记李宣海、秘书长董金平看望慰问了李国豪、蔡祖泉、于漪等20位著名劳模教师。

12月30日 市教育工会召开2003年度工会工作优秀论文调研报告评委会议，对各高校、区县提供的70篇文章进行评审。华东师范大学斯阳、上海海运学院杨权斌等撰写的论文获一等奖，另评选出二等奖4篇，三等奖8篇。

截至2003年年底 市教育工会有下属高校和直属单位工会48个，教职工61 225人，会员59 007人，其中女教职工会员25 825人。连同全市各区县教育工会所属各级各类学校和其他教育单位的工会会员，共计24万余人。

市教育工会经审会派出审计组、考核组，全年对上海财经大学等19家基层工会2002年度经费收支状况、工会会计基础工作规范化分别进行审计、考核。

全年有济光职业技术学院、托普职业技术学院、思博职业技术学院、立达职业技术学院等4所民办高校，及一家外资教育培训机构（上海泰尔弗国际商务培训中心）成立工会组织。

在市教育工会指导下，全年有上海第二工业大学等12家基层工会召开了工会会员代表大会或工会会员大会，进行换届改选。

2004年

1月3日　市教育党委书记李宣海慰问困难和患病教职工，探望上海戏曲学院附属戏曲学校王思及和华东理工大学李瑞遐等。市教育工会领导陪同前往。

1月5—13日　市教育工会机关干部参加帮困送暖活动，先后上门慰问57位教师。

2月4日　市教育工会女工委、教育系统妇委会组织妇女干部赴崇明举行“爱心助你成才”活动，与崇明结对助学学生座谈，并将近2万元资助金送到了特困学生手中。

2月10日　市教育工会下发关于二级资金和运作费用的使用管理办法，以及规范使用2003年休息休养活动经费的通知。

2月11日　市教育工会荣获“2003年上海市职工互助医疗保障工作达标先进”称号。

2月17日　市教育工会召开高校工会会员发展工作座谈会。复旦大学等15所高校工会负责人出席。会上传达了上海市工会组织工作会议精神，分析了近年来上海市高校新型用工制度情况，以及非在编职工入会问题。

2月19日　市教育工会召开民办高校工会工作交流会。12所民办高校的党组织负责人、工会主席和工会筹备组组长出席会议。会上各单位交流了工会工作、学校建会进展情况。夏玲英、吴采兰以及市民办高校党工委有关领导出席。

2月27日　市教育工会启动2004年工会干部理论学习培训活动。在首场报告会上，复旦大学国际问题研究专家为本系统150余名工会专职干部作了《国际形势与热点问题》演讲。此外，市委党校和上海电力学院有关专家教授作了《民主与法制建设》《提高党的执政能力》等辅导报告。

3月3日　教育系统纪念《三八》国际劳动妇女节暨第四届比翼双飞模范佳

侣表彰大会举行。上海市教育系统的女领导、女劳模、女标兵和获得第四届“比翼双飞模范佳侣”的老师，以及有关方面领导230人应邀出席会议。夏玲英主席致辞，市总工会副主席汪兰洁、市妇联副主席张静、市教育党委副书记翁铁慧分别讲话。

3月5日　上海市教育工会网站正式上线。网站设工会信息、教育工会、民主建设、女工工作、生活服务、素质工程、法律与政策、自身建设、资料中心与工会论坛等一级栏目，并设有工会视窗、高校工会、区县工会、妇女工作等信息专栏。

3月8日　“上海市女教授联谊会成立十周年”纪念、庆祝系列活动在教育会堂举行，内容包括：女教授联谊会成立十周年风采图片展、女教授大型咨询活动以及庆典联谊活动等。

3月11日　绿叶艺术团管委会(扩大)会议在教育会堂召开，市教育党委副书记翁铁慧、夏玲英主席、张中韧副主席等出席。上海戏剧学院、上海师范大学、上海音乐学院等单位领导作了交流发言。

3月12—18日　夏玲英主席、吴采兰副主席率上海市部分高校和区县教育工会主席前往福建和浙江考察校务公开民主管理、师德建设等工作，先后考察了厦门大学、浙江大学、福建师大二附中等学校，并与闽、浙两省教育工会进行了工作交流。

3月16—18日　市教育工会、市教育妇委会连续三天为百余名优秀青年女教师提供免费特色体检。

3月19日　市教育工会经审会获市总工会经审工作考核年度一等奖，并在表彰大会上作了专题交流。

3月20日　市教育工会发动高校教职工参与市总工会组织的“为科教兴市献一计”活动，共上报了48条建议，大部分被收录，其中同济大学孙立军教授“城市交通十年发展规划”得到了市领导的重视和赞扬。

3月22日　市教育工会召开宣传“男女平等基本国策”实话实录座谈会。

有关高校妇女理论研究专家、教授和妇女干部出席。

4月 “上海市普教系统教师生存状况调查与研究”被上海市教育工会纳入2004年调研工作的规划课题。夏玲英任课题组顾问，张中韧任课题组组长，陈阿根、徐忠荣、吴二夏、刘光震任课题组副组长。9月，该课题被批准为全国教育科学“十五”规划教育部规划课题；11月被确定为市级重点项目。课题历时三年完成，2008年被全国教科文卫体工会评为调研报告一等奖。

4月5—13日 应本会邀请，澳大利亚昆士兰州教师工会、独立教育工会第三次友好访中团抵沪。上海市教育工会与代表团进行了友好会谈。在沪期间，代表团参观访问了西南位育中学等，并前往北京等地访问，拜会了全国教科文卫体工会领导。

4月6日 市教育工会召开2004年高校工会财务工作会议，传达市总工会财务会议精神，总结了2003年度财务工作，并对2004年财务工作提出了要求。

4月16日 高校系统赵东元等19人获得“2001—2003年度上海市劳动模范”荣誉称号；复旦大学教育部、卫生部(现卫健委)分子病毒学重点实验室等4个单位获得“上海市劳模集体”荣誉称号。

4月22日 市教育工会女工委、市教育妇委会举办为期3周的妇女干部讲座，内容包括“教育改革的形势与任务”“社会分工与男女平等”“领导的艺术”等。

4月28日 全国总工会授予上海财经大学陈信元“全国五一劳动奖章”荣誉称号；授予复旦大学应用表面物理国家重点实验室“全国五一劳动奖状”荣誉称号。

4月29日 市教育工会、市教育系统劳模联谊会在教育会堂举行“奉献教育、回报社会——劳模颁奖暨十佳‘金点子’发布会”。市总工会和本会领导向新当选的市劳模、市劳模集体以及获得全国五一劳动奖章(奖状)的个人和集体颁发奖章、证书和奖状。“我为科教兴市献良策”十佳“金点子”获奖者在会上发言。夏玲英主席主持会议，市总工会副主席杜仁伟到会并讲话。

4月29日 《奉献教育 回报社会》一书出版。本书汇集了由市教育工会和市劳模协会教育系统分会组织开展的“我为科教兴市献良策”活动中67位劳模提出的70条建议，内容涉及教学科研、素质教育、教师队伍建设和城市发展等各个方面。

5月14日 北京市教育工会主席张振民一行4人来沪考察教师法律援助中心工作。京沪两地教育工会进行了工作交流，并就法律援助等三项事宜达成意向。

5月22日 市教育工会主办的教工软式排球赛在上海大学举行，来自全市教育系统的21支教工排球队的近300名选手参加比赛。复旦大学获冠军。

5月24日 市科教党委书记李宣海、副书记李铭俊、吴捷等会见教育会堂领导班子，李宣海代表市科教党委明确，委托市教育工会直接管辖教育会堂领导班子。夏玲英主席出席。

同日 华东师范大学钱品石撰写的《关于事业单位聘用合同的法律适用》获2003年度上海工会优秀调查报告、论文评选一等奖。

5月25日 教育部监察司、全国教科文卫体工会召开全国高校校务公开检查工作华东片会议。上海市教委监察组组长阮显忠出席。市教育工会副主席吴采兰在会上汇报了上海市高校推进校务公开工作的情况。

8月26日 市总工会副主席杜仁伟到市教育工会调研指导教育系统民主管理工作，夏玲英主席等作了专题汇报。

9月 市教育工会暑期组织1.8万多名教职工赴各地参加休息休养活动。

9月1日 为庆祝第20届教师节暨绿叶艺术团建团10周年，市教育工会主办，市教师绿叶艺术团、上海教育电视台承办的“绿叶情怀”大型文艺晚会在上海大剧院举行。市人大常委会副主任、市总工会主席陈豪，老领导陈铁迪、沙麟，市科教党委、市教委、市总工会领导以及各高校、区县教育局党政领导和1 600余名教师一同观看了演出。上海教育电视台在教师节前夕播放了晚会实况。

9月2日　上海市教育系统陆昉、童莹莹等15人荣获“全国模范教师”荣誉称号；郭雄等3人荣获“全国教育系统先进工作者”荣誉称号。

9月3日　市委宣传部、市文明办、市教育党委、市教委主办，市教育工会等承办上海市首届十大师德标兵评选活动，从27所高校、18个区县，51位候选人中评选出陆谷孙、童莹莹等12名上海市师德标兵。

9月3—4日　市教育工会领导先后看望和慰问陆谷孙、于漪、潘健生等教育系统劳模，并向劳模们致以节日的问候。

9月6日　复旦大学陆谷孙荣获“中国教科文卫体工会全国师德标兵”荣誉称号；上海市另有华东师范大学王能、奉贤区奉贤中学张育青等16人荣获“全国师德先进个人”荣誉称号。

同日　市教育工会与瑞美医疗保健中心联合举办了“教师的健康、教育的保障——教师健康信息发布暨签约仪式”。会上，专家作了《上海千名教师代表健康状况的调查与保健对策建议》报告，并对30位教师发放了第七批重大疾病援助资金。

9月7日　市科教党委、市教育工会举行“话师德　育新人——庆祝第20届教师节百名劳模和优秀教师大型座谈会”。市科教党委书记李宣海，副书记李铭俊、翁铁慧，市总工会副主席张兴淮等出席。夏玲英主席主持会议。潘健生、曹建辉等7位劳模和师德标兵作了交流发言。李宣海、张兴淮讲话。

9月9日　市教育工会举行主题为“忠诚于人民的教育事业”入师教育活动，100余名新教师代表参加，张育青等3位劳模、特级教师作了辅导报告。市教委副主任瞿钧，夏玲英主席等出席。

9月10日　由市教育工会、浦东新区旅委主办的“海陆空——百名教师全新体验魅力上海活动”在上海磁悬浮龙阳路车站举行启动仪式。

同日　市教育工会、市教育妇委会和上海教育会堂为教育系统10对新婚青年教师举行“琴瑟和鸣——上海教师婚庆典礼”。市妇联主席孟燕堃为新人证婚，市教委副主任王奇致辞。

9月16日 上海市教师绿叶艺术团建团十周年座谈会在教育会堂举行。市教育工会主席夏玲英、副主席张中韧，艺术团历任领导、管委会成员以及部分团员等出席。

9月19—25日 以夏玲英主席为团长的上海市教育工会第六次代表团一行6人应大阪府教组的邀请访问日本。代表团与大阪府、大阪市、北海道、奈良县等4地的教职员组合举行友好会谈，并举行了日中教育恳谈会，参观考察了当地的学校。

9月28日 市教育工会女工委、市教育妇委会在上海中医药大学举行“教苑英姿——上海女教师健身活动展示大会”，22所高校、14个区县的600多名女教师参加。

9月29日 市教育工会和市教育系统劳模协会举办首期“教育劳模沙龙”，普教系统20余位劳模就中小学生“减负”等问题献计献策。

10月4—11日 以张中韧副主席为团长的上海市教育工会第三次代表团前往美国进行友好访问，与洛杉矶、旧金山教师工会举行会谈，并参观考察了部分学校。

10月20日 市委宣传部纪检组组长洪纽一率市厂务公开工作领导小组调研检查组一行6人在上海交通大学检查指导教育系统校务公开工作。市科教党委副书记翁铁慧、市教育工会主席夏玲英、上海交通大学常务副校长叶取源等分别汇报了有关工作。检查组实地查阅了校务公开有关文件资料，浏览了该校校园网，并在校园对部分教职工进行了随机抽样测评。

11月1—3日 教育部、全国教科文卫体工会在陕西西安召开教代会民主评议领导干部工作交流汇报会。教育部副部长张保庆、全国总工会副主席苏立清、全国教科文卫体工会主席张宏遵等出席。上海市代表夏玲英、彭裕文、石奇光在会上作了交流发言。

11月5—6日 市教育工会主办的2004年上海市教工乒乓球比赛在华东

理工大学举行。35个单位的410余名运动员参赛。上海体育学院等单位名列团体前8名。

11月29日　上海大学上海市钢铁冶金重点实验室、复旦大学上海医学院免疫系被市总工会评为“上海市红旗班组(职工创新示范岗)”。

12月2日　市教育工会、市科技工会“撤二建一”动员会议召开。会上传达了市科教党委有关精神，并对上海市科技教育工会第一次代表大会各项筹备工作进行了部署。

12月8日　市总工会授予上海师范大学、中科院上海技术物理研究所等7家高校和科研院所工会“上海市模范职工之家”称号；授予东华大学材料科学与工程学院等6家部门工会“上海市模范职工小家”称号。

同日　市教育工会被市总工会评为上海市工会组建工作优秀单位。

12月27—28日　市教育工会举行“努力提高工会主席领导水平——2004年度上海高校工会主席工作交流考评会”。

截至2004年年底　市教育工会有下属高校和直属单位工会49个，会员65 148人，其中女会员28 775人。全市各区县教育工会所属各级各类学校和其他教育单位的工会会员，共计24万余人。

市教育工会经审会派出审计组、考核组，全年对上海应用技术学院等26家基层工会2003年度经费收支状况、工会会计基础工作规范化分别进行审计、考核。

在市教育工会指导下，全年有上海体育学院等12家基层工会召开了工会会员代表大会或工会会员大会，进行换届改选，其中4家民办高校首次召开工会会员代表大会。

2005年

1月6日　市教育工会召开六届六次全委(扩大)会议，增选王翔等5人为工会委员，黄金龙为经审委员。会议审议通过了六届委员会工作报告、财务工作报告和经审工作报告，通过了有关推举第六届市教育工会委员、经审委员为出席市科教工会“一大”正式代表的决议。夏玲英主席主持会议。

同日　为表彰连续两年考核优秀的高校工会专职主席、副主席，市教育工会决定授予张增泰等16人“上海市教育系统优秀工会工作者”称号。

1月17日　市教育工会授予复旦大学工会等30个单位“2001—2004年度教育系统工会保障工作先进集体”称号；授予上海理工大学工会等24个单位“教育系统工会保障工作优秀奖”。

1月24日　上海市科技教育工会第一次代表大会在海鸥饭店举行。市人大常委会副主任、市总工会主席陈豪发来贺信。全国教科文卫体工会主席张宏遵、市科教党委书记李宣海、市总工会副主席汪兰洁讲话。市科教党委领导李铭俊、张伟江、俞国生、吴捷、翁铁慧等出席。吴捷、夏玲英分别代表市科技工会第三届委员会和市教育工会第六届委员会作工作报告。会议选举产生41名委员组成市科教工会第一届委员会，7名委员组成第一届工会经费审查委员会。

在一届一次全委会上，选举13人为常委；夏玲英为主席，刘建平、张中韧为副主席。在一届一次经审全委会上，选举张渭明为经审会主任，张洪为副主任。

1月31日　经市科教党委同意，市科教工会机关内设一室四部：办公室、基层工作部、宣传教育文体部、生活保障部和女职工部。

2月25日　上海交通大学、上海电力学院、上海中医药大学、中国船舶工业集团公司第708研究所等4家单位被评为“2004年度上海市厂务公开民主管理工作先进单位”。

3月4日　市科教工会在上海影城召开庆祝“三八”妇女节暨表彰大会，夏玲英主席等出席。

3月24日　市科教工会、市科教妇工委在上海第二医科大学举行“美丽智慧之光——上海科教系统杰出女性报告会”。5月19日，又编辑出版《美丽智慧之光——上海当代女科学家实录》。

3月31日　市科教工会、市科教妇工委举办干部理论学习系列讲座，有关领导和专家应邀作学习贯彻全国“两会”精神以及“组织起来，切实维权”等辅导报告。

4月8日　市科教党委下发《关于转发〈关于在上海市科技系统实施“上海市科教人员补充医疗保障计划”的意见〉的通知》，决定在全市科技系统实施“上海市科教人员补充医疗保障计划”。

4月19日　市总工会派出审计组，对市教育工会2001—2004年度工会经费收支情况等进行例行审计。

4月23日　以夏玲英主席为团长的上海市科教工会代表团应邀访问澳大利亚。在澳期间，代表团与昆士兰州教师工会和独立教育工会分别举行会谈，并参观考察了中小学校。

4月25日　全国总工会授予上海交通大学工会“全国模范职工之家”荣誉称号。

4月30日　教育系统复旦大学赵东元、上海交通大学吴毅雄、上海音乐学院俞丽拿、上海第二医科大学陈国强及科技系统中科院上海有机化学研究所蒋锡夔、中国船舶重工集团公司第704研究所卢永锦、万达信息股份有限公司史一兵、上海市高新技术产业化处火炬中心王迅等8人荣获“全国先进工作者”荣誉称号。

同日　市科教工会组织高校、普教教职工参加教师专项补充医疗保障计划，全年有81 219人参保。

5月8日　市总工会和市文明办授予高校系统华东理工大学图书馆情报部等10个集体“2003—2004年度上海市文明班组”称号；授予上海理工大学出版印刷学院学生办公室主任岗等5个岗位“上海市红旗文明岗”。

5月30日　市科教工会经审会聘请本系统10位财会审计专业人员担任“特约经审员”，参与对基层工会的审计工作。

6月2日　市劳动模范协会科技教育系统分会揭牌仪式暨科教劳模沙龙活动在科学会堂举行。由于上海市科教工会新组建，经市科教党委和市劳模协会同意，市科教工会决定成立市劳模协会科教系统分会，王生洪任理事会会长，夏玲英任常务副会长。

6月6日　市科教工会和市民办高校党工委联合下发《关于加强上海市民办高校工会工作的若干意见（试行）》，对上海市民办高校工会组建、会员发展、工会组织关系、考评机制、工会干部队伍建设以及工会财务工作等提出了明确要求。

6月18—19日　路易斯率美国洛杉矶教育工会代表团访问上海，上海市科教工会与代表团举行了友好会谈。

6月30日　市科教工会主办的迎“七一”游泳比赛在上海海事大学举行。47家单位派出450名选手参赛。复旦大学、上海海事大学、上海第二医科大学获团体总分前三名。

7月6—7日　市科教工会下发通知，要求所属各级工会为广大科教职工及奋战在高温第一线的后勤服务人员做好防暑降温工作，开展“送清凉活动”。本会机关人员分两路前往10个基层单位，为一线人员送上防暑降温用品。

7月10日　美国加州大学洛杉矶分校劳工事务研究所与教育中心主任肯特·王一行12人来访本会。

8月　复旦大学公共卫生学院卫生事业管理教研室、金山区朱行中学科技组等102个集体获“2004年度教育系统文明组室”称号；上海交通大学图书馆参考咨询服务岗等10个岗位获“教育系统文明岗”称号。

7月2—4日　全国总工会第十四届执行委员会主席团第六次全体（扩大）会议在北京召开，审议通过了《关于坚持走中国特色社会主义工会发展道路的决议》。《决议》强调了坚持走中国特色社会主义工会发展道路的必要性和重要性，概括了中国特色社会主义工会发展道路的基本内涵，明确了新形势下中国工会的工作方针和目标任务。

8月19日 市科教工会在教育会堂与应邀来访的日本兵库县日中友好教育交流代表团一行117人共同举行“中日教育与发展交流研讨会”。

8月29日 市科技工会账务交接工作在技贸宾馆举行。

8月31日 市科教工会召开科教系统工会主席会议。夏玲英主席作了工作报告，并就学习贯彻落实《关于坚持走中国特色社会主义工会发展道路的决议》，对各级工会提出了要求。

9月 市科教工会以及所属各单位工会暑期组织477个休养团，共13 887名教职工赴全国各地参加休息休养活动。

9月8日 市委副书记殷一璀在市科教工会夏玲英主席陪同下，前往长海医院看望并慰问杨浦区援滇受伤的钱毓琴等3名教师。

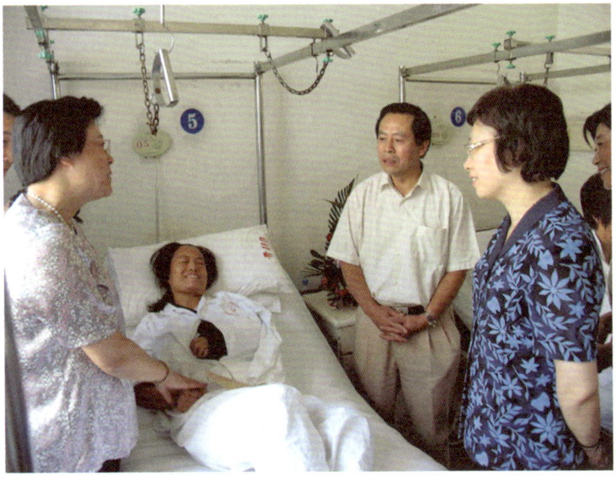

市委副书记殷一璀（右一）在医院看望援滇受伤的教师

9月9日 市科教工会召开“传承师德　塑造未来——百名劳模庆祝第21届教师节座谈会”。洪嘉振等9位劳模作交流发言。市人大常委会副主任、市总工会主席陈豪，市科教党委书记李宣海出席并讲话。夏玲英主席主持会议。

9月10日 上海市优秀青年女科教工作者联谊会成立，第一届会员大会通过了联谊会章程。市三八红旗手标兵、复旦大学黄丽华担任第一届理事会会长。市科教党委副书记翁铁慧、市妇联副主席张静到会祝贺。

9月11日 “托起明天的太阳——上海支持西部(内蒙古呼伦贝尔)教师培训座谈会”在教育会堂召开,10月14日举行“内蒙古呼伦贝尔地区科技教育培训基地”揭牌仪式。

9月12日 市科教工会为全市100多名新教师代表举行了主题为“学为人师,行为世范”的入师教育活动。左飚等3位劳模、先进教师作了专题辅导报告。市教委副主任李骏修、夏玲英主席出席并讲话。

9月17日 由市科教工会主办,市科教系统劳模协会普教分会、市重点中学老校长联谊会协办的优秀青年教师赴崇明义务讲学活动启动。外语特级教师张育青等8位教师,连续五周,每周六义务为崇明中学师生上指导课。

9月27日 上海市政府办公厅下发《关于本市深入贯彻〈工会法〉支持工会工作的通知》,要求各单位继续发挥工会在经济社会全面协调发展中的积极作用;健全完善民主参与机制;建立健全劳动关系协调机制;形成与工会组织经常性的沟通交流机制;努力为工会组织开展工作创造必要的条件。

9月28日 市科教工会按照“建家”要求,对申报年度合格“教(职)工之家”的基层工会进行全面考核。复旦大学、中科院上海光学精密机械研究所等70家基层工会成为合格“教(职)工之家”。

10月6—12日 日本大阪府教组委员长山口成幸率第七次代表团来华访问,上海市科教工会与代表团举行工作会谈和交流。

10月18日 市科教工会举行以“增强工会意识,提高会员素质”为主题的科教系统工会新会员教育活动,对150名新会员进行工会基础知识学习辅导。

10月31日 同济大学工会俱乐部获评上海市第四批优秀历史建筑。

同济大学工会俱乐部

11月8—13日　全国教科文卫体工会在海南海口市召开全国第二次科技系统工会工作会议，上海市科教工会在会上作了交流发言。

11月24日　市科教党委、市教委主办，市科教工会、市中小学幼儿教师奖励基金会承办“师恩、师爱、师情”上海市青年教师师德演讲比赛。本次活动历时半年，从预赛到决赛共举办演讲近千场，4万余人参与。29个基层单位工会获优秀组织奖，68人分获一、二、三等奖。

11月26日—12月5日　应台湾海峡两岸产经教育发展促进基金会邀请，经审会主任张渭明率上海市科教工会代表团首次考察中国台湾教育教学工作，参观高雄县立路竹高级中学等学校，并与之进行交流。

12月　上海教育系统复旦大学、上海市大同中学等7个单位工会获“全国教科文卫体系统先进工会组织”称号；万庆华、肖鸣伟、顾伯超、刘光震等14人获“全国教科文卫体系统优秀工会工作者”称号。

12月　市总工会授予上海财经大学、中科院上海光学精密机械研究所等7家高校和科研院所工会“2005年度上海市模范职工之家”；授予同济大学土木工程学院等6家部门工会“上海市模范职工小家”。

12月18—19日 市科教工会举行2005年度基层工会主席工作考评交流会，来自全市高校、科研院所和市直属单位的86位工会负责人出席，并围绕“让和谐成为校园所的主旋律”主题作了汇报交流。

12月25日 市科教工会开展市科教系统教(职)工代表大会系列评选表彰活动，评选出95位优秀教(职)代会代表、十佳教(职)代会提案和70件优秀提案。

12月26日 由市科教党委、市教委主办，市科教工会承办的“教师之歌”传唱暨颁奖大会在上海音乐学院举行。“教师之歌”歌词歌曲征集活动于当年4月启动，共征集到600多首音乐作品。

截至2005年年底 市科教工会有下属基层工会101个，工会会员83 482人。

科教系统开展帮困送温暖活动全年共计助学182人，重大病帮扶600人，金额达119万元。

市科教工会派出审计组、考核组，对复旦大学、中国船舶工业第708研究所等10家基层工会2004年度经费收支状况、工会会计基础工作规范化分别进行审计、考核。

在市科教工会指导下，全年有上海戏剧学院、中科院上海天文台等21家基层工会召开了工会会员代表大会或工会会员大会，进行换届改选。

2006年

1月5日 市科教工会召开一届三次全委(扩大)会议，审议通过年度工会工作报告和经审工作报告。市科教党委副书记翁铁慧出席并讲话，夏玲英主席主持会议。

1月11日 市科教工会在教育会堂举行高校和科研院所党委分管工会工作领导座谈会。夏玲英主席通报了本会主要工作。市科教党委书记李宣海、副书记翁铁慧出席并讲话。

1月19日 市科教工会举行迎春茶话会，50余名劳模和优秀科教工作者应邀出席。蔡祖泉等5位劳模先后发言，与会劳模现场朗诵了自己创作的诗歌、春联等作品。

2月20—21日 全国教科文卫体工会副主席何力克一行来沪开展校务所务公开、民主管理调研活动。市科教工会分别组织科教系统工会干部、党政领导和教(职)工群众座谈会，听取意见和建议。

2月25日—3月5日 应台湾海峡两岸产经教育发展促进基金会邀请，上海市科教工会第二次组团考察中国台湾教育教学工作，并与高雄市立翠屏国民中小学等有关学校进行交流。

3月3日 市科教系统纪念“三八”国际劳动妇女节暨第五届比翼双飞模范佳侣表彰大会举行，38对“模范佳侣”受到表彰。夏玲英主席主持会议，市科教党委副书记李铭俊出席并讲话。

3月29日 全国人大代表、市科教党委副书记俞国生应邀为科教系统工会和妇委干部作贯彻全国“两会”精神专题学习辅导报告。

4月7日 由市科教党委、市教委主办，市科教工会承办的上海市教师师德风采巡展、师德演讲巡讲和“教师之歌”演唱活动(“两巡一唱”)开幕式举行。其中，反映教育系统60多名优秀教师先进事迹的“教师师德风采巡展”在上海科技馆进行为期14天的展出，吸引了4万余名参观者。

4月12日 市科教工会在上海体育学院举办为期一个半月的“简化太极拳培训班”，60余名骨干学员参加。

4月18日 市科教工会举办工会理论报告会，交流研究成果。

4月19日 市科教工会召开一届四次全委会，增选张增泰、汪显坤、陈阿根3人为本会兼职副主席。

4月25日 上海建桥学院工会《民办高校实行民主管理问题的研究》获中国教科文卫体工会第七届优秀调研成果暨论文评选二等奖。

4月26日 全国总工会授予同济大学汪品先、中科院上海硅酸盐研究所殷庆瑞“全国五一劳动奖章”荣誉称号。

4月29日 “上海市教育系统法律援助中心”更名为“上海市科技教育工作者法律援助中心”。该中心自2002年成立以来，每年接待各类法律咨询教职工近百人次。

4月30日 市总工会授予上海科技馆、中科院上海技术物理研究所第七研究室720组“上海市五一劳动奖状”称号；授予华东师范大学何积丰、上海交通大学俞勇“上海市五一劳动奖章”称号。

4月 市科教工会组织高校、普教教职工参加教师专项补充医疗保障计划，全年参保人数达72 670人。

5月11日—6月8日 140余名学员参加了由市科教工会和市科教党校联合举办的科教系统工会主席、妇委主任培训班。本次培训共计10个单元，每周一天。培训内容涉及形势任务、党建理论、工会业务、法律和心理知识等方面。

5月14日 市总工会、市委宣传部在东方艺术中心举办行业之歌决赛。金山区教育工会代表科教系统演唱的《老师，我们共同的名字》获一等奖。

5月19日 上海交通大学邓子新和复旦大学陈芬儿荣获“2004—2005年度上海市十大职工科技创新英才奖”。

5月23日 在上海科技活动周和首届职工科技节期间，市科教工会举办“岗位创新，从我做起”科教劳模沙龙专场。著名劳模包起帆应邀出席，并和与会劳模共同分享了岗位创新体会。市科教党委副书记俞国生、翁铁慧等出席。

5月25—26日 上海市“教师之歌”演唱比赛在上海财经大学、上海外国语大学举行，来自教育系统的47支队伍共82名选手参加。

5月29日 市科教工会举行科普讲师团成立大会暨首场科普讲座，聘请36位专家学者为科普讲师团首批成员。复旦大学卢大儒教授、华东师范大学达良俊教授分别为200余名大中小学教师作了首场科普报告。

6月2—7日 刘建平副主席任团长的上海市教育工会代表团一行6人出访日本大阪等地，与大阪府教组等进行工作交流。

6月20日　市总工会副主席陈国华到市科教工会调研科教系统多级多层医疗保障工作，并指导工会保障工作，夏玲英主席、张中韧副主席等汇报了工作。

6月22日　市科教工会举行2003—2005年度上海市科教系统基层工会“建家”成果发布会，18个基层工会交流了建设“教(职)工之家”工作经验和特色成果。

7月　市科教工会开展暑期送清凉活动，机关干部兵分多路到17家基层单位慰问了400余位一线教职工。

8月6日　以副委员长横川万寿美为团长的大阪府教组友好代表团一行11人访问上海，市科教工会与代表团就生活保障等工作进行了深入的交流。

8月29日　市科教系统所务校务公开工作领导小组办公室召开会议，传达市厂务公开工作有关精神，研究部署年度调研检查工作，讨论有关评选事项。

8月31日　市科教工会暑期共组织15 787名科教员工到54处休养点参加休息休养活动。

9月5日　市科教工会主办、徐汇区教育工会承办的“学好外国语，做好中国人”复旦大学陆谷孙教授报告会举行，全市200名优秀青年教师代表以及近2 000名南洋模范中学师生参加。

陆谷孙教授在报告会上讲话

9月6日　全国教科文卫体工会授予上海市科教工会先进工会组织称号。

同日　市科教工会女工委、市科教妇工委在东方艺术中心举行以“师韵、师情、师礼”为主题的庆祝第22届教师节活动。

9月8日　市科教工会举行“以育人为己任，与民族共荣辱——优秀教育工作者庆祝第22届教师节座谈会”。近百名教育系统历届劳模、先进教师出席。汪品先、冯恩洪等8位劳模发言。市科教党委书记李宣海、市总工会副主席吴申耀出席并讲话。夏玲英主席主持会议。

9月9日　教师节期间，市科教工会在华东政法大学开展义务法律咨询活动，为全市科教工作者提供免费咨询服务。

同日　市科教党委书记李宣海在市科教工会领导陪同下，看望慰问了市劳模、同济大学汪品先院士以及援滇支边教师范西颜。

9月10日　教师绿叶艺术团在金山城市沙滩举办“金沙滩之夜”第22届教师节庆祝活动暨文艺晚会。市教委、市科教工会、中共金山区委、区政府等领导以及金山区3万多名师生及家长出席。

同日　上海交通大学俞勇和徐汇区向阳小学洪雨露被全国教科文卫体工会评为“全国师德标兵”；上海市科教工会和华东师范大学工会被评为“全国师德建设先进集体”。

9月13日　市科教工会为教育系统200多名新教师代表举行了题为“选择教师，就是选择了高尚”的入师教育活动。全国劳模陈国强等作了辅导报告。市教委副主任瞿钧，夏玲英主席出席。

9月15日　市科教工会举办《企业工会工作条例(试行)》学习研讨班，部分科研院所、高校、直属单位工会主席参加。7月6日全国总工会颁布了《企业工会工作条例(试行)》，为企业和企业化管理的事业单位工会工作的开展提供了政策依据和制度保障。

9月20—22日　市科教系统所务校务公开工作领导小组办公室组织检查组，对12家单位的所务校务公开民主管理工作进行抽查调研。市科教工会领导，以及市科教党委和市教委有关部门负责人，部分科研院所、高校工会主席参加。

9 月 22—24 日　由上海市科教工会选送，上海市大同中学姚军和上海市东辉职业技术学校张文萍分别获得第三届“全国中小学教师演讲比赛”一等奖和二等奖。

9 月 23 日　澳大利亚昆士兰州教师工会、独立教育工会访问团来访，参观了市北中学、西南位育中学。上海市科教工会与代表团举行友好会谈。

9 月 28 日　市科教党委、市教委召开“两巡一唱”（教师师德风采巡展、师德演讲巡讲、教师之歌演唱）活动暨庆祝教师节主题活动总结会，会上表彰了 47 支歌队和 82 名选手。市科教党委、市科教工会领导出席。

10 月 1 日　国庆节期间，市科教党委书记李宣海在市科教工会领导陪同下，看望慰问了华东师范大学何积丰院士等劳模和一线教师。

李宣海书记（右二）等领导与何积丰院士（右一）交谈

10 月 12 日　以副委员长山本润一为团长的日本教职员工会代表团一行 5 人，在市科教工会和普陀区教育工会有关负责人陪同下，参观考察了江宁学校。

10 月 23—24 日　以“和谐社会建设与工会发展道路思考”为主题的第二届中国高校工会工作论坛在上海举行。本次论坛共收到研究论文 40 多篇，20 多位专家学者和工会工作者作了交流发言。全国科教文卫体工会原主席张宏遵，京沪两市总工会、(科教)教育工会领导原增锁、汪兰洁、张青山、夏玲英以及专家、学者和工会干部100多人出席。

10月25日　全国教科文卫体工会原主席张宏遵应邀为上海市科教系统150余名工会干部作题为《和谐社会构建与工会工作——学习党的十六届六中全会精神》的辅导报告。

10月28日　市教师退休协会成立20周年纪念大会在上海科学会堂举行。夏玲英主席到会祝贺。

11月　市科教工会授予同济大学等10家基层工会“2004—2005年度上海市科教系统教(职)工之家”免检单位称号;授予东华大学等18家基层工会科教系统“先进教(职)工之家”称号;授予复旦大学化学系等28家部门工会科教系统“模范教(职)工小家”称号。

11月17日　为进一步落实国务院和上海市政府有关文件精神,市科教党委下发了《关于深入贯彻〈工会法〉进一步加强和支持工会工作的通知》,就进一步发挥工会在科教兴市主战略中的积极作用,完善民主管理和民主参与机制,为各级工会开展工作创造必要条件,进一步加强对工会工作的领导等方面提出了要求。

同日　市科教工会在华东师范大学举行羽毛球决赛,上海交通大学代表队和中船重工集团公司第711研究所代表队分别夺取高校组和科研院所组冠军。

12月8日　全国总工会第十四届执行委员会主席团第十一次全体(扩大)会议在京召开,王兆国主席讲话中提出,要坚持“两个维护”相统一的维权原则,坚持竭诚为职工群众服务的维权宗旨,坚持和谐发展、互利共赢的维权理念,坚持统筹兼顾、突出重点的维权方法,坚持党政主导、工会运作的维权格局,努力做到以职工为本、在改革发展参与帮扶中主动依法科学维权。

12月21—22日　2006年度市科教系统基层工会主席工作考评与交流活动

举行。120家单位工会主席围绕“维权、发展、和谐、共赢”主题进行了汇报交流。

12月25日　上海市科教工会被市总工会评为“2006年上海市工会组建工作优秀单位”。

截至2006年年底　市科教工会有下属基层工会100个，工会会员84 965人。

市科教工会全年帮困送温暖人数446人，帮困金额231 500元。基层工会全年帮困慰问患大病人数28 426人，帮困金额1 206万元。

市科教工会经审会派出审计组、考核组，全年对上海电力学院、中国电子科技集团公司第五十研究所等31家基层工会2005年度经费收支状况、工会会计基础工作规范化分别进行审计、考核。

全年有欧华职业技术学院、中华职业技术学院、上海师大天华学院等3所民办高校成立工会组织。

在市科教工会指导下，全年有上海中医药大学等14家基层工会召开了工会会员代表大会或工会会员大会，进行换届改选。

2007年

1月5—6日　中国教科文卫体工会在北京召开二届一次全委会会议，王晓龙当选主席。上海市科教工会夏玲英当选常委，袁继鼎、李树菊当选委员。

1月5日　上海科教系统有华东理工大学、中船重工集团公司第704研究所、上海市南湖职业学校等6家基层工会被评为“全国教科文卫体系统模范职工之家”。

1月10日　市科教工会召开一届五次全委(扩大)会议，听取和审议本会年度工作报告、经审工作报告。会议增选徐红梅等5人为一届委员，宋光明、许刚为常委。

1月25日　市科教工会召开2006年度完善多级多层医疗保障工作推进会，上海交通大学等5家工会作了交流发言，市总工会副主席陈国华到会并讲话。2006年参加本会专项补充医疗保险计划的科教员工达7万多人，理赔人数1 195人，资金达160万。

2月8日 市科教工会在教育会堂召开高校和科研院所党委分管工会工作领导迎春座谈会，夏玲英主席通报了本会工作。上海体育学院党委副书记戴健等领导发言。市科教党委书记李宣海、副书记翁铁慧出席并讲话。

2月10—17日 市科教党委书记李宣海看望慰问了中科院上海有机化学研究所蒋锡夔、上海交通大学邓子新、复旦大学王威琪等3位劳模、院士。市科教工会领导陪同。

2月27日 上海市科教工会女职工委员会被全国总工会评为“全国先进女职工组织”。

3月5日 市科教系统纪念“三八”国际劳动妇女节暨先进表彰大会举行。会上表彰了169名上海市和科教系统三八红旗手（集体）等先进。市妇联主席张丽丽、市科教党委书记李宣海出席并讲话。夏玲英主持会议。

3月7日 胡锦涛总书记看望出席全国政协十届五次会议的工、青、妇的全国政协委员，听取委员们的意见和建议，并发表重要讲话。强调工青妇组织是党开展群众工作的重要力量，要在社会主义和谐社会建设中充分发挥组织群众、引导群众、服务群众、维护群众合法权益的作用。

3月10日 上海中医药大学中医基础理论教研室等30个集体被市总工会、市文明办评为“2005—2006年度上海市文明班组”。

3月12日 市科教工会召开2007年度专项补充医保续保会议，提出将参保工作作为年终基层工会工作考核指标之一。

3月14—20日 市科教工会女工委、市科教系统妇工委举行“庆‘三八’科教巾帼绘和谐”主题系列活动——“和谐之情”牵手结对、“和谐之韵”科教巾帼展风采等活动。科教系统30个单位的200多名女职工参加。

3月21日 市科教工会召开一届八次常委会，传达学习中共中央总书记胡锦涛在全国政协十届五次会议期间看望工青妇全国委员时的重要讲话精神；听取和审议本会年度工会经费收支预决算方案。

4月27日　市科技和高校系统何积丰、林尊琪等34人荣获“2004—2006年度上海市劳动模范”荣誉称号；同济大学节能与新能源汽车与创新团队、中国科学院上海应用物理研究所上海光源团队等9个集体荣获“上海市劳模集体”荣誉称号。

4月28日　全国总工会授予陆昉、王恩多“全国五一劳动奖章”荣誉称号。

4月30日　在市科教工会领导陪同下，市科教党委书记李宣海、副书记翁铁慧等领导看望并慰问上海中医药大学施杞和王拥军、复旦大学陆昉、上海交通大学医学院陈赛娟等劳模、院士。

同日　市科教工会组织高校、普教教职工参加教师专项补充医疗保障计划，全年共72 284人参保。

5月4—14日　以经审会主任张渭明为团长的上海市科教工会第三次代表团一行6人对澳大利亚进行友好访问。代表团先后拜访了昆士兰州教师工会和独立教育工会，并参观考察了当地学校，与教育工作者进行了交流。

5月10日　上海交通大学被全国厂务公开协调小组授予“全国厂务公开民主管理先进单位”荣誉称号。

5月24日　市科教工会举行一届九次常委（扩大）会议，传达学习中央和市委领导有关工会工作的重要讲话精神，并研究和通报了近期工会工作。

5月29日　第二届“科学母爱”活动在教育会堂举行。本系统市三八红旗手、优秀科教工作者、妇女干部代表和有关专家、教授100多人共同探讨“科学母爱的真谛”。

5月30日　市科教工会召开“弘扬劳模精神，推进‘四个率先’——科教系统市劳模、劳模集体表彰暨座谈会”。与会领导向新当选的市劳动模范、市劳模集体以及全国五一劳动奖章获得者颁奖。市科教党委书记李宣海出席并讲话。夏玲英主席主持会议。

6月5日　市科教系统23个工会网站在教育会堂作在线演示交流，近百名基层工会干部到场观摩、学习。

7月　市科教工会全体机关干部先后分五路赴14家高校和科研院所，慰问一线岗位的700名科教员工，慰问金额56 000元。

7月5日　玛莉亚·伊莉娜女士率美国洛杉矶劳工联合会代表团一行10人，参观华东师范大学校园和工会俱乐部。市科教工会与代表团就工会工作进行了交流。

7月31日　上海师范大学教师孙雅艳获得"2005—2006年度上海市职工职业道德十佳个人"奖。另外，本系统还获得30项文明班组奖，1项"十佳好事"奖。

8月17日　中日教育交流报告会在教育会堂举行，夏玲英主席与日本兵库县教职员工会委员长田治米政美作了主题发言。

8月31日—9月4日　以日本大阪府教职员组合委员长山口成幸为团长的第八次代表团抵沪。市科教工会与大阪府教职员组合代表团进行了工作交流，并访问了成都及上海市向阳小学。

9月　市科教工会组织14 000名教职工参加暑期休息休养，另组织780人参加特色休养活动。

9月4日　上海市教育系统戴世强、叶佩玉等15人荣获"全国模范教师"荣誉称号；王志刚荣获"全国教育系统先进工作者"荣誉称号；同济大学建筑与城市规划学院、宝山区江湾中心校等13家单位荣获"全国教育系统先进集体"荣誉称号。

9月5—6日　由全国教科文卫体工会主办的第一届全国青年教师师德演讲比赛在北京举行。上海市科教工会选派的乔兴刚，凭借作品《五十六年如一日，一个心眼为学生》获一等奖。该作品讲述了全国劳动模范、著名中学语文特级教师于漪教书育人的事迹。

9月7日　市科教工会组织法律援助中心的专家和律师，在教育会堂为全市科教工作者提供法律咨询服务。

同日 市科教工会女工委、市科教妇工委举行“与和谐同行、与魅力相伴——上海女教授庆祝第23届教师节主题活动”，张永莲院士等7位女教师发言。

9月8日 “书画传友谊，艺术荟人才——中日两国四地友谊书画展”在上海教育会堂展出。

9月11日 市科教工会在东华大学举行“梦想催生激情，奋斗成就事业——院士、劳模与青年教师、大学生畅谈理想、信念与追求”主题报告会。上海交通大学邓子新院士等3位劳模与松江大学城6所高校近千名师生分享成长的体会。

9月16日 应美国洛杉矶教育工会邀请，以夏玲英主席为团长的上海科教工会代表团访美，其间拜访了旧金山教师工会、洛杉矶总工会等十多个工会组织，就双方工会关心的有关问题进行了交流。

10月1日 市科教党委书记李宣海在市科教工会领导陪同下，看望和慰问上海音乐学院钱亦平教授等科教系统的劳模，向他们致以节日问候。

10月12日 市科教党委、市教委、市科教工会举行“2007年上海市‘为人、为师、为学’——讲述我们身边的师德小故事”活动总结表彰大会。本次活动共收到参赛作品近200件。会上表彰了获奖的集体和个人，上海交通大学等单位就师德建设的经验作了交流。翁铁慧等出席并讲话。

10月16日 市科教系统所务校务公开工作领导小组办公室根据市厂务公开工作领导小组办公室的统一部署，对上海中医药大学等8个单位民主管理工作制度化、常态化等开展重点调研检查。

11月3日 上海市首届科教工作者运动会开幕。市人大常委会副主任、市总工会主席陈豪，市人大常委会副主任胡炜，市政府副秘书长李逸平，以及市科教党委、市教委、宝山区、市体育局等领导出席。夏玲英主席主持开幕式。本届运动会以“科教兴上海，健康迎奥运”为理念，设乒乓、游泳、趣味、健身健美操等

20个比赛项目，全市科教系统45家科研院所、50多所高校、19个区县近万名科教工作者参加，美国和澳大利亚的教师工会代表团也观摩并参加了趣味项目的比赛。市科教工会评选出了27个体育品牌项目，为全系统因地制宜开展小型多样的体育健身活动树立了典型。

开幕式现场盛况

11月5日　市科教工会主办"中澳美教育工会教育工作交流研讨会"，市总工会副主席徐季平以及80余名工会干部和学者出席。上海市科教工会夏玲英，澳大利亚昆士兰州约翰·巴坦斯、泰瑞·伯克，美国加州肯特·王、琳达·塔巴赫、丽莲·特兹等7位教育(教师)工会领导人和学者作了主题发言。

11月23日　在市科教工会指导下，上海师范大学奉贤校区外来务工人员活动中心揭牌，副主席刘建平出席。

11月26日　全国教科文卫体工会在武汉召开教育系统民主管理推进会，上海中医药大学在会上作书面交流发言。

12月6日　市首届科教工作者运动会总结表彰会在复旦大学举行。市科教党委、市总工会、市教委、市体育局、市科教工会领导及各单位代表近300人出席。57家单位获优秀组织奖，54家单位获组织奖。

12月17日　市总工会授予上海外国语大学等5家基层工会"2007年度上

海市模范职工之家”称号;上海大学国际交流学院等7家部门工会“上海市模范职工小家”称号。

12月25—26日　市科教工会举行2007年度科教系统基层工会主席工作考评交流会。92家单位工会负责人围绕“聚焦‘民生民意民主’,促进‘共建共享共赢’”主题作了交流发言。

截至2007年年底　市科教工会有下属基层工会101个,工会会员87 321人。

市科教工会在元旦、春节等重大节日帮困送温暖231人,帮困金额236 500元。

市科教工会经审会派出审计组、考核组,全年对同济大学、中科院上海生命科学研究所等34家基层工会2006年度经费收支状况、工会会计基础工作规范化分别进行审计、考核。

在市科教工会指导下,全年有上海外国语大学、上海市地震局等15家基层工会召开了工会会员代表大会或工会会员大会,进行换届改选。

2008年

1月　经市总工会、市科教工会等推荐,市科教工会主席夏玲英当选第十一届上海市政协委员。

1月10日　市科教工会召开一届六次全委(扩大)会议,听取并审议通过年度工会工作报告、经审工作报告;表彰科教系统工会先进个人和集体。会议增选贾金平、沈悦萍为委员。市科教党委副书记翁铁慧到会并讲话。

同日　市科教工会授予50人“2005—2007年度上海市科教系统优秀工会工作者”称号;授予133人科教系统“优秀工会积极分子”称号;授予44人科教系统“支持工会工作好领导”称号。

1月17日　高校和科研院所党委分管工会工作领导迎春座谈会在教育会堂举行。夏玲英主席通报了本会主要工作,5位单位领导作了交流发言。市科教党委书记李宣海、副书记翁铁慧出席并讲话。

1月19日　市科教工会领导陪同市科教党委书记李宣海，看望并慰问了华东理工大学钱锋等12位劳模科教工作者和困难教职员工。

1月21日　全国总工会书记处书记张秋俭、全国教科文卫体工会副主席万明东在上海市总工会副主席徐季平、市科教党委副书记翁铁慧、市科教工会主席夏玲英等陪同下，慰问复旦大学陆昉等劳模。张秋俭一行在同济大学参加了送温暖暨上海高校教师迎春恳谈会。

张秋俭（左起第五）、万明东（左起第三）、徐季平（左起第四）、
翁铁彗（左起第六）等领导出席上海教师恳谈会

1月22日　市科教工会《上海市普教系统教师生存状况调研与研究报告》和上海师范大学《论工会代表诉讼权》获全国教科文卫体工会第八届优秀论文和调研成果评选一等奖；另获二等奖1篇、优秀奖4篇。

2月23日　市科教工会和市重点中学老校长联谊会等单位组织优秀中青年教师义务讲学团，赴崇明县开展为期4周的周末义务教学活动。

2月27日　应市总工会邀请，巴西教育工会代表团一行前往上海中医药大学参观访问，张中韧副主席陪同。

2月28日　市科教工会获“2007年度上海市职工互助保障工作先进工作委员会”，本会张中韧、李弢等4人获市“职工互助保障工作先进个人”。

3月3日　市科教工会、市科教系统妇工委举行纪念“三八”妇女节暨第六届比翼双飞模范佳侣表彰大会。会上表彰了40对模范佳侣以及全国三八红旗手(集体)等奖项。市妇联主席张丽丽,市科教党委书记李宣海出席并讲话。夏玲英主席主持会议。

3月10日 市科教工会根据市总工会的安排,组织对2003年和2005年分别获得"全国模范职工之家"称号的华东师范大学工会、上海交通大学工会进行复查验收。

3月15—25日 上海市科教工会、美国洛杉矶教师工会签署的合作交流项目"中美中学生交流"在上海市第四中学举行。夏玲英主席和美国洛杉矶教师联合工会主席达尔法、洛杉矶联合学区董事会主席加西亚·莫尼卡以及加州大学洛杉矶分校劳工研究中心主任肯特·王等参加了活动。

市科教工会领导接待到访的美国客人(达尔法:右起第四,肯特·王:右起第三)

4月 市科教工会授予同济大学建筑与城市规划学院等10个集体上海市科教系统"科教先锋号"荣誉称号。

4月2日 市科教工会在教育会堂举办《中华人民共和国劳动合同法》和《中华人民共和国劳动争议调解仲裁法》专题讲座,华东师范大学专家应邀为科教系统工会干部作了辅导报告。

4月3日 根据市总工会关于做好农民工(外来务工人员)入会工作的部署以及市科教党委的意见,市科教系统成立调研组,集中开展"科教系统非在编人员入会情况的调研”活动，并形成专题调查报告上报。

同日 上海财经大学《我校多元化用工体制下工会工作新思路》获2007年度上海工会优秀调研报告、论文评选二等奖；科教、医务、新闻、文广、体育局工会联合调查组《科教文卫系统职工群体调查报告》获三等奖。

4月8日 市科教工会在上海师范大学召开座谈会，就非在编教职工建会、入会问题听取后勤职工的意见和建议。

4月10日 市科教工会召开全委会会议，增选王震为委员、常委、副主席。

同日 市科教工会在教育会堂召开科教系统工会代表会议，方蕾、李树菊等14人当选为科教工会系统出席上海市工会第十二次代表大会的代表。

4月18日 中科院上海天文台汪显坤被市总工会评为“2008年度上海市优秀工会工作者”；王德忠、张宝龙被评为“上海市优秀工会积极分子”。

4月23—25日 全国教科文卫体工会主席王晓龙等在上海调研指导工作，召开座谈会，听取市科教工会和科教系统妇工委有关工会、妇委工作向大学生和研究生延伸的专题汇报。

4月28日 全国总工会授予上海交通大学邓子新、上海生物信息技术研究中心李亦学“全国五一劳动奖章”荣誉称号；授予同济大学建筑与城市规划学院“全国工人先锋号”荣誉称号。

同日 市总工会授予科教系统齐沪杨、肖作兵等4人“上海市五一劳动奖章”称号；授予华东师范大学软件学院计算理论研究所等5个集体“上海市工人先锋号”称号。

4月30日 市科教党委书记李宣海看望并慰问赵东元、唐盛昌、王铸钢等劳模和一线科教工作者。市科教工会领导陪同。

同日 教育系统教职工73828人参加教师专项补充医疗保障计划。

5月9日 市科教工会和科教系统妇工委组织武夷山“玫瑰之旅”觅知音活动，400名未婚男女青年教师、科研人员参加。

5月12日 市科教系统所务校务公开工作领导小组办公室举行工作会议，

传达学习全国厂务公开工作协调小组电视电话会议精神，并研究了近期工作。

5 月 14 日　市科教工会发出《关于做好支援四川抗震救灾有关工作的紧急通知》。截至 5 月 19 日，本会及所属基层工会向灾区捐款达 220 万元。

5 月 27—29 日　上海市工会第十二次代表大会举行，陈豪当选为市总工会主席。市科教工会系统 14 名代表和 7 名列席代表出席本次大会；夏玲英当选常委；吉永华、陆经生当选委员。

6 月 5 日　市科教工会在教育会堂召开科研院所、高校工会和区县教育工会干部会议，传达上海市工会第十二次代表大会精神，并就科教工会系统进一步贯彻落实大会精神作了部署。

6 月 12 日　市科教系统所务校务公开工作领导小组办公室召开基层单位所务校务公开工作领导小组负责人座谈会，就“提高所务校务公开制度化、规范化水平”课题调研听取意见。於世成等 10 位单位领导发言。市科教党委副书记莫负春出席并讲话。

6 月 18 日　市科教工会女工委、市科教系统妇工委在华东师范大学举行“与奥运同步、与健康同行——上海科教巾帼健身排舞展示活动”，45 个单位、700 多名女职工参加。上海外贸学院等 4 个单位获金奖。

6 月　全国总工会授予华东师范大学心理援助队全国“抗震救灾重建家园工人先锋号”称号。

7 月 8 日　市科教工会开展暑期“送清凉”活动，机关干部兵分多路到 12 家基层单位，慰问一线教师、科研人员 600 余人。

7 月 14 日　应中联部邀请，印度共产党（马克思主义）教育工会主席吉绍尔·库马尔·泰克达斯率干部考察团一行 10 人访问上海市科教工会，并与本会干部座谈交流。

7 月 31 日　市科教工会在上海体育学院召开部分优秀青年教师座谈会。上海市职业道德“十佳标兵”、上海师范大学青年教师孙雅艳应邀与 30 余名与会者共同探讨新时期师德建设话题。

8月7日　市总工会授予中科院上海微系统与信息技术研究所应急通信救援队“上海市五一劳动奖状”称号；授予同济大学建筑与规划学院等4个集体上海市“抗震救灾重建家园工人先锋号”称号。

9月　市科教工会组织15 000名教职工参加暑期休息休养，组织240名劳模、先进科教工作者参加特色休养活动。

9月4—12日　市科教工会开展法律咨询义务服务周活动，组织科教工作者法律援助中心以及华东政法大学、同济大学、华东理工大学的律师、专家为百余名科教工作者提供免费法律咨询服务。

9月11日　上海师范大学被市总工会授予“上海职工职业道德教育示范基地”称号。

9月18日　“聚焦教育改革难题，突破教育发展瓶颈”大型座谈会在教育会堂举行，80余位教育系统的劳模与优秀教师参加。裴钢等10位教师发言。市科教党委、市教委领导李宣海、薛明扬、莫负春、王奇、李骏修等出席。夏玲英主席主持会议。

教育系统的劳模与优秀教师大型座谈会会场
（李宣海：右三，薛明扬：右四，莫负春：右五，王奇：左三，李骏修：左二）

9月19日　“学为人师，行为世范——女教授师德主题交流活动”在教育会堂举行，近百名科教系统女院士、优秀女教师应邀出席。

9月22—30日 澳大利亚昆士兰州教师工会、独立教育工会代表团访华。上海市科教工会与代表团共同举办"中澳教育工会工作研讨会"。代表团在沪参观访问了西南位育中学、虹口区第三中心小学和奉贤区宏翔民办学校。市总工会副主席汪兰洁会见了代表团成员。

10月6日 上海交通大学工会吸收南洋股份公司人数近90%的千余名非在编员工加入工会组织。市科教工会副主席王震出席签约仪式并讲话。

上海交通大学工会与南洋股份公司工会举行签约仪式

10月17—21日 中国工会第十五次代表大会在北京举行。王兆国当选为全国总工会主席。上海科教工会系统夏玲英、顾功耘、朱木兰等3位代表出席大会，吉永华当选中华全国总工会第十五届委员会执行委员。

10月 全国总工会授予上海海事大学宋光明"全国优秀工会工作者"称号；授予复旦大学赵文庆"全国优秀工会积极分子"称号。

10月22日 市科教工会召开基层工会干部会议，夏玲英等3位代表分别在会上传达了中国工会第十五次代表大会精神。本会就各级工会进一步学习贯彻落实大会精神提出要求。

10月28—31日 中国妇女第十次代表大会在北京召开，市科教系统妇工委主任夏玲英、中科院上海生科院王恩多出席。

11月6日　市科教工会"'为人、为师为学'师德建设"品牌项目获得市总工会"上海职工素质工程'十佳'品牌"。

11月23—25日　市科教工会举行科教系统2007年度工会主席工作考评和交流活动，120余名基层工会主席参加了分组考核和集中交流展示。

12月　市科教工会表彰2006—2007年度上海市科教系统教(职)工代表大会系列奖项，78人被评为优秀教职工代表；88件提案分别被评为最佳提案和优秀提案。

12月　市科教工会评选表彰2006—2007年度上海市科教系统职工创新英才奖，丁文江等4人获特等奖，吕西林等43人获一、二、三等奖。

12月4日　美国加利福尼亚大学洛杉矶分校劳工研究所肯特·王教授来访，市科教工会领导会见了美国客人。

同日　全国总工会组织的纪念改革开放30周年劳模参观团到张江高科技园区，参观考察中科研上海应用物理研究所"上海光源"等项目。市科教工会副主席王震等陪同。

12月9日　市科教工会经审会召开一届七次全委会会议，审议通过《上海市科教工会第一届经费审查委员会工作报告》，并讨论了有关工会财务管理工作事项。

12月15日　市科教工会召开一届七次全委(扩大)会议、市科教妇工委全委(扩大)会议。市教卫党委书记李宣海、市科技党委书记陈克宏等领导出席。会议听取了夏玲英主席所作的工会、妇委会2005—2008年工作报告。市教卫党委副书记莫负春在会上讲话。科教系统的工会、妇女组织根据市委市政府有关机构调整的决定，自2009年1月1日起恢复建立市级教育、科技系统工会及妇女组织。

截至2008年年底　市科教工会有下属基层工会103个，工会会员86 900人。

市科教工会投入20万元开展科教系统春节、元旦帮困送温暖活动。

在市科教工会指导下，全年有上海外贸学院等14家基层工会召开了工会会员代表大会或工会会员大会，进行换届改选。

2009年

1月12日　市教育工会召开高校、区县教育局党委分管工会工作领导迎春座谈会。夏玲英主席通报了本会主要工作，4位单位领导作交流发言。市教卫工作党委副书记、市教委副主任莫负春出席并讲话。

1月21日　市教卫工作党委书记李宣海、市教委主任薛明扬在市教育工会领导陪同下，先后看望并慰问了复旦大学陆谷孙等5位劳模，以及3位困难教师。

同日　市总工会副主席杜仁伟等前往复旦大学看望全国著名劳模、市教育工会原主席、复旦大学蔡祖泉教授。

2月4日　市教卫工作党委副书记、市教委副主任莫负春来到教育工会调研指导工作。夏玲英主席汇报了本会新一年的工作思路，以及中国教育工会上海市第八次代表大会各项筹备工作进展情况等。

2月16日　市教育工会连续两年获市“职工互助保障工作先进工作委员会”，本会夏玲英、姜培庆等4人再次获市“职工互助保障工作先进个人”。

3月3日　上海海事大学获“2007—2008年度上海市厂务公开民主管理工作先进单位”称号；上海交通大学陈国庆获“上海市推进厂务公开民主管理工作先进工作者”称号；上海中医药大学“建立校长办公会议旁听制度”获市厂务公开民主管理工作优秀成果奖。

3月5日　市教育系统召开纪念“三八”妇女节暨先进表彰大会，44个市三八红旗手(集体)，以及教育系统106位先进个人和28个先进集体受到表彰，黄丽华等4位优秀女教师作了发言。市教卫工作党委副书记、市教委副主任莫负春出席并讲话，夏玲英主席主持会议。

3月10日　市教育工会举行2009年医保工作会议，调整上海市教师补充医疗保障计划有关政策。

3月17日　在中国教育工会原主席、中国陶行知研究会原会长方明同志逝世一周年之际,《方明同志与上海》大型纪念画册首发式在上海师范大学举行。画册由市陶行知研究协会主编,真实地记录了方明同志在上海从事地下党工作、教育工会创立和陶行知研究工作的活动轨迹。夏玲英主席等出席。

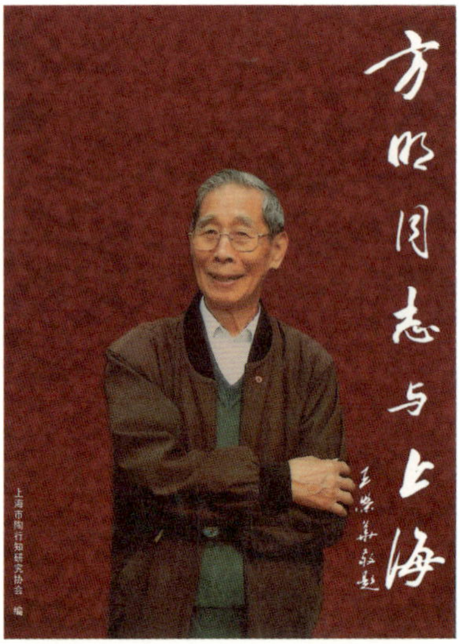

《方明同志与上海》纪念画册封面

4月　市教育工会授予上海戏剧学院舞台美术系服装与化妆教研室、上海市市西中学生物教研组等29个集体为"2009年度上海市教育先锋号"称号。

4月8日　市教卫工作党委领导前往四川都江堰慰问上海支教教师,夏玲英主席参加。

4月16日　市教育工会召开七届三次常委(扩大)会议,审议八届委员会委员、经审委员及常委候选人名单,第八次代表大会工作报告(草案)以及大会主席团、代表资格审查委员会成员建议人选名单等。

4月20日　市总工会授予华东师范大学耿文秀等3人2009年"上海市五一劳动奖章";授予上海交通大学海洋工程水池实验室等3个集体"上海市工人

先锋号”称号。

4月21日　全国教科文卫体工会主席王晓龙一行4人在上海调研并指导工作，召开由教育和卫生系统有关同志参加的座谈会，就事业单位工作人员养老保险制度改革试点中遇到的问题，听取意见和建议。

4月22日　中国教育工会上海市第八次代表大会在市政协礼堂召开，193名正式代表和81名列席、邀请代表出席。市教卫工作党委副书记、市教委副主任莫负春致开幕词，全国教科文卫体工会主席王晓龙，市教卫工作党委书记李宣海，市总工会副主席肖堃涛讲话。夏玲英作工会工作报告。市教卫工作党委副书记、市教委主任薛明扬出席大会闭幕式并讲话。大会选举39名委员组成的第八届委员会，5名委员组成的第八届经费审查委员会。

同日　市教育工会分别召开八届一次全委会和八届一次经审全委会，经选举，11人当选常委；夏玲英当选主席，张中韧、贾金平、赵玲当选副主席；张渭明当选经审会主任。

4月27日　市总工会在友谊会堂召开上海市五一劳动奖章、上海工人先锋号命名表彰大会，市劳模、2010年上海世博会总规划师、同济大学吴志强教授作了题为《科学规划，奉献社会》的交流发言。

4月28日　全国总工会授予同济大学吴志强“全国五一劳动奖章”荣誉；授予复旦大学化学系表面化学实验室“全国工人先锋号”称号。

4月30日　市教卫工作党委书记李宣海在市教育工会领导陪同下看望并慰问了吴志强、吴小仲、宋光明等劳模和先进教师。

同日　市教育工会组织教育系统教职工参加教师专项补充医疗保障计划，全年共有71 152人参保。

5月4日　全国总工会下发《中华全国总工会关于组织劳务派遣工加入工会的规定》，明确劳务派遣单位和用工单位应当依法建立工会组织，吸收劳务派遣工加入工会，并对劳务派遣工入会、管理、会费拨缴、会籍统计方式等作出了规定。

5 月 7 日　复旦大学金力获第二届上海市十大职工科技创新英才；郑平、胡之璧、马龙生获第二届上海市职工科技创新标兵。

5 月 25 日　市教育工会发出通知，要求各级工会认真学习、宣传、贯彻全国总工会“坚定不移地走中国特色社会主义工会发展道路理论与实践研讨会”精神。

5 月 27 日　市优秀青年教师联谊会成立仪式暨“优青”创新论坛举行。6 位优秀青年教师发布了各自科研成果，并与市职工技协签订《科技创新合作意向》。另有 4 位优秀青年教师发表专题演讲。

市优秀青年教师联谊会成立仪式暨“优青”创新论坛会场

5 月 31 日　财政部依据国家有关法律、行政法规，对全国总工会 1998 年颁布的《工会会计制度》进行了全面修订，制定了新版《工会会计制度》，并相应制定了《工会新旧会计制度有关衔接问题的处理规定》。新规定于 2010 年 1 月 1 日起执行。

6 月 10 日　市教育工会举行“教师为世博添光彩，教育让城市更美好”上海市教师诗歌（散文）朗诵比赛。教育系统 54 个代表队、近 300 名教师参赛。

6月17日　市教育工会制定并下发《关于上海市教育系统编外教职工加入工会的试行办法》，对编外教职工入会的权利、入会形式、会员管理、经费问题等作了相应的规定，并提出了有关奖励措施。

6月29—31日　全国县级教育工会建设经验交流会在江西南昌举行。崇明县教育工会在会上作书面交流发言。

7月1日　市教育工会全体机关干部分四路先后赴东华大学等15家高校和直属单位，向高温下坚守在一线岗位的700位教职工及外来务工者会员送上了各类防暑降温用品。

7月22日　市总工会派出审计组，对市教育工会2008年度经费预算执行情况及本级所有账户的财务收支情况进行审计，并出具审计报告。

9月　市教育工会组织8 604名教职工参加暑期休息休养，组织劳模、先进教职工850人参加特色休养活动。

9月3日　市教育工会女工委、教育妇工委举办“走近世博、相约世博”上海青年女教师迎世博双语演讲大赛决赛，22名选手经过角逐，分获一、二、三等奖。本次大赛历时4个月，14所高校、8个区近800名教师参加了初赛、复赛和决赛。

9月4日　教育系统叶澜、陈小英等14人荣获“全国模范教师”荣誉称号；卢起升荣获“全国教育系统先进工作者”荣誉称号；上海交通大学医学院附属卫生学校、崇明县东门中学等12家单位荣获“全国教育系统先进集体”荣誉称号。

9月9—15日　市教师法律援助中心在同济大学、华东理工大学、华东政法大学举办教师法律义务咨询服务专场和网上咨询服务周活动，61人前来咨询。

9月17日　市教育工会、教育系统妇工委在复旦大学举行“教苑群星璀璨　校园玉兰芬芳——新中国60年上海百位杰出女教师表彰仪式暨风采展示活动”。市教育工会主席夏玲英致贺辞，市教卫工作党委书记李宣海发表讲话。于漪、郭宗莉、汪泓等在会上发表演讲；市教卫工作党委书记李宣海、市妇联主席张丽丽等领导为获奖教师颁奖。

全体与会人员合影

9月23日　市教育工会举行“与祖国共命运，与教育同发展——教育系统劳模优秀教师喜迎新中国 60 华诞座谈会”，吕型伟、闻玉梅、于漪等劳模、先进教师发言。市教卫工作党委书记李宣海讲话，市教卫工作党委副书记杜慧芳、市教委副主任李骏修等领导出席，夏玲英主席主持会议。

9月24日　市人大常委会副主任、市总工会主席陈豪专程看望并慰问全国劳模、同济大学马在田院士。市总工会副主席杜仁伟、市教育工会主席夏玲英陪同。

9月25日　上海市教育工会与大阪府教组签署继续友好交流协议书，商定双方以实效上、组织上的成就为交流目的，围绕正视中日历史、推进民主教育等课题交换信息和意见，以隔年互派代表团的形式进行交流。

9月27日　市教育工会在上海师范大学工会召开劳动争议调解工作座谈会。

9月27—30日　市教卫工作党委书记李宣海、副书记杜慧芳在市教育工会领导陪同下，看望并慰问了谷超豪、阮雪榆、项海帆、于漪等 7 位劳模、院士。

11月3—8日　以张中韧副主席为团长的上海教育工会第八次访日代表团应大阪府教组的邀请，访问了日本大阪、冲绳列岛，与大阪府、大阪市教职员工会等进行了交流。

上海市教育工会代表团访日时的合影

11 月 11 日　市教育工会下发文件，决定从当年起 3 年为一个周期，继续实施下拨经费支持基层单位教工活动中心建设，并对经费的用途、标准、原则等作了明确规定。

11 月 20 日　市教育工会邀请市财政局专家作新《工会会计制度》专题培训，帮助教育系统广大工会干部学好用好新规章。

11 月 30 日　上海外国语大学工会被市总工会授予第三届上海市“五一文化奖”。

12 月　华东师范大学石云撰写的《关于上海市农民工安全生产培训的调查研究》获 2008 年度上海工会优秀调研报告、论文评选二等奖。

12 月 10—11 日　市教育工会举行“提高履职能力，聚焦维权服务，营造和谐氛围，实践科学发展”2009 年度基层工会主席考评交流活动，上海海事大学等 12 位工会主席作了交流发言。

12 月 16 日　市教育工会授予上海外国语大学等 3 所高校工会上海市教育系统“先进教工之家免检单位”称号；授予上海理工大学等 8 所高校工会“先进教工之家”称号；授予复旦大学上海医学院等 26 个部门工会“模范教工小家”

称号。

同日　市教育工会、教育系统妇工委举办妇女工作创新优秀案例展评活动，共有12所高校、5个区的17个妇女工作创新优秀案例（项目）作了交流展示。

12月21日　市总工会授予上海理工大学等4所高校工会“2009年度上海市模范职工之家”称号；授予上海工程技术大学城市轨道交通学院等6个部门工会“上海市模范职工小家”称号。

同日　市教育工会被市总工会评为2009年上海市工会组建工作优秀单位。

12月23日　市教育工会举行文明班组、文明岗颁奖仪式。复旦大学公共卫生学院流行病学教研室等28个院系、组室获上海市文明班组；同济大学化学系等44个院系、组室获市教育系统文明班组；华东师范大学艺术学院钢琴教研组等16个岗位获市教育系统文明岗。

截至2009年年底　市教育工会有下属高校和直属单位工会57个，涵盖单位72个，教职工72 768人，工会会员70 063人。

市教育工会开展元旦、春节帮困送温暖活动，共帮扶困难教职工159人，金额达308 000元。

市教育工会经审会派出审计组、考核组，全年对杉达学院等20家基层工会2008年度经费收支状况、工会会计基础工作规范化分别进行审计、考核。

在市教育工会指导下，全年有上海中医药大学等19家基层单位召开了工会会员代表大会或工会会员大会，进行换届改选。

全年新组建工会4家，其中民办高校工会2家，实现了全市18所民办高校工会组织的全覆盖。全市高校和直属单位工会共发展各类教职工会员9 000名，其中发展编外教职工会员6 000余名。

2010年

1月12日　市教育工会召开上海市教育系统劳动人事争议调解工作推进

会，宣布成立上海市教育系统劳动人事争议调解工作指导委员会。会后下发了《关于推进本市教育系统劳动人事争议调解工作的意见》。

推进会现场

同日　市教育工会成立劳动人事争议调解委员会，提出劳动人事争议调解的基本原则和工作要求，并将此项工作列入基层工会工作和主席考核的重要内容之一。

1 月 18 日　市教育工会召开八届二次全委(扩大)会议，听取并审议通过本会年度工作报告；听取《高等学校教职工代表大会实施意见》的修订情况。八届二次全委会增选龚小凤为常委，许岳为委员，龚燕萍为经审委员。市教卫工作党委副书记杜慧芳出席并讲话。

2 月 25 日　市教育工会召开高校和区县教育局党委分管工会工作领导迎春座谈会，通报了本会 2009 年主要工作，4 家单位领导在会上发言。杜慧芳副书记出席并讲话。

3 月 3 日　市教育工会、市教育系统妇工委举行教育系统纪念“三八节”100 周年暨第七届比翼双飞模范佳侣表彰大会。38 对伉俪被授予 2009 年度“上海市教育系统比翼双飞模范佳侣”称号；100 个团队被授予“教育系统巾帼文明示范岗”称号；512 个团队被授予“教育系统巾帼文明岗”称号。

3月22日 市教育工会女工委、市教育系统妇工委在教育会堂举行“回眸百年 聚焦世博 关注教育——教育系统优秀女性纪念三八节100周年主题活动”，吴启迪、马德秀应邀作主题报告。杜慧芳副书记出席活动并讲话。

3月23日 复旦大学、上海电力学院、上海中医药大学等3所高校被市总工会等单位授予“2008—2009年度上海市职工最满意企(事)业单位”称号。

4月1日 市教育工会举行编外教职工建会入会工作研讨交流会，上海理工大学等5所高校工会在会上介绍了经验。

4月2日 全国人大代表、中科院生命科学研究院王恩多院士和全国政协委员、全国总工会执委、上海大学吉永华教授应邀为教育系统150余名工会干部作学习贯彻全国“两会”精神的报告。

4月24日 复旦大学马兰、上海交通大学邓子新、同济大学吴志强、华东政法大学刘宪权等4人荣获“全国先进工作者”荣誉称号。4人应邀赴京，出席在北京举行的全国劳模和全国先进工作者表彰大会。

4月25日—5月1日 以美国加州教师联合会副主席肯特·王为团长的美国加州教师联合会代表团来访，并与上海市教育工会举行会谈。

4月28日 高校系统颜德岳等17人荣获“2007—2009年度上海市先进工作者”荣誉称号；华东师范大学浙江天童森林生态系统国家野外科学观测研究站等5个单位荣获“上海市模范集体荣誉”称号。

4月28日 市教育工会组织教育系统教职工参加教师专项补充医疗保障计划，全年共有74 000人参保。

5月7日 市教育工会为本系统及科技、卫生系统工会干部举行2010年高考与中考咨询服务活动。

5月13日 华东师范大学石云撰写的《关于建立本市农民工安全生产培训长效机制的调研》获2009年度上海工会优秀调研报告、论文评选一等奖。

5月24日 “我们的家园——庆祝上海市教育工会成立六十周年主题晚

会”以及图片展在市委党校大礼堂举行。市人大常委会副主任、市总工会主席陈豪及李宣海、杜慧芳、王奇、汪兰洁、夏玲英等领导出席图片展的开幕式并剪彩。教育系统各级领导、劳模、工会干部、工会积极分子等1 500余人观看了主题晚会。

庆祝上海市教育工会成立六十周年主题晚会演出现场

同日　全国先进工作者、上海交通大学邓子新院士在上海展览中心友谊会堂举行的上海劳动模范先进事迹报告会上，为近千名与会者作了题为《胸怀祖国作贡献，献身科学攀高峰》的事迹报告。

5月27日　市教育工会在上海展览中心举办“继承　创新　发展——上海市教育工会建会六十周年座谈会”，各基层单位工会主席、劳模代表、党政领导等近200人出席。夏玲英主席作主题发言，回顾和总结了本会60年的历程。鲁巧英、于漪等5位嘉宾发言。全国教科文卫体工会主席王晓龙、市总工会副主席汪兰洁、市教委副主任王奇讲话。

同日　《创新和奉献——工会干部访谈录》和《我们的家园——纪念上海市教育工会建会六十周年主题晚会》两部电视片在上海教育电视台播出；本会编印《我们的家园——上海市教育工会成立六十周年画册》。

同日　在庆祝上海市教育工会建会60周年之际，本会授予复旦大学等60个基层工会“上海市教育系统优秀工会组织”称号；授予宋光明等6人“市教育系统优秀工会工作者标兵”称号；授予贾金平等60人“市教育系统优秀工会工作者”称号；授予吴亮等600人“市教育系统优秀工会积极分子”称号；授予同济大学党委书记周家伦等60人“市教育系统心系教职工的好领导”称号。

5月29日　全国教科文卫体工会主席王晓龙召开上海地区困难教师群体帮扶专题调研会议，市教育工会和高校、区县教育工会负责人出席。

6月3日　市教育工会女工委、市教育系统妇工委和市优秀青年女教师联谊会举办“共享母爱——第五届科学母爱论坛”。

6月9日　夏玲英主席一行到闵行区民办塘湾小学，对闵行区民办民工子弟学校工会工作进行调研。闵行区总工会、区教育局党委、区教育工会领导参加。

6月11日　市教育工会起草的《上海市中小学校教职工代表大会工作意见》，作为中小学校校长负责制配套文件之一，由市委组织部、市教卫工作党委、市教委下发实施。

6月17日　上海大学工会《和谐校园视野下高校教职工文化建设调查报告》、上海海事大学工会《高校后勤非事业编制人员工会组织建构模式与运作管理策略》在全国教科文卫体工会第十届优秀调研成果暨优秀论文评选中获二等奖。本会获优秀调研组织单位奖。

6月21—25日　中国教科文卫体工会常委(扩大)会议暨民办学校工会及教代会建设经验交流会在上海举行，13位代表在大会上交流发言。全国教科文卫体工会主席王晓龙到会讲话，上海市总工会副主席茆荣华致辞，市教卫工作党委副书记杜慧芳作了经验介绍。

7月5日　市教育工会暑期开展送清凉活动，特别为世博会志愿者送清凉用品1 000份。

普教系统劳模、优秀教师在贵州黔南州进行义务讲学活动

7月6—10日 市教育工会主席夏玲英率部分普教系统劳模、优秀教师赴贵州黔南州进行义务讲学活动。全国劳模、特级教师冯恩洪等6位劳模和优秀教师开设了6个学科专场报告会，1 500余人聆听报告。义务讲学团还向当地县教育培训中心赠送了电脑设备和有关教育教学书籍。

8月9日 市总工会授予上海外国语大学上海教师世博多语种志愿者服务队、华东师范大学设计学院、上海海洋大学食品学院、上海师范大学世博志愿者教工团队等4个在“服务世博、奉献世博”立功竞赛活动中作出突出贡献的集体“上海市工人先锋号”称号。

8月29日—9月1日 全国教科文卫体工会在上海召开庆祝教师节暨全国教育系统工会创先争优建功立业活动经验交流会。上海市教育工会等22个单位被授予“全国教育系统工会建功立业活动先进单位”称号，华东师范大学工会等10个单位被授予“全国教育系统工会建功立业活动标兵单位”称号。

9月 市教育工会组织8 900名教职工参加暑期休息休养活动。

9月6日 市教育工会、市教育系统妇工委举办“世博之韵·师德之美——上海女教师的故事PPT作品大赛”。近200名上海优秀女教师代表和教育系统工会、妇女组织负责人参与了展评活动。

9月9—11日 市教育工会在教师节期间组织法律咨询活动，义务为90余位教师提供服务。

9月14日 市教育工会召开高校工会分管主席会议，贯彻落实全国总工会十五届四次执委会议以及全国、上海市工会基层组织建设工作会议精神，并结合教育系统实际，部署推动各种企业建立工会组织，推进工资集体协商工作。

同日 市教育工会根据全国和上海市总工会工作部署，下发《关于在高校系统开展"广普查、深组建、全覆盖"集中行动的通知》。

9月15日 上海市优秀青年女教师联谊会第二届会员大会举行，同济大学党委副书记马锦明当选为第二届联谊会会长。

9月20日 "共同的职责 共同的奉献——上海—昆士兰教师工会工作论坛"在上海外国语大学举行。国际教育工会联合会主席苏珊、上海市教育工会主席夏玲英、昆士兰州教师独立工会总书记泰瑞、昆士兰州教师工会主席巴坦斯、昆士兰州教师独立工会执行委员高登伯格等出席并发言。会后代表团前往北京，拜会全国教科文卫体工会主席王晓龙。

9月20—22日 教育部部分直属高校第十六次工会工作研讨会在同济大学召开，全国22所高校的50多名代表出席，会议共收到论文17篇。夏玲英主席致辞，全国教科文卫体工会副主席何力克出席并讲话。

9月21日 市教育工会举办"创新融合 成长发展——2010年上海市优秀青年教师创新论坛"，归琳等3位优秀青年教师作了专题演讲。

9月27日 市教育工会在海鸥饭店举行"教育，让生活更美好——上海世博会的启示"为主题的劳模、优秀教师大型座谈会。唐子来等9位劳模作了发言。李宣海书记、杜仁伟副主席出席并讲话。夏玲英主持会议。

10月14日 市教育工会、市教育系统妇工委主办的"相约世博年·情聚玫瑰园——上海青年教师第九次牵手联谊活动"在教育会堂举行，来自上海19所高校和5个区的130多位单身青年教师参加活动。

10月28日　上海电力学院被全国厂务公开协调小组授予"全国厂务公开民主管理先进单位"荣誉称号。

11月9—16日　按照市厂务公开工作领导小组办公室部署,市教育系统校务公开工作领导小组办公室组织6个检查组,分别对同济大学等12所高校校务公开民主管理工作进行重点调研检查。

11月16—24日　静安区胶州路某高层公寓发生"11·15"特大火灾,全国教科文卫体工会副主席万明东前往医院探望受伤教师,市教卫工作党委副书记杜慧芳前往受灾人员安置点看望受灾教师。张中韧副主席等陪同。

杜慧芳（中）看望受灾教师

12月7日　市总工会授予同济大学工会等2所高校工会"上海市'当好主力军,建功世博会,展示新风采'主题实践活动工会优秀组织奖";授予沈悦萍等5人"工会优秀组织者奖"。

12月20—21日　市教育工会举行"加强工会干部能力建设,提高工会组织影响力"2010年度工会主席工作考评交流活动。20家单位的工会主席作了交流发言,杜慧芳出席并讲话。

12月23日　上海市第十三届人民代表大会常务委员会第二十三次会议通过的《上海市职工代表大会条例》,自2011年5月1日起施行,2017年11

月23日进行修改。教育系统适用本法规。

12月24日　市总工会授予华东师范大学设计学院、上海外国语大学上海教师世博多语种志愿者服务队“上海市五一劳动奖状”称号。

12月30日　市教育工会授予复旦大学工会等37家单位“2007—2009年度上海市教育工会保障工作先进单位”称号；授予上海音乐学院工会等28家单位达标单位。

截至2010年年底　市教育工会有下属高校和直属单位工会57个，涵盖单位72个，教职工72 768人，工会会员70 063人。

市教育工会元旦、春节、“五一”节开展送温暖活动，全年帮困对象达350人，帮困金额164万元。

市教育工会派出审计组、考核组，全年对上海音乐学院等20家单位工会2009年度经费收支、经费拨缴情况进行审计，并对工会会计基础工作规范化实行考核。

在市教育工会指导下，全年有华东理工大学等7家基层工会召开了工会会员代表大会或工会会员大会，进行换届改选。

2011年

1月18日　为表彰在服务世博、奉献世博过程中表现突出的先进集体和个人，市教育工会授予上海交通大学世博会志愿者工作部等33个集体教育系统“服务世博　奉献世博”争创教育先锋号先进集体称号；授予同济大学张其林等34人先进个人称号。

1月21日　市教育工会召开八届三次全委(扩大)会议，审议通过本会工作报告和经审工作报告；表彰在2010年各项工作中表现突出的先进个人和集体；增选张芳为第八届委员会委员、常委。

1月26日　市教育工会召开高校、区县教育局党委分管工会工作领导迎春座谈会，夏玲英主席通报了本会主要工作。5家单位领导作交流发言。

1月30日　中共中央纪委、中共中央组织部、全国总工会等6部委(单位)下发《关于进一步做好职工代表大会民主评议国有企业领导人员工作的意见》,明确民主评议的对象和内容、组织实施等内容。科教文卫等事业单位参照本意见精神执行。

1月31日　上海市教育工会被全国教科文卫体工会评为调研信息(含理论研究)工作先进单位、工作创新先进单位。

2月10日　市教委转发《中国教育工会上海市委员会关于组织上海教工暑期休养活动的意见》,要求各单位认真贯彻落实《教师法》的有关要求,积极做好全市教育系统教工暑期休养工作。

2月18日　市教育工会下发《关于在教育工会系统贯彻落实〈上海市职工代表大会条例〉的通知》,提出从思想认识、学习宣传、民主管理、组织领导等四个方面贯彻落实职代会条例。

2月23日　市教育工会经审会召开八届四次全委会会议,按照工会会计制度的新规定,对本级工会经费收支预决算方案进行审查,并审议通过本会经审工作总结和要点。

2月28日　市教育工会召开教育系统工会主席工作会议,传达上海市高校党政负责干部会议主要精神。会议听取了有关教师补充医疗保障工作的汇报。

3月1日　市教育工会进一步完善和调整"教师补充医疗保障计划"的部分内容:从2011年起,理赔起付线从480元调整为600元,下拨给各基层参保单位工会的援助金由原来的15元/人增加到20元/人,用于二级帮困基金。

3月3日　市教育工会召开教育系统纪念三八国际妇女节暨先进表彰大会。全国、上海市及教育系统三八红旗手(集体)等先进个人和集体受到表彰。市教卫工作党委书记李宣海、市教委主任薛明扬致辞。杜慧芳、夏玲英等出席。

3月11日　华东理工大学、上海大学荣获"2009—2010年度上海市厂务公开民主管理工作先进单位"。

3月23日　市教育工会下发《关于开展“上海教师跟党走，创新转型当先锋”主题教育活动的通知》，要求教育系统各级工会围绕中国共产党成立90周年，开展各种主题教育活动。

3月24日　“创新、低碳、发展——上海女教授论坛”在同济大学举行，曾璇等5位女教授作主题发言。

3月29日—4月1日　市教育工会举办工会干部培训班，教育系统160余名工会、经审会、妇委干部参加培训。6位领导和专家学者作了有关教育形势和任务、中国特色社会主义工会发展道路理论与实践等辅导报告。

4月6—10日　澳大利亚昆士兰教育工会代表团一行3人来华访问，参观了上海市学校，先后拜会上海市教育工会和全国教科文卫体工会领导。

4月7日　上海市教育系统庆祝“三八”节系列活动——女性学精品课程讲坛在华东师范大学举行，150余名师生参加对精品课程的评议。8位高校教师分别就女性学各项课程的内容、设置及教学方法、成效进行了讲解。

4月8日　全国总工会颁发《中国工会审计条例》，准确界定了工会审计的定义，明确了工会审计工作体制和工作方针。6月30日市教育工会转发全国总工会《关于印发〈中国工会审计条例〉的通知》，要求所属各基层工会认真贯彻执行。

4月18日　为进一步加强教育系统校务公开工作，提高民主管理制度化、规范化和程序化的水平，市教卫工作党委、市教委下发《关于进一步深化校务公开推进基层民主政治建设的意见》《上海市高等学校教职工代表大会实施意见（试行）》等文件。

4月19日　市教卫工作党委、市教委召开教育系统校务公开民主管理工作推进会，市教卫工作党委、市教委、市教育工会领导以及各高校、区县教育局党政领导、纪委书记、工会主席260余人出席。上海交通大学、徐汇区教育局等5个单位党政领导会上介绍了经验。市教卫工作党委书记李宣海作校务公开专题工作报告，全国教科文卫体工会主席王晓龙、市总工会副主席周志军分别讲话。市教委主任薛明扬主持会议。

4月26日　市总工会授予上海音乐学院刘英、上海应用技术学院周小理“上海市五一劳动奖章”称号；授予上海第二工业大学后服公司物业大楼部、上海大学后勤集团饮服中心“上海市工人先锋号”称号；授予华东理工大学、上海电力学院“‘十一五’时期社会主义劳动竞赛先进集体”称号。

4月27日　为进一步弘扬高校后勤职工的先进事迹，推动上海高校后勤新型保障体系的建立和完善，市教育工会与上海高校后勤集团决定，授予30人首届“上海高校后勤标兵(绿叶奖)”称号。

4月28日　全国总工会授予华东理工大学田禾“全国五一劳动奖章”称号；授予华东师范大学设计学院“全国五一劳动奖状”称号；授予东华大学纺织学院纺织材料与纺织品设计系“全国工人先锋号”称号。

同日　市教育工会授予复旦大学物理系物理教学实验中心、上海市敬业中学生化工会小组等61个集体“2009—2010年度上海市教育先锋号”称号。

同日　市教育工会组织高校、普教教职工参加教师专项补充医疗保障计划，全年共有87 250人参保。

5月4—5日　市教育系统妇女干部专题学习交流活动举行，市妇联、复旦大学有关专家作了辅导报告。于朝晖等12篇优秀论文作者进行了交流。

5月16日　全国教科文卫体工会理论研究会第四届年会在南京举行，上海大学工会在会上作交流发言。

5月24日　上海交通大学工会《研究生加入工会试点工作的实践与思考》获中国教科文卫体工会第十一届优秀调研报告、优秀论文评选一等奖。本会获优秀调研组织单位奖。

5月26日　全国教科文卫体工会主席王晓龙、调研处处长万珍丽等前来上海调研教育系统编外人员的用工情况。

5月30日　市教育工会女工委、市教育系统妇工委、市优秀青年女教师联谊会在教育会堂举办“献给母亲的爱——第六届科学母爱论坛”。

6月1日　市总工会授予上海外国语大学“2009—2010年度上海市职工职业道德建设十佳标兵单位”和“上海市五一劳动奖状”称号；授予上海理工大学黄晨上海市职工职业道德建设“十佳”标兵个人和“上海市五一劳动奖章”称号；授予金国忠等2人“上海市职工职业道德建设先进个人”称号。

6月3日　由市教育工会主办，上海教育电视台协办，上海戏剧学院承办的“上海教师永远跟党走——庆祝建党90周年上海教师文艺汇演”在上海戏剧学院举行。市教卫工作党委书记李宣海、市教委主任薛明扬、市总工会副主席侯继军等领导出席。汇演分岁月如歌、生日颂歌、祖国赞歌三个篇章，以20多个节目讲述中国共产党90年发展的光荣历程。此次汇演荣获第五届上海市“五一文化奖”十佳文艺汇演。

庆祝建党90周年上海教师文艺汇演

6月14日　教育系统各级工会组织2万余名教职工参加市总工会举办的《上海市职工代表大会条例》网上知识竞赛活动。

6月20日　上海大学工会《关于上海市教育系统“双代会”常任制探索和实践的调研》获2010年度上海工会优秀调研报告、论文一等奖。

6月18—23日　市教育工会组织部分高校、区县教育工会主席前往京、津、陕等地学习参观，实地考察了清华大学、南开大学、西安交通大学等高校，以及部分区县教育工会工作，并与二市一省教育工会进行了工作交流。

6月30日　全国教科文卫体工会下发《关于进一步组织劳务派遣员工加入工会的意见》。

7月5日　市教育工会开展暑期送清凉活动，机关干部下基层慰问一线教职工1 000余人。

7月11日　全国教科文卫体工会在乌鲁木齐召开构建和谐劳动关系工作推进会，上海第二工业大学工会作了交流发言。

7月11—16日　张中韧副主席率市教育工会第五次代表团前往澳大利亚昆士兰州访问。其间，代表团访问了昆士兰州教师工会、独立教育工会和澳大利亚全国教育工会，进行了会谈，并参观了部分学校。

7月和8月　市教育工会分两次组织高校系统党政工领导赴新疆喀什慰问援疆干部及对口支援地区的教职工，本会向喀什教育局赠送价值30万元的教学设备及体育用品。

8月31日　市教育工会授予复旦大学楼红卫、位育初级中学瞿军等50人上海市教育系统2011年“校园新星”称号。

同日　市教育工会召开八届四次全委（扩大）会议，传达市高校党政负责干部会议主要精神；表彰了庆祝建党90周年文艺汇演优秀组织单位；增选宓为建、高健、秦静等3人为八届委员，黄金龙为常委。

9月　市教育工会组织8 400名教职工参加暑期休息休养，组织劳模等先进560人参加特色休养活动。

9月9—10日　市教育工会组织华东政法大学、同济大学、华东理工大学法律专家、律师在教师节期间开展义务法律咨询活动，并开设一周的网上咨询服务。

9月18日　上海交通大学王如竹、上海音乐学院刘英、上海浦东新区辅读学校王英等3人被全国教科文卫体工会授予“全国教育系统职业道德建设标兵”称号。

9月20日　市教育工会在教育会堂举行“薪火相传，群星璀璨——上海市教育系统劳模、校园新星座谈会”，李宣海、杜慧芳、夏玲英等领导以及近百名劳模和首届“校园新星”获得者出席。会上为“校园新星”获奖者颁奖，陆昉、陈小英等6位劳模、先进教师围绕上海的教育改革与发展、新时期教师队伍建设等作交流发言。市教卫工作党委书记李宣海讲话。

薪火相传，群星璀璨——上海市教育系统劳模、校园新星座谈会会场

同日　市教育系统劳模协会第三届理事会成立。理事会由33名理事组成；王生洪、于漪任名誉会长；陈国强任会长，夏玲英、陆昉、吴志强、吴明红、刘京海、陆建国任副会长。教育系统劳模协会下设高教分会和普教分会。

9月22日　“成就事业　精彩生活——首届上海市优秀青年女教师发展论坛”在复旦大学举行，优秀青年女教师及教育系统妇女干部代表近百人参加，董爱武等5位女教师会上发言。

10月　全国总工会授予上海电力学院工会“全国模范职工之家”荣誉称号。

11月9日　教育部颁发《学校教职工代表大会规定》，自2012年1月1日起施行。该规定适用于中国境内公办的幼儿园和各级各类学校，民办学校和中外合作办学机构参照执行。1985年1月28日教育部、原中国教育工会印发的《高等学校教职工代表大会暂行条例》同期废止。

11月20日　教育部发布《高等学校章程制定暂行办法》（简称《办法》），自2012年1月1日起施行。《办法》规定，章程应当明确规定教代会的地位作用、职责权限等内容；维护师生员工通过教代会参与学校民主管理的权利；健全教师的救济机制和学校受理教师申诉的机构与程序。章程草案应提交教代会讨论等。

11月30日　市教育工会决定，授予严法善等63人“2010—2011年度上海市教育系统优秀教职工代表”称号。同时，10件提案被评为最佳提案；55件提案被评为优秀提案。

12月　上海市教育工会被全国总工会评为“市级工会财务工作先进单位”。

12月5日　中国教科文卫体工会第三届全国委员会第一次全体会议在北京召开，万明东当选为全国教科文卫体工会主席。上海市教育系统袁继鼎、贾金平等5人当选委员，夏玲英当选常委。

同日　全国教科文卫体工会决定，授予上海市教育工会“全国教科文卫体系统先进工会组织”称号；授予复旦大学工会、上海工程技术大学工会、上海第二工业大学工会“模范职工之家”称号；授予王祥兴“优秀工会工作者”称号；授予杜慧芳“模范职工之友”称号。

12月19日　市总工会授予上海应用技术学院工会“2011年度上海市模范职工之家”称号；授予上海理工大学环境与建筑学院等6个部门工会“上海市模范职工小家”称号。

12月20—21日　教育系统基层工会主席2011年度工作考评交流活动举行。沈海庆等16位工会主席作了交流发言。杜慧芳等领导出席。

12月21日　市教育工会召开八届五次全委（扩大）会议，审议通过年度工会工作报告和经审工作报告。夏玲英主席主持会议，杜慧芳到会讲话。

截至2011年年底　市教育工会有下属高校和直属单位工会76个，工会会员65 597人。

市教育工会全年开展节日帮困送温暖活动，全年慰问人数247人，慰问金98万元。高校、区县教育工会帮困慰问人数28 576人，帮困金额1 400万元。

市教育工会经审会派出审计组、考核组，全年对上海师范大学等16家高校和直属单位工会2010年度经费收支、经费拨缴情况和工会会计基础工作规范化分别进行审计、考核。

在市教育工会指导下，全年有同济大学等8家基层工会召开了工会会员代表大会或工会会员大会，进行换届改选。

2012年

1月　市教卫工作党委、市教委和市教育工会领导看望慰问了于漪、周小燕、颜德岳、田禾等劳动模范。

1月　市教育工会按照上级工会的要求，对高校系统300余名历届在职和离退休劳模集中开展帮扶和慰问活动，其中春节劳模帮扶和慰问总金额达53万余元，为历年之最。从当年开始，全国总工会对全国劳模的慰问金由每人每年1 000元提高到2 000元；上海市首次设立劳模慰问金制度，为省部级劳模每人每年提供500元春节慰问金。本会为全国、省部级劳模每人每年分别配套1 000元和500元慰问金。

1月8日　全国总工会第十五届执委会第六次全体会议通过决议，明确提出中国特色社会主义工会发展道路内涵的八个方面，即坚持自觉接受党的领导；坚持工会的社会主义性质；坚持发展工人阶级先进性；坚持构建和谐劳动关系；坚持维护职工群众合法权益；坚持完善社会主义劳动法律体系；坚持推动形成国际工运新秩序；坚持以改革创新精神加强工会自身建设。其核心是坚持自觉接受党的领导，根本是坚持工会的社会主义性质，关键是坚持维护职工群众合法权益。

1月12—13日　市教育工会召开基层工会教职工体检工作会议，提出为教职工，尤其是骨干教师提供更全面的高端体检，更有力地维护教师健康权益。

3月　上海交通大学、上海外国语大学、上海工程技术大学被授予“2010—2011年度上海市劳动关系和谐职工满意企事业单位”称号。

3月5日　市教育系统集邮协会成立大会举行，通过协会章程及市教育系统集邮协会组织机构成员名单。李宣海任会长，李骏修、谢一龙、夏玲英任副会长。市集邮协会会长王观锠出席。

3月6日　市教育系统纪念“三八”国际劳动妇女节暨第八届比翼双飞模范佳侣表彰大会举行，教育系统先进女教师代表和各级党委、工会、妇女组织领导等300多人参会。会上为复旦大学等22个“妇女之家”举行授牌仪式。市教卫工作党委副书记、市教委主任薛明扬出席并讲话，市教卫工作党委巡视员、市教育工会主席夏玲英主持会议。

3月20日　市教育工会被市总工会评为“上海职工素质工程先进单位”；复旦大学工会“创新培训模式提升职业技能”、上海交通大学工会“校园文体竞缤纷”获第二届上海职工素质工程“十佳”品牌。

3月26日　“探索　进取　责任——上海女教授创新论坛”举行，5位女教授先后作主题发言。

3月28日　市总工会召开上海市厂务公开民主管理工作会议，华东理工大学校领导在会上作了题为《加强民主管理制度建设，发挥教职工民主办学的积极性》的交流发言。

4月12日　市总工会授予复旦大学曾璇、上海远程教育集团鲍鹏山“上海市五一劳动奖章”称号；授予上海应用技术学院香料香精团队教师团队等4个集体“上海市工人先锋号”称号。

4月18—19日　市教育工会在上海大学举办工会主席专题学习培训班。全国教科文卫体工会、市总工会领导和专家为200余名教育系统工会干部作了“工会依法维权与有效维权”“《学校教职工代表大会规定》解读”等专题辅导报告。

4月28日　全国总工会授予上海大学孙晋良“全国五一劳动奖章”荣誉称号；授予上海第二工业大学后勤服务公司“全国工人先锋号”荣誉称号。

同日　市教卫工作党委书记、市教委主任薛明扬等领导前往复旦大学、上海体育学院和控江中学看望并慰问俞吾金、虞定海、张群等劳模。市教育工会领导陪同。

4月30日　市教育工会组织高校、普教教职工参加教师专项补充医疗保障计划，全年共10.1万人参保。

5月10日　全国教科文卫体工会主席万明东率全国总工会“面对面、心贴心、实打实，服务职工在基层”工作组一行6人，到上海震旦职业技术学院开展服务职工活动，并考察指导工作。万明东主席听取了本会专题工作汇报。市总工会副主席杜仁伟，市教卫工作党委巡视员、市教育工会主席夏玲英出席。

5月16—21日　市教育工会组织上海市普教系统部分劳模和特级教师赴云南省勐海县进行义务讲学。刘京海等5位劳模、特级教师为城乡近千名中小学校教师和管理者开设专题讲座、公开观摩示范课。讲学团向当地教育单位捐赠教学设备和书籍，并专程看望慰问上海支边教师。

5月24日　市总工会命名同济大学姚启明“设计与安全研究”创新工作室为第二批上海市劳模创新工作室。

5月27日　上海市第七届教工运动会开幕式在松江大学生体育中心举行。市人大常委会副主任、市总工会主席钟燕群，全国教科文卫体工会副主席陈晖，

上海市第七届教工运动会开幕式

市教卫工作党委副书记杜慧芳，市教卫工作党委巡视员、市教育工会主席夏玲英等领导出席。来自教育系统80多个单位800多名教职工参加了开幕式第九套广播体操展示和群众体育表演活动。本次运动会由市教育工会主办，东华大学等11所高校和区县教育局承办，共有86个代表团、2万多名教职员工参加了12个大项的比赛。

6月13日　市教育工会女工委、市教育系统妇工委和市优秀青年女教师联谊会在教育会堂举办“母爱爱母——第七届科学母爱论坛”。

6月18—24日　以张渭明为团长的上海市教育工会代表团应邀访问美国加州教师联谊会。

6月19日　市教育工会在上海中医药大学举办“优秀青年教师论坛”，来自全市20余所高校40多名青年教师参加，2位教师作了学术报告。

7月　市教育工会开展暑期送清凉活动，机关干部分别下基层慰问一线教职工，赠送清凉用品2 000余份。

7月4日　为发挥先进基层工会示范和引领作用，促进资源整合，实现优势互补，市教育工会启动公办和民办高校工会结对共建工作，上海市10所获得市级以上“模范职工之家”称号的公办高校工会与10所民办高校工会结成共建单位。

7月5日　经市教育工会选拔推荐，上海远程教育集团、市教育评估院、市教委教研室成功申报2011—2012年度上海市学习型组织创建单位。

7月27日　根据全国教科文卫体工会部署，市教育工会对上海市高校教职工队伍稳定情况进行调研，并提交了专题调查报告。

8月24日　日本兵库县教职员日中友好教育文化交流团一行55人来访，与上海市教育工会就中日教育改革等问题进行了研讨交流。夏玲英主席作主题发言。全国教科文卫体工会巡视员白立文出席并讲话。

8月28日　由全国教科文卫体工会主办的首届全国高校青年教师教学竞赛（以下简称“青教赛”）在天津大学举行。市教育工会选派的上海交通大学陈鹏、华东理工大学鲍亮、上海交通大学朱燕民等 3 位老师分获文科组二等奖、理科组三等奖、工科组三等奖。上海市教育工会获优秀组织奖。

9月　市教育工会暑期组织 7 720 名教职工参加休息休养，并组织 660 人参加各种特色休养活动。

9月 8—10日　由市教育工会主办，华东政法大学、同济大学、华东理工大学 3 校工会承办的法律咨询活动，面向全市教育系统教职工开展现场、电话、网上义务法律咨询，近百人通过各种途径进行咨询。自当年起，三校在每年教师节期间以现场、电话、网络形式开展义务法律咨询活动。

9月 11日　市教育工会开展教育系统“校训指引我成长”主题征文与演讲活动。90 名师生获得征文比赛一、二、三等奖。20 名师生获得演讲比赛一、二、三等奖。此项活动作为优秀项目入选市总工会《2012 年上海职工岗位练兵技能比武活动概览》。

9月 13日　市教育工会举办百名教育劳模和优秀教师座谈会，陈国强等 9 位劳模、先进教师围绕“创新：民族进步的灵魂、教育发展的动力”主题进行了交流。市教卫工作党委书记、市教委主任薛明扬出席并讲话。夏玲英主席主持会议。

9月 19日　“厚德博学　和谐发展——第二届上海市优秀青年女教师发展论坛”在上海大学举行。市总工会、市教委、市教育工会领导出席。

9月 20日　上海市第十次厂务公开民主管理工作调研检查事业单位专场座谈会在上海交通大学召开。市教卫工作党委以及上海交通大学、虹口区教育局等 6 家单位作了汇报。市厂务公开工作领导小组副组长、市人大常委会副主任、市总工会主席钟燕群等领导出席并讲话。

9月 23日　澳大利亚昆士兰州教师工会、独立教育工会一行 6 人采访，并与本会共同举办 2012 中澳教育工会论坛。6 位中外嘉宾以“教育改革与创新”为主题作交流发言，夏玲英主席和约翰·巴坦斯主席先后讲话。

中澳教育工会论坛会场

9月28日　市教育工会女工委、市教育系统妇工委在上海师范大学举行"春韵秋舞——上海女教师海派秧歌展示活动"，来自教育系统各单位的42个参展队600余名女教师参加。

10月　市教育系统校务公开工作领导小组办公室、市教育工会派出检查组对上海音乐学院等11家高校和直属单位的校务公开民主管理工作和工会建设"教工之家"工作进行调研检查和实地考察。

10月28日　市教育工会、教育系统妇工委举办"千人牵手　相约丽娃——2012上海青年教师联谊活动"，来自教育系统38所高校、5个区和3个直属单位的800多名单身青年教师参加。

11月21日　市教育工会召开八届六次全委会议，选举王向群为本会第八届委员会委员、常委、副主席；选举司徒琪蕙等4人为常委、吉启华等5人为委员。

12月3日　市教育工会授予上海理工大学等5家基层工会"2009—2011年度上海市教育系统先进教工之家免检单位"称号；授予上海音乐学院等17家基层工会教育系统"先进教工之家"称号；授予25个部门工会教育系统"模范教工小家"称号。

12月20—21日　市教育工会举行"履职尽责依法维护，凝心聚力促进和谐”2012年度教育系统工会主席年度考评交流会。考评活动采用分组和大会交流相结合的方式进行。

12月28日　市教育工会编印的《校务公开民主管理法律法规和文件汇编》《教代会法律法规和文件选编(教职工代表读本)》发行。书中收录了国家和上海市制定的校务公开民主管理方面最新法律法规以及有关文件,作为工会工作和培训参考材料。

截至2012年年底　市教育工会有下属高校和直属单位工会72个,工会会员69 285人。

市教育工会全年开展重大节日帮困送温暖活动,共帮扶268名教职工,帮困金额118万元。

市教育工会经审会派出审计组、考核组,全年对上海外国语大学等16家基层工会2011年度经费收支、经费收缴情况和工会会计基础工作规范化分别进行审计、考核。

在市教育工会指导下,全年有上海交通大学医学院等10家基层工会召开了工会会员代表大会或工会会员大会,进行换届改选。

2013年

1月　经市总工会、市教育工会等推荐,市教育工会常务副主席王向群当选第十二届上海市政协委员。

1月17日　市教育工会召开八届七次全委(扩大)会议,审议通过本会年度工会工作报告和经审工作报告。市教卫工作党委副书记杜慧芳到会讲话。

1月22日　市教育工会召开高校、区县教育局党委分管工会领导恳谈会,夏玲英主席通报了本会主要工作。5家单位领导在会上交流了工作体会。市教卫工作党委副书记杜慧芳出席并讲话。

2月22—27日　应上海市教育工会邀请,以爱娃·利兹·雪林主席为团长的瑞典教师工会代表团一行3人访问上海。中瑞双方进行了友好会谈,达成了互为友好工会的意向。

3月5日　上海市教育系统纪念“三八”国际劳动妇女节103周年暨先进表彰大会举行，300多名教育系统女性先进教师代表参会。会议表彰了全国、上海市和教育系统各类妇女工作先进集体和个人。市妇联党组书记焦扬，市教卫工作党委书记、市教委主任薛明扬，副书记杜慧芳等领导出席并讲话。夏玲英主席主持会议。

3月18日　上海海洋大学、上海第二工业大学获“2011—2012年度上海市厂务公开民主管理工作先进单位”称号。

3月27—29日　全国总工会办公厅巡视员刘迎祥、全国教科文卫体工会副主席陈志标等一行5人前来市教育工会调研民主管理、维护教职工权益、劳动关系学科建设、工会科研和对外交往等工作。本会夏玲英主席、王向群副主席等参加。

3月28日　“美丽事业　幸福人生——上海女教授主题论坛”举行，王红艳等5位女教授作主题发言。

4月7—10日　华东地区暨直辖市教育工会工作理论研讨交流会在上海召开，华东六省一市和京津两市教育工会负责人围绕完善校务公开、推进民主管理等主题作了交流发言。全国教科文卫体工会主席万明东和上海市总工会、市教卫工作党委领导何惠娟、杜慧芳出席并讲话。夏玲英主席主持会议。与会代表参观考察了上海海洋大学、上海海事大学。

4月17—19日　市教育工会和市科教党校联合举办教育系统工会干部培训班，160余名基层工会主席和妇委干部参加学习。有关领导、专家学者为学员作了“新时期党的群众工作与工会”“教育形势和任务”等5场专题辅导报告。会后，学员赴苏州大学参观考察。

4月23日　市教育工会召开教育系统工会代表会议，12人当选为教育工会系统出席上海市工会第十三次代表大会的代表。

4月28日　全国总工会授予上海交通大学王如竹“全国五一劳动奖章”荣誉称号。

4月29日　市总工会授予上海工程技术大学王岩松、上海海事大学许乐平、上海金融学院王莹“上海市五一劳动奖章”称号；授予上海教育报刊总刊《少年日报》编辑部等4个集体“上海工人先锋号”称号。

4月30日　市教育工会组织高校、普教教职工参加教师专项补充医疗保障计划，全年共有11.5万人参保。

5月　市教育工会和市教委按照上级部署，成立以夏玲英主席和袁雯副主任为组长的联合调研组，采用自查、问卷调查、座谈会以及实地抽查等方式，对上海市66所公民办高校、17个区县教育部门和1 580所中小学校，就贯彻落实《学校教职工代表大会规定》情况进行为期一个月的调研。调研报告上报教育部和全国教科文卫体工会。

5月16日　市总工会授予高校系统肖作兵等4人第四届上海市职工科技创新标兵。

5月17日　上海市教育系统工会理论研究会恢复成立仪式在上海大学举行，市总工会副主席周志军和夏玲英主席为研究会揭牌。会上作了有关课题发布的说明，审议通过了研究会章程。本届研究会拥有近80个会员单位。

5月28—30日　上海市工会第十三次代表大会在上海世博中心大会堂举行。洪浩当选市总工会主席。市教育工会系统12名代表出席本次大会。王向群、刘英、王德忠当选为委员。

6月3日　市教卫工作党委副书记虞丽娟到市教育工会调研民主管理、理论研究、群众体育活动、工会经费使用、基层工会建设等工作。

6月22日　市教工扑克牌80分比赛在第二工业大学举行，教育系统50支代表队200余位选手参加。松江区教育工会获得冠军。

7月　市教育工会开展暑期送清凉活动，本会机关干部下基层慰问一线教职工，赠送2 000份清凉用品。

7月1日　为加强劳模管理工作，市教育工会根据全国和上海市总工会部署，对高校系统历届省部级以上劳模开展调查摸底工作，调查内容包括劳模基本信息和生活状况。

8月1日　市教育工会根据全国教科文卫体工会开展“教科文卫系统知识分子民主政治权益、精神文化权益状况及其诉求调查”的要求，在上海市高校系统开展调研。在历时一个半月时间里，共发放500份调查问卷，召开3个典型单位座谈会，并进行个案访谈。

8月8日　在全国职工职业道德建设先进（师德楷模）评选活动中，上海中医药大学洪汉英被授予“全国师德楷模”称号；上海市现代职业技术学校贾青、上海市虹口区柳营路小学虞敏丽被授予“全国师德标兵”称号。

9月　市教育工会暑期组织8 000余名教职工参加休息休养，另有70余人参加特色休养活动。

9月2日　上海交通大学工会经审会被评为上海市工会“经审工作先进集体”，本会张渭明被评为“经审工作先进工作者”。

9月6日　华东理工大学获“2011—2012年度上海市职工职业道德建设先进单位”。

9月11日　市教育工会举行以“诚实劳动　圆梦未来”为主题的教育系统百名劳模和优秀教师座谈会。上海中医药大学洪汉英等6位劳模、先进教师作了交流发言。市教卫工作党委副书记虞丽娟主持会议，夏玲英主席宣读“劳模创新工作室”命名决定。市教卫工作党委书记陈克宏、市总工会巡视员杜仁伟出席并讲话。会上，与会领导向首批命名的17个教育系统劳模创新工作室授牌。

同日　市教育工会命名华东理工大学田禾化学研究工作室、上海七宝中学仇忠海中学校长实训工作室等17个创新工作室为首批上海市教育系统“劳模创新工作室”。

9月17日　“点亮人生　传承梦想——第三届上海市优秀青年女教师发展论坛”在世界外国语中学举行，5位女教师作主题发言。市总工会、市妇联、市教卫工作党委、市教育工会领导向优秀青年女教师发放成才资助金。十年来，上海市教育工会为1 300多名优秀青年女教师提供近150万元资助。

部分优秀青年女教师接受市教育工会发放的成才资助金

9月26日　上海市优秀青年教师论坛举行，来自教育系统的70多位代表参会。3位教师在会上分别交流了教学科研成果和成长成才心得。

9月27日　全国总工会授予上海中医药大学工会“全国模范职工之家”荣誉称号；授予上海交通大学贾金平“全国优秀工会工作者”荣誉称号。

9月29日　市教育工会主办、黄浦区教育工会承办的2013年上海市普教系统教职工文艺汇演举行。各区县教育系统选送的《江山》《鸿雁》等18个文艺节目参演。

10月18—22日　中国工会第十六次代表大会在北京召开，李建国当选为全国总工会主席。上海教育工会系统贾金平、高岚出席本次大会。

10月23日　习近平总书记在同全国总工会新一届领导班子成员集体谈话时的讲话中指出，我国工人运动的时代主题，是为实现中华民族伟大复兴的中国梦而奋斗。工会要牢牢抓住这个主题，把推动科学发展、实现稳中求进作为发挥作用的主战场，把做好新形势下职工群众工作、调动职工群众积极性和创造性作为中心任务，把巩固党执政的阶级基础和群众基础作为政治责任，竭诚为职工群众服务，切实维护职工群众权益，不断焕发工会组织的生机活力。

同日　市教育工会女工委、市教育系统妇工委开展“女教师的幸福”征文及品读活动，从5 000多篇投稿中评选出一、二、三等奖215篇，另有6位女教师获最佳诵读奖；36家单位获优秀组织奖；王苏、章赟、李敏3人获特别贡献奖。

11月7日　市教育工会召开八届八次全委（扩大）会议暨教育系统妇工委会议，王向群副主席、贾金平分别传达中国妇女第十一次代表大会和中国工会第十六次代表大会精神。市教卫工作党委副书记虞丽娟出席并讲话。

11月14日　全国教科文卫体工会授予上海体育学院、上海格致中学工会全国教科文卫体系统“模范职工之家”称号；授予上海外国语大学工会、宝山区教育工会“先进工会组织”称号；授予沈悦萍、吉启华、秦静等3人“优秀工会工作者”称号。

11月27日　市教育工会召开八届九次全委会，选举虞丽娟为第八届委员会委员、常委、主席；选举吉启华为常委、副主席。

11月29日　王向群任市教育系统妇女工作委员会主任。

12月　上海市教育工会获“全国总工会财务工作先进集体”。

12月3日　市总工会授予上海海洋大学工会、华东政法大学工会、上海音乐学院工会“上海市模范职工之家”称号；授予复旦大学经济学院等5个高校部门工会“上海市模范职工小家”称号；授予严治俊“上海市优秀工会工作者”称号；授予苏训诚、曹卫“上海市优秀工会积极分子”称号。

12月10日　以美国加州教师联合会副主席肯特·王任为团长的美国加州教师工会联合会访问团，应上海市教育工会邀请访华，王向群常务副主席会见了代表团。美国客人参观了虹口区中小学校。

12月11日　市教育工会文体协会成立暨群众文体工作推进会召开。本会制定了文体协会章程等管理规范文件，成立了5个单项文体协会。黄浦区教育工会、华东理工大学工会、复旦大学工会分别在会上作了交流发言。

12月17—18日　中国教科文卫体工会三届三次全委会在福建厦门召开，

上海市教育工会主席会虞丽娟当选为委员、常委；王向群当选为委员。

12月25—26日 市教育工会举行“共铸教育梦，实现中国梦——2013年度教育系统工会主席考评交流会”，12家基层工会主席作了交流发言。市教卫工作党委副书记、市教育工会主席虞丽娟出席并讲话。

12月30日 市教育工会经审会召开八届八次全委会议，吉启华当选为第八届经审会委员、主任。

12月31日 市教育工会对上海教育系统援疆援藏的干部每年一次性给予2 000元慰问金。

截至2013年年底 市教育工会有下属高校和直属单位工会72个，工会会员70 571人。

市教育工会开展元旦、春节、五一节等帮困送温暖活动，全年共帮扶困难教职工331人，帮困金130.9万元。

市教育工会经审会派出审计组、考核组，全年对上海交通大学等5家基层工会2012年度经费收支、经费收缴情况和工会会计基础工作规范化分别进行审计、考核。

在市教育工会指导下，全年有上海金融学院等17家基层工会召开了工会会员代表大会或工会会员大会，进行换届改选。

2014年

1月13日 市教育工会八届九次全委(扩大)会议召开，审议通过本会年度工作报告和经审会工作报告。市教卫工作党委副书记、市教育工会主席虞丽娟出席并讲话。

1月28日 市教育工会领导陪同市教卫工作党委书记陈克宏看望慰问了东华大学陆大年教授。

2月20日 根据市总工会有关精神，市教育工会决定成立工会资产监督管理委员会，王向群任主任。委员会工作职责为制定发展规划；对本会基建项目等重大问题进行决策;审核并下发资产监督管理的制度以及本会对外投资资金和项目;考核本会所属企事业资产管理工作等。

3月4日　教育系统纪念“三八”妇女节104周年暨先进表彰大会举行。会上表彰了全国、上海市和教育系统各类妇女工作先进集体135个,先进个人75名。市教卫工作党委副书记、市教育工会主席虞丽娟、市妇联副主席翁文磊等领导出席并讲话。会上还举行了“温馨港湾——上海市教苑巾帼志愿服务工作站”揭牌仪式。

3月5日　华东理工大学、上海海事大学、上海第二工业大学、上海海洋大学被授予“2012—2013年度上海市劳动关系和谐职工满意企事业单位”称号。

3月14日　市教育工会与上海高校后勤服务股份有限公司等4家单位授予栗建华等30人第二届“上海高校后勤标兵(绿叶奖)”称号。

3月20日　“智慧女性与梦想同行——上海女教授创新论坛”在上海大学举行,陈青、孟婥、耿道颖等3位优秀女教授作主题发言。

3月25日　市教育工会推荐的2篇文章在2013年度上海工会优秀调查报告、论文评选中获奖。

4月15日　市教育工会授予上海大学社会科学学院等60个集体“2011—2013年度上海市教育先锋号”称号。

4月22日　市总工会授予上海应用技术学院香料香精团队上海市五一劳动奖状;同济大学周怀阳、华东政法大学罗培新、上海师范大学方广锠等3人“上海市五一劳动奖章”;上海出版印刷高等专科学校印刷包装工程系等5个集体“上海市工人先锋号”称号。

4月24日　华东政法大学刘宪权被市总工会评为“2013年度上海市劳模年度人物”。

4月28日　全国总工会授予华东师范大学何积丰“全国五一劳动奖章”;授予上海理工大学现代光学系统重点实验室“全国工人先锋号”荣誉称号。

4月29日　中国教育工会上海市第九次代表大会在市总工会所属的海鸥饭

店举行，出席会议的正式代表、列席代表和特邀代表共304人。市人大常委会副主任、市总工会主席洪浩，副市长翁铁慧，全国教科文卫体工会主席万明东，市政府副秘书长宗明，市教卫工作党委书记陈克宏，市教卫工作党委副书记、市教委主任苏明等出席。洪浩、万明东分别讲话。虞丽娟主席作工会工作报告、财务工作报告（书面）；吉启华主任作经审工作报告。大会选举35名委员组成第九届委员会，7名委员组成第九届经费审查委员会。陈克宏在大会闭幕式上讲话。

在九届一次全委会上，11人当选常委，虞丽娟当选市教育工会主席，王向群当选常务副主席，吉启华、贾金平、赵玲当选副主席。会议通过了九届女职工委员会建议名单，王向群任主任。在九届一次经审会全委会上，吉启华当选经审会主任。

中国教育工会上海市第九次代表大会会场

4月30日　市教育工会组织高校、普教教职工参加教师专项补充医疗保障计划，全年共有12.1万人参保。

5月7日　市教卫工作党委副书记、市教育工会主席虞丽娟以及市教卫工作党委副巡视员、市教育工会常务副主席王向群一行到上海体育学院调研工会工作。

5月15日　市总工会命名华东政法大学刘宪权法律服务创新工作室为第四批“上海市劳模创新工作室”。

5月26日　华东师范大学石云撰写的《我国行业性工资集体协商若干问题研究》获全国教科文卫体工会理论研究和调查研究征文活动二等奖，上海市教育工会获优秀组织奖。

6月5—6日　市教育工会联合市工会干部管理学院举办为期两天的教育系统工会主席培训班暨教育系统工会理论研究会2013年立项课题优秀研究成果表彰会。110余名工会、妇女干部参加。

6月27—29日　市总工会、市教卫工作党委、市教委主办，市教育工会承办的“青春在讲台”首届上海高校青年教师教学竞赛(以下简称“青教赛”)总决赛在上海师范大学举行。本届竞赛共设人文社会学科组、自然科学基础学科组和自然科学应用学科组等三个组别。54所高校经过校内竞赛选拔，推选出了118名优秀青年教师参加决赛。竞赛期间，主办单位有关领导巡视、指导竞赛工作。

7月30日　全国教科文卫体工会在辽宁省大连市召开三届六次常委会暨基层工会创新发展经验交流会。上海市教卫工作党委副书记、市教育工会主席虞丽娟交流了本会的工作思路和主要做法。上海海事大学工会在会上交流发言。

7月　市教育工会开展暑期送清凉活动，共下基层慰问一线教职工、劳模教师4 000人，慰问金额约80万元。

8月13日　教育部办公厅、中国教科文卫体工会印发《〈学校教职工代表大会规定〉贯彻落实情况的调研报告》(简称《规定》)，要求各地和各校不断深化对《规定》的学习宣传，提高思想认识，不断加大对《规定》贯彻落实工作的力度，将学校教职工代表大会制度建设作为建立现代学校制度、完善校内治理结构、推进学校民主管理进程、提高学校治理水平和能力的重要切入点，创新和完善工作机制，切实将《规定》落在实处。

8月18日　以日本兵库县教职员工会执行委员长泉雄一郎为团长的代表团一行53人访问上海，全国教科文卫体工会巡视员白立文陪同访问。上海市教育工会同日方在教育会堂召开中日国际教育研讨会，市教卫工作党委副书记、市教委副主任高德毅会见代表团全体成员，王向群常务副主席主持会议。

8月25—29日　市教育工会常务副主席王向群率团赴湖北参加第二届全国高校青教赛，复旦大学吴燕华、华东师范大学蔡剑锋和上海海事大学王天真分获自然科学基础学科组一等奖、人文社会科学组二等奖、自然科学应用学科组三等奖。上海市教育工会获优秀组织奖。其间，市教卫工作党委副书记、市教育工会主席虞丽娟专程到武汉看望慰问参赛选手。

9月　市教育工会组织教职工暑期休息休养活动，共开设45条休养路线，1.6万人参加。

9月2日　上海市教育系统俞勇、朱萍等13人荣获"全国模范教师"荣誉称号；卢晓明、祝郁荣获"全国教育系统先进工作者"荣誉称号；东华大学材料科学与工程学院、上海市建平中学等13家单位荣获"全国教育系统先进集体"称号。

9月9日　首届上海高校青教赛获奖名单揭晓，吴燕华等15人获一等奖，30人获二等奖，59人获三等奖，13人获优胜奖；3位指导老师获"最佳指导奖"；上海海事大学等12所高校获"优秀组织奖"；上海师范大学、华东师范大学获"特别贡献奖"。

同日　为表彰在首届上海高校青教赛中获得优异成绩的个人，市总工会决定，授予华东师范大学蔡剑锋，华东政法大学吴一鸣，复旦大学吴燕华，上海海事大学姜慧、王天真以及上海交通大学陶梅霞等6人"上海市五一劳动奖章"荣誉称号。

同日　市教育工会同美国加州教师联合会副主席肯特·王举行工作会谈。

同日　虞丽娟、王向群以及市慈善基金会领导分别到虹口区、长宁区，上门慰问教育系统患重大病困难教师。

9月10日　市教育工会与市慈善基金会联合举行“关爱教师　携手慈善”大型捐助活动，王向群代表市教育工会接受上海市慈善基金会名誉会长陈铁迪颁发的善款。

同日　上海教师心理健康发展服务中心正式成立。该中心由市教育工会与市教科院、同济大学、黄浦区教育局等单位合作建立，分别在同济大学和卢湾高级中学设立咨询点。中心邀请资深教授专家为教师提供现场咨询，并开设24小时心理咨询热线。全国教科文卫体工会主席万明东以及市总工会副主席侯继军，市教卫工作党委副书记、市教育工会主席虞丽娟，市教委副主任王平等领导出席成立大会。

上海教师心理健康发展服务中心成立大会会场

同日　“青春在讲台——首届上海高校青教赛总结表彰会”举行。全国教科文卫体工会、市总工会、市教卫工作党委、市教委、市教育工会领导万明东、杜仁伟、虞丽娟、王平、王向群等出席大会，并向获得本届竞赛各项殊荣的个人和集体颁奖。万明东、虞丽娟作了讲话。张民选、吴燕华分别代表评委、获奖集体和个人作交流发言和课堂教学展示。

万明东（中）、杜仁伟（右）、虞丽娟（左）等领导出席大会

6位荣获市五一劳动奖章的青年教师合影

9月17日　市教育工会举办“书教师风采　绘教育新貌——上海教工书画展”，并在1所高校和3个区县进行了巡展。虞丽娟等领导出席开幕式，并为比赛一、二等奖获得者颁奖。

9月23日　澳大利亚昆士兰州教师工会主席贝茨率领代表团访问上海市教育工会，与本会进行座谈交流。

9月25日　市教卫工作党委印发《关于进一步加强上海市高等学校所属院系（部门）二级单位教职工代表大会工作的若干意见》，从思想认识、制度建设、领导监督、队伍建设等方面对加强高校二级教代会工作作出了规定。

9月28日　市教卫工作党委书记陈克宏在市教育工会领导的陪同下，到华东理工大学看望慰问劳模胡英院士。

9月29日　市教卫工作党委、市教委、市教育工会召开“青春奉献祖国　榜样引领前行”教育系统劳模和优秀教师座谈会暨“师爱无声　师德永铸”微电影首发式，陈克宏、何惠娟、虞丽娟、王向群等110余人出席。从2014年起，本会每年为劳模和优秀教师拍摄“师爱无声　师德永铸——身边的好教师”系列微电影（首批11部），并在电视台、“教师博雅”微信平台播映。

10月24日　市教育工会羽毛球协会成立，华东师范大学为会长单位。

10月30日　市教卫工作党委副书记、市教育工会主席虞丽娟到复旦大学调研检查校务公开民主管理、校院两级教代会工作情况。市教卫工作党委副巡视员、市教育工会常务副主席王向群等参加调研。

同日　日本大阪府教职员组合中央执行委员长一濑英刚率领的日本代表团来访，并与本会座谈交流。

同日　“潜心教学、精心育人——第四届上海优秀青年女教师发展论坛”在同济大学举行。4名青年女教师作了主题报告。

11月3日　上海教工书画展闭幕及字画捐赠暨上海教工书画协会成立仪式举行。书画展评选出的210幅作品现场捐赠给了市慈善教育培训中心。市总工会、杜仁伟市教卫工作党委、虞丽娟等领导出席活动并为协会揭牌。上海教工书画协会会长单位是上海第二工业大学，有11家理事单位。

11月5日　市教育系统校务公开工作领导小组召开校务公开民主管理工作座谈会。市教育系统校务公开工作领导小组常务副组长、市教卫工作党委副书记、市教育工会主席虞丽娟出席并讲话。上海中医药大学等12家单位作了交流发言。

11月13日　市青年教师联谊会理事会会议暨青年教师沙龙在同济大学召开。会议审议通过《上海市青年教师联谊会章程》，并产生新一届联谊会正副理事长、秘书长。

11月15—16日　“菊花傲霜开　楚河斗智谋——上海市教育工会象棋比赛”在上海大学举行。上海交通大学、上海海洋大学、上海大学分别名列高校组团体比赛前三名。

11月26日　市教卫工作党委、市教委召开市校务公开民主管理工作推进会。市教卫工作党委书记陈克宏在讲话中要求，到2014年年底，市属高校做到教代会民主评议校级领导干部，部属高校参加教代会民主评议校级领导干部的教代会代表比例逐年提高。

同日　为进一步深化校务公开民主管理、提高教代会质量，市教育工会授予85人教育系统优秀教职工代表称号；同时评选出20件教育系统最佳教代会提案，78件教育系统优秀教代会提案。

12月9日　市教育工会在教育会堂召开新划转院校工会工作座谈会。上海电机学院等9家原行业办学院校划归市教委管理，其工会组织关系也随之划转归本会管理。

12月25日　上海市教育工会被全国总工会评为“市级工会财务工作先进单位”。

同日　上海市教育工会被全国教科文卫体工会评为“省级工会工作先进单位”。

12月28日　市教委、市教育工会在上海体院举办中国银行上海市高校“校长杯”乒乓球比赛。上海体育学院代表队获得冠军。

12月29日　市教育工会结集出版2013年上海市教育系统工会理论研究会优秀调研报告和论文，编印了《工会理论研究》专刊。

截至2014年年底　市教育工会有下属高校和直属单位工会共84个，工会会员70 715人。

市教育工会开展帮困送温暖活动，全年帮困人数315人，帮困金额155.7万元。

市教育工会全年共为两批教师提供补充医保重大病一级援助164人，金额125.5万元，并为定向帮扶的50位教职工提供22万元的帮困金。

市教育工会全年为教育系统教职工办理市总工会的工会会员服务卡3万张。

市教育工会经审会派出6个审计组，全年对同济大学等27家基层工会2013年工会经费收支情况、经费收缴情况和会计基础工作规范化工作分别开展了审计和考核。

在教育工会指导下，全年有上海师范大学等12家基层工会召开了工会会员代表大会或工会会员大会，进行换届改选。

2015年

1月1日　市教育工会下发关于2015—2017年度资助基层工会教工之家建设经费的实施办法，安排专项经费下拨资助基层单位本级的教职工活动中心和妇女之家建设。当年共下拨经费217万元，资助了13家基层单位，其中公办8家，民办5家。

1月12日　沈悦萍等24人被市教育工会评为“2014年度教育系统优秀工会工作者”，沈晓峰等36人被评为“工会积极分子”。华东理工大学等16家单位工会被评为“优秀等级”。

同日　市教育工会召开九届三次全委（扩大）会暨2014年度工会工作考评交流会。全委会审议通过了九届常委会工作报告、经审工作报告和财务工作报告；传达了中国教科文卫体工会三届四次全委会精神。虞丽娟主席出席并讲话。

2月11—13日　市教卫工作党委书记陈克宏，市教卫工作党委副书记、市教育工会主席虞丽娟春节前看望慰问了周小燕、孙立军、张振华等劳模以及困难教师。

陈克宏（左三）看望周小燕教授

3月5日 市教育工会、市教育系统妇工委举行纪念“三八”国际劳动妇女节暨先进表彰大会。教育系统获得全国、上海市以及教育系统三八红旗手(集体)等荣誉称号的先进个人、先进集体在会上受到表彰。市总工会、市教卫工作党委及市教育工会领导何惠娟、高德毅、虞丽娟、王向群等出席。

同日 全国教科文卫体工会下发《关于新形势下加强基层工会建设的实施意见》。

3月 市教育工会委托上海教师心理健康发展服务中心实施上海市中小学教师心理健康状况调查研究,采用标准化专业心理健康测评量表和问卷,共计抽样调查全市6个区4 620名中小学教师。调研历时6个月,最终形成了对全市中小学教师心理健康状况及特点的报告。该中心自3月起更名为上海教师心理健康发展中心。

3月9日 市教育工会召开九届四次全委(扩大)会议。会议表彰了2014年度教育系统优秀工会工作者、工会积极分子;市总工会财务部领导解读了基层工会经费收支管理和工会财务有关政策;本会对补贴基层工会教工之家建设经费实施办法和高校工会经费收缴工作考核办法作了说明。市教卫工作党委副书记、市教育工会主席虞丽娟出席并讲话。

3月16日 高校、区县教育局党委分管工会领导会议召开。王向群常务副主席通报了本会2015年主要工作和上半年重点工作,4家单位领导作了工作交流。虞丽娟出席并讲话。

3月27日 “立德树人 传承发展——上海优秀女教师‘携手创未来’主题活动”在上海应用技术学院举行,近80名优秀女教师参加活动。

3月31日 上海交通大学王如竹被市总工会评为“2014年度上海市劳模年度人物”。

同日 上海市教育工会获“2014年度全国省属市级工会财务先进单位”。

4月　市教育工会命名上海财经大学“赵晓雷城市经济与管理工作室”等19个创新工作室为第二批上海市教育系统“劳模创新工作室”。

4月2日　市教育工会下发《关于开展上海市教育系统工会干部“一月一法规”培训的通知》，要求各基层单位从4月1日至10月30日自行组织全体工会、妇女干部每月学习培训一部法律和法规，本会重点进行专题培训和考核评比。

4月3日　华东师范大学、上海应用技术学院荣获“2013—2014年度上海市厂务公开民主管理工作先进单位”。

4月13—19日　中国教科文卫体工会在天津举办2015年全国教科文卫体系统工会主席培训班。市教卫工作党委副书记、市教育工会主席虞丽娟应邀为培训班学员作了“更新理念　协同联动　推动基层工会工作创新发展”的专题授课。

4月14日　上海杉达学院荣获“2013—2014年度上海市厂务公开民主管理工作十佳单位”和“上海市五一劳动奖状”称号。

同日　上海交通大学课题组《上海市教师职业压力和心理健康状况调查—　以上海交通大学、上海大学等学校为例》获2014年度上海工会优秀调研报告、论文评选一等奖。

4月15日　市教育工会决定：授予赵培忠等57人“2010—2013年度上海市教育系统优秀工会工作者”称号；授予张杰等397人“教育系统优秀工会积极分子”称号；授予刘建中等47人“教育系统心系教职工的好领导”称号。

4月23日　市教卫工作党委副书记、市教育工会主席虞丽娟带队到上海工商职业技术学院调研工会工作，王向群常务副主席等参加。

4月28日　上海市高校系统复旦大学钟扬、东华大学阎克路、上海交通大学王如竹、上海大学孙晋良等4人荣获“全国先进工作者”荣誉称号，并应邀赴京出席全国劳动模范和全国先进工作者表彰大会。

复旦大学钟扬教授赴京参会前留影

4月29日　上海市高校系统王忆勤等20人荣获“2010—2014年度上海市先进工作者”荣誉称号；上海戏剧学院舞蹈学院等6个单位荣获“2010—2014年度上海市模范集体”荣誉称号。

4月30日　市教育工会组织高校、普教教职工参加教师专项补充医疗保障计划，全年共有11.2万人参保。

5月19日　市教育工会、市青年教师联谊会举办首期市青年教师协同创新论坛，王向群常务副主席等领导以及80余名高校青年教师出席。同济大学诸大建教授与上海戏剧学院黄昌勇2位教授作专家报告，7位青年教师围绕“城市可持续发展”的主题作了学术报告。

5月23—24日　由市总工会、市教卫工作党委、市教委主办，市教育工会承办的“青春在讲台——首届上海基础教育青年教师爱岗敬业教学技能竞赛决赛”在上海师范大学举行。竞赛设文史类、数理类和综合类三大学科类别。17个区县和中职校通过初赛推荐了114名40岁以下专职教师参加了“教学设计”“课堂教学”，以及由“即兴主题演讲”“特色技能”“三笔字”等三个项目组成的“专业技能”比赛。主办单位领导杜仁伟、虞丽娟、王平、贾炜、王向群等到场指导竞赛工作。30日，各学科类别前三名的9位选手参加了总决赛，决出了各组别第一名。

5月26日　市教卫工作党委、市教委、市教育工会举行“师·范——社会主义核心价值观的践行楷模”教育系统劳模先进事迹宣传表彰活动，共表彰59位全国和上海市先进工作者（劳模）和13个市模范集体。市总工会、市教卫工作党委、市教委、市教育工会领导出席，并与劳模、模范集体代表进行了座谈。

5月29日　上海高校纪念抗战胜利70周年教工合唱交流展演活动在同济大学举行。21支高校教工合唱团参加演出。

6月5日　上海应用技术学院《新形势下的高校工会福利保障工作模式探索》获中国教科文卫体工会2014年度论文一等奖。上海市教育工会获优秀组织奖及工运理论研究贡献奖。

7月　市教育工会开展暑期送清凉活动，慰问高温天气下坚守一线的教职工。赠送共计4 500份清凉用品，金额76万元。

7月2日　市教育工会印发《上海市教育工会教职工帮困援助实施办法》，并成立了由吉启华副主席为组长的帮困救助工作领导小组。

7月6—7日　中央党的群团工作会议在京召开。这次会议由党中央召开，在党的历史上是第一次。中共中央总书记习近平在讲话中指出，切实保持和增强党的群团工作和群团组织的政治性、先进性、群众性。做好党的群团工作，必须毫不动摇坚持中国特色社会主义群团发展道路，全面把握“六个坚持”的基本要求和“三统一”的基本特征。

7月9日　中国政府网公布《中共中央关于加强和改进党的群团工作的意见》，包括了新形势下加强和改进党的群团工作的重要性和紧迫性等11部分的内容，对加强和改进党对群团组织的政治领导、思想领导、组织领导，发挥群团组织作用、推动群团组织改革创新等提出了要求。

8月7日　为全面贯彻落实国务院有关文件精神，全国教科文卫体工会下发《关于进一步做好农民工等非在编职工入会和服务工作的通知》，要求扩大非在编职工入会覆盖面，提高非在编职工素质，维护非在编职工劳动保障权益，提高工会为非在编职工服务工作水平。8月17日，市总工会也下发了进一步做好为农民工服务工作的实施意见。

8月23—29日 美国加州教师联合工会代表团一行来访，与本会进行了工作交流。

8月27日 澳大利亚昆士兰州教师工会、独立教育工会代表团参观教师心理健康咨询服务点，并与服务点教师进行了交流。

9月 市教育工会组织教职工暑期休息休养活动，1.3万人赴45个点休养，另组织劳模等特色休养团4个，110人参加。

9月 市教育工会举办上海教师板书大赛和优秀板书展示活动。28所高校工会和18个区县教育工会组织104位教师参赛。大赛分高校青年组、高校中年组、区县青年组和区县中年组四个组别，采用规定时间、统一命题和自由命题相结合、现场评分等比赛形式。本次评选出了一、二、三等奖以及优秀组织奖。

9月2日 市教卫工作党委副书记沈炜到市教育工会调研工会工作，常务副主席王向群等参加汇报。

9月6日 市总工会、市教卫工作党委、市教委发文，公布首届上海基础教育青教赛结果，潘俊卿等3人获特等奖，谭珊珊等15人获一等奖，30人获二等奖，66人获三等奖；黄浦区教育局等10个单位获“优秀组织奖”。

同日 获得首届上海基础教育青教赛特等奖、一等奖的18名青年教师，被市教卫工作党委、市教委授予“上海市教学能手”。获得特等奖的潘俊卿、叶莎莎、陈翔3名青年教师被市总工会授予“上海市五一劳动奖章”荣誉称号。

9月8日 全国教科文卫体工会、教育部授予上海师范大学孙雅艳“全国师德楷模”称号；授予孙雅艳、许乐平、方培君“全国师德标兵”称号。

9月9日　“青春在讲台——首届上海基础教育青年教师爱岗敬业教学技能竞赛总结表彰会”举行。市总工会副主席姜海涛、市教卫工作党委副书记沈炜、市教委副主任王平、市教委副主任贾炜、市教育工会常务副主席王向群等出席并为获奖者颁奖。

总结表彰会会场（后排左二：王平，左三：沈炜，右三：姜海涛）

同日　常务副主席王向群代表本会接受市慈善基金会颁发的善款，并陪同市慈善基金会宋仪侨副理事长、金闽珠副理事长上门看望了教育系统6名困难教师。

9月10日　上海市教师心理健康发展中心成立一周年举行专家研讨会，心理健康专家30余人到会。

9月10—12日　市教育工会分别在华东理工大学、华东政法大学和同济大学举办教职工义务法律咨询活动，同时开通电话和网上法律咨询热线，为教职工答疑解惑。3天共接待上百人的咨询。

9月17日　市教育工会开展教育系统2012—2014年度工会工作创新案例评选活动。共收到70家单位、132项创新案例，其中10个案例被评为一等奖，50个案例分获二、三等奖。

10月13日　市教育工会女工委、市教育系统妇工委在东华大学举行“教苑群芳——上海女教师服饰展示活动”，近500名来自上海高校、区县教育系统的女教师参加展示。

10月14日　中国教育工会上海市委员会新版网站正式启用，新版网站的访问地址不变，仍为 www.shsjygh.org.cn。

10月14—15日　市教育工会举办工会主席培训班，深入学习贯彻习近平总书记在党的群团工作会议上的重要讲话精神，认真落实《中共中央关于加强和改进党的群团工作的意见》的重要文件精神。共安排了五次专题讲座和一次专题讨论。120余名工会和妇委干部参加培训。市教卫工作党委副书记沈炜作开班动员。

10月17—21日　以副主席吉启华为团长的上海市教育工会代表团一行6人，应邀访问澳大利亚昆士兰州教师工会和独立教育工会。中澳两地教育工会进行了工作交流。

10月26日　以上海大学孙晋良和上海戏剧学院舞蹈学院等为拍摄对象的10部微电影（个人6个，集体4个）获市教育工会第二批“身边的好教师”微电影立项。

11月　全国总工会授予上海海事大学工会、华东理工大学工会“全国模范职工之家”称号。

11月　上海市优秀青年女教师联谊会第三届会员大会暨“创新发展　引领成长——第五届优秀青年女教师发展论坛”在上海交通大学举行。上海交通大学归琳任第三届上海市优秀青年女教师联谊会理事会会长。

11月9日　市教育工会举办《上海市集体合同条例》培训并布置相关工作，民办高校相关工作分管领导以及各区县教育工会主席60人参加。

11月　市教育工会副主席赵玲等一行6人赴日本进行了为期5天的参观访问。代表团访问了日本大阪府教职员组合，并与兵库县教职员组合进行交流。

12月　上海立信会计学院、上海应用技术学院、上海大学3所高校工会获“全国教科文卫体系统模范职工之家”称号；上海交通大学、东华大学、上海师范大学、上海建桥学院、华东政法大学、上海建桥学院等5所高校工会获“全国教科文卫体系统先进工会组织”称号。

12月　市教育工会、市教育系统女工委、妇工委响应市总工会号召，推进基层“爱心妈咪小屋”项目。截至当年年底，上海高校和直属单位已建妈咪小屋近200个，其中5个被市总工会评为五星级妈咪小屋，25个被评为四星级妈咪小屋，65个被评为三星级妈咪小屋。

12月16—17日　教育系统第一期青年工会干部素质提升活动在东方绿舟举行，60余名青年工会干部参加了专题授课、拓展训练、交流讨论和联欢联谊。

12月24日　市教育工会召开九届六次全委会，沈炜当选为第九届委员会委员、常委、主席。

12月24日　市教育工会授予华东政法大学工会等5家工会“2012—2014年度教育系统先进教工之家免检单位”称号；授予上海商学院工会等16家工会“教育系统先进教工之家”称号；授予上海市三好中学工会等66家工会“教育系统模范教工小家”称号。

12月25日　上海市教育工会被全国总工会评为市级工会财务工作先进单位。

12月31日　市教卫工作党委下发《关于做好系统领导班子和领导干部2015年度(绩效)考核工作的通知》，要求市属各单位认真组织开展教职工代表大会代表民主评议领导班子和领导干部工作。民主评议工作和本次年度考核民主测评工作同步进行。

截至2015年年底　市教育工会有下属高校和直属单位工会84个，工会会员81 325人。

市教育工会全年投入253万元，慰问劳动模范、先进工作者及帮困送温暖

564人。

市教育工会经审会派出审计组，全年对复旦大学等27家基层工会2014年工会经费收支情况、经费收缴情况和会计基础工作规范化工作分别开展了审计和考核。

在市教育工会指导下，全年有上海对外贸易大学等10家基层单位召开了工会会员代表大会或工会会员大会，进行换届改选。

2016年

1月12—13日　市教育工会女工委、市教育系统妇工委举行妇女工作会议暨群团工作专题培训活动，王向群常务副主席出席并讲话。

1月14日　于朝晖等24人被市教育工会评为“2015年度上海市教育系统优秀工会工作者”；徐汝明等36人被评为“教育系统工会积极分子”。上海外国语大学等16家单位工会被评为“优秀等级”。

1月17—18日　全国教科文卫体工会召开三届五次全委会，上海市教育工会主席沈炜当选为委员、常委。

1月21日　市教育工会召开九届七次全委(扩大)会议暨2015年工会工作考评交流会。会议传达了中国教科文卫体工会三届五次全委会精神；举行了工会先进集体和个人颁奖仪式；5位代表作了交流发言。市教卫工作党委副书记、市教育工会主席沈炜出席并讲话。

1月28日—2月2日　市教卫工作党委副书记、市教育工会主席沈炜等看望慰问孙晋良、何金娣、吴佩芳、于漪等劳模以及其他困难教师，表达深切关怀和新年问候。

3月　“魅丽绽放　精彩分享——2016上海女教授创新主题报告会”举行。

3月2日　市教育工会在上海交通大学举行高校、区县教育局党委分管工会领导会议，王向群常务副主席通报了本会工作，6家单位领导作了交流发言。

市教卫工作党委副书记、市教育工会主席沈炜出席并讲话。

3月3日　市教育系统纪念“三八”妇女节106周年暨先进表彰大会举行。会上表彰了上海市和教育系统妇女岗位建功先进集体和个人、比翼双飞模范佳侣标兵以及“妇女之家”“妇女小家”等各类先进。沈炜出席并讲话。

4月　市教育工会举办中考、高考政策咨询讲座，200余名教职工参加。

4月23日　市教育工会举办2016年上海教师板书、书法、钢笔字大赛。39所高校、17个区县和25所中职校共500多位教师选手，分别参加三个比赛项目中年组和青年组的比赛。比赛分组别评出了一、二、三等奖和优胜奖。

4月27日　市总工会授予高校系统黄建忠等9人“上海市五一劳动奖章”称号；授予上海体育学院、华东理工大学、上海交通大学医学院、上海电力学院4所高校“上海市五一劳动奖状”称号；授予上海师范大学天华学院教育学院等3个集体“上海市工人先锋号”称号。

4月29日　全国总工会授予同济大学周怀阳“全国五一劳动奖章”称号；授予上海交通大学医学院病理生理教研室“全国工人先锋号”称号。

4月30日　市教育工会组织高校、普教教职工参加教师专项补充医疗保障计划，全年共有11万人参保。

5月26日　市教育工会和上海教师诵读协会举行“劳模传诵时代精神”经典诵读会。与会劳模朗诵了《沁园春·长沙》等红色经典和《我骄傲，我是中国人》等原创作品共17个节目。

5月27—29日　第二届上海高校青年教师教学竞赛决赛举行。决赛共设有人文科学、社会科学、自然科学基础学科、自然科学应用学科、非语言类外语教学学科和高职高专综合学科6个组别。59所高校通过初赛推荐了213位选手参加决赛，参赛课程涉及哲学等10个学科门类。竞赛期间，主办单位有关领导巡视、指导竞赛工作。

6月15日　“弘扬革命精神　共圆中国梦想”上海高校教工合唱展示演唱会举行。23所高校、25个合唱团队的1 200余名教职工参加。

7月 市教育工会开展送清凉活动，慰问一线教职工 84 人；各高校慰问教职工 23.4 万人，共计投入金额 154.7 万元。

8月8日 《新媒体环境下提升高校工会宣传教育工作效果的创新策略研究》获全国教科文卫体工会 2015 年度理论研究和调查研究征文活动二等奖。

8月17日 市总工会党组书记莫负春等一行 4 人到市教育工会调研指导工作，观看了反映教师精神风貌的《师爱无声 师德永铸》微电影集锦，听取了市教卫工作党委副书记、市教育工会主席沈炜，以及复旦大学和华东理工大学工会工作汇报。王向群等参加调研。

市总工会党组书记莫负春（左二）在市教育工会调研指导工作，
沈炜（右二）、王向群（右一）参加

8月23日 美国洛杉矶劳工联合会第五次访华团对上海市教育工会进行了工作访问，参观了复旦大学校园和工会俱乐部。

8月28—31日 全国教科文卫体工会主办，上海市教育工会、华东师范大学承办的第三届全国高校青年教师教学竞赛决赛举行。本次大赛分设文、理、工科 3 个组别，每个组别评出一等奖 5 名、二等奖 10 名、三等奖 16 名。来自全国 31 个省、市、自治区 78 所高校的 93 名选手参加比赛。全国总工会书记处书记田辉，全国教科文卫体工会主席王科、教育部教师工作司原副司长葛振江，以及陈志标、钱磊、何慧娟、王向群、童世骏等领导出席。上海市教卫工作党委副书记、市教育工会主席沈炜担任竞赛组委会副主任。上海选手吕志峰、刘畅、乐飞分获文、理科组一等奖和工科组二等奖。

表彰大会现场

田辉（左八）、王科（左五）等领导为一等奖获得者颁奖

9月　市教育工会以及所属各单位工会暑期共组织 1.77 万名教职工赴全国各地参加休息休养活动。

9月5日　第二届上海高校青年教师教学竞赛结果揭晓，吕志峰等 6 人获特等奖，余垚等 18 人获一等奖，田伟等 36 人获二等奖，曹毅然等 60 人获三等奖，李娟等 93 人获优秀奖；复旦大学等 17 个单位获“优秀组织奖”。

同日　为表彰在第二届上海高校青年教师教学竞赛中表现优异的集体和个人，市总工会授予上海师范大学、华东师范大学“上海市五一劳动奖状”称号；授予顾秋蓓等 6 人“上海市五一劳动奖章”称号；授予上海外国语大学英语学院等 8 个集体“上海市工人先锋号”称号。

9月6日　市教卫工作党委、市教委决定授予第二届上海高校青年教师教学竞赛特等奖、一等奖获得者吕志峰等 24 名青年教师“上海市教学能手”称号。

9月7日　第二届上海高校青年教师教学竞赛总结大会举行市总工会副主席何惠娟、市教卫工作党委副书记沈炜、市教委副主任郭为禄和上海市教育发展基金会理事长王荣华、常务副理事长王奇，市教育工会常务副主席王向群等领导出席，并为获奖教师和集体颁奖。本届青教赛首次引进了第三方评价机制，对竞赛活动的知晓率、参与率、影响力、满意度和获得感等予以评价。

沈炜（右五）、王荣华（左五）为第二届上海高校青教赛先进集体颁奖

9月9日　上海市教师心理健康发展中心召开成立两周年工作交流会，20位有关专家出席。中心全年接听热线电话141人次，面询接待33人次，网络上接待咨询16人。

9月10日　教师节期间，市教育工会拍摄的21部微电影在上海东方电视台艺术人文频道进行了集中展播。其中，《守望诗心》和《领跑》两部微电影在市总工会举办的上海职工微电影大联播中分获铜奖和优秀奖，本会荣获优秀组织奖。

同日　市教育工会常务副主席王向群等陪同市慈善基金会理事长陈铁迪，看望慰问了黄浦区外国语小学的困难教师，并送去1万元的慰问金。

9月18日　市总工会授予东华大学针织与服装工程系等2个集体“2015—2016年度上海市职工职业道德建设先进单位”称号；授予华东政法大学王迁、上海电力学院潘华“上海市职工职业道德建设先进个人”称号。

9月19日　上海市教育工会与澳大利亚昆士兰州教师工会、昆士兰州独立教育工会联合举办第三届中澳两地教育工会工作论坛。上海市教育工会常务副主席王向群向中外来宾介绍了本会60多年来的历程和主要工作。昆士兰州教师工会主席凯文致辞。7位中外嘉宾作了交流发言。

9月23日　市教育工会、上海高校后勤服务股份有限公司等4家单位决定，授予王丽红等30人“上海高校后勤标兵”称号；严俊等10人“高校校园卫士”称号。

10月12日　市教育工会在浦东新区举办“教育的责任与使命——青年教师联谊会学术论坛。”6位高校和普教优秀青年教师围绕主题进行交流发言。

10月14日　“教学相长　探索创新——第六届上海市优秀青年教师发展论坛”举行，4位优秀青年女教师作主题发言。

10月20日　上海市“书法名家进校园”暨大学生纪念长征胜利80周年优秀书法作品展示活动举行。本次活动的主题为“弘扬长征精神，传承中华文化”。

10月20—21日　市教育工会在上海应用技术大学举办为期两天的教育系统工会主席培训班暨九届八次全委（扩大）会议。本期培训班共安排4次专题讲座以及专题讨论和大会交流。5人作了交流发言。市教卫工作党委副书记、市教育工会主席沈炜出席并讲话。

11月24—25日　上海市教育系统第二期青年工会干部素质提升活动在上海海洋大学举行，教育系统90余名青年工会干部参加，并听取了有关专家的辅导报告。

12月　上海市教育工会被全国总工会评为“市级工会财务工作先进单位”。

12月14日　市教育工会在上海音乐厅举办“新年欢歌”上海教工迎新合唱音乐会，12个高校、6个区县教师合唱团近900名教师参演。市教卫工作党委副书记、市教委主任苏明，市教卫工作党委副书记沈炜等出席。

12月20—23日　市教育工会举行了2016年度教育系统工会主席考评交流

会。经综合考评,上海对外经贸大学等 16 家单位工会被评为优秀等级;郭新顺等 25 人被评为 2016 年度教育系统优秀工会工作者。

12月31日 市教育工会向 392 名系统劳模发放春节慰问金共计 21 500 元,上门走访 5 位劳模,组织 10 位劳模参加市总工会休养活动。

截至2016年年底 市教育工会有所属基层工会 75 个,工会会员 77 410 人。

市教育工会全年共下拨经费 79.29 万元,资助了 10 家基层单位教工之家建设,其中公办 8 家,民办 2 家。

市教育工会开展送温暖活动,共慰问劳模 308 人,慰问金额达 224.8 万元。本会所属基层工会帮困人数 3.1 万人,帮困金额达 1 600 万元。

市教育工会经审会派出审计组,全年对上海交通大学等 27 家基层工会 2015 年工会经费收支情况、经费收缴情况和会计基础工作规范化工作分别开展了审计和考核。

在市教育工会指导下,全年有上海体育学院等 12 家基层单位召开了工会会员代表大会或工会会员大会,进行换届改选。

2017年

1月4日 市总工会推选上海大学"孙晋良复合材料"创新工作室为第六批上海市劳模创新工作室。

1月18日 市教育系统工会理论研究会对 2016 年度立项课题进行评审,共评出一等奖 10 个、二等奖 12 个。

3月6日 市教育系统纪念"三八"妇女节暨先进表彰大会举行。会上表彰了上海市和教育系统"三八红旗手"(集体)等各类先进共 217 人(个)。市教卫工作党委书记虞丽娟、副书记成旦红等领导出席并讲话。市教育工会常务副主席王向群主持会议。

3月17日 高校、区教育局党委分管工会领导座谈会在上海交通大学召开。会议传达了市总工会十三届九次全委(扩大)会和市委领导讲话精神,并通报了本会重点工作。6 个单位领导发言。市教卫工作党委副书记成旦红出席并讲话。

3 月 28 日　“杏坛巾帼风华——2017 上海女教授创新讲坛”在复旦大学举行，3 位优秀女教师先后作主题演讲。

4 月 15 日　高校劳模文化育人工作推进会议在上海第二工业大学举行。会议提出，要充分发挥劳动模范在加强和改进未成年人思想道德建设和大学生思想政治教育工作中的引导、示范作用。市总工会主席莫负春，市教卫工作党委副书记、市教委副主任高德毅等出席并讲话，市教育工会常务副主席王向群出席。

4 月 18 日　市教育工会召开九届十次全委会，选举成旦红为九届委员会委员、常委、主席。

4 月 22 日　市教育工会、市语委办联合举办第四届上海教师书法・板书・钢笔字・中国画大赛。39 所高校、14 个区、32 个中职校共计 563 位教师选手，分别参加 4 个比赛项目中年组和青年组的比赛。共评选出等第奖 241 名。

同日　市教育工会、市教师心理健康发展中心在东方绿舟联合举办“教师九型人格分析”“心理健康拓展”专题讲座。普陀等 5 个区 170 位教师参加。

4 月 24 日　市总工会授予上海大学工会、上海戏剧学院工会“上海市模范职工之家”称号；授予上海理工大学管理学院分工会等 7 家部门工会“上海市模范职工小家”称号；授予沈海庆“上海市优秀工会工作者”称号；授予贾金平“上海市优秀工会工作者标兵”称号和“上海市五一劳动奖章”称号。

同日　市总工会授予华东理工大学庄英萍等 11 人“上海市五一劳动奖章”。

4 月 25 日　全国总工会授予华东师范大学“全国五一劳动奖状”；授予上海交通大学医学院黄雷“全国五一劳动奖章”称号；授予上海海洋大学后勤管理处“全国工人先锋号”称号。

4 月 28 日　市总工会授予上海应用技术大学、上海音乐学院、上海市教育委员会教学研究室3家单位“上海市五一劳动奖状”称号。

4月30日 市教育工会组织高校、普教教职工参加教师专项补充医疗保障计划，全年共有12.1万人参保。

5月3日 市教卫工作党委和市教委主办，市教育工会和市劳模协会承办的“立德树人 薪火相传”教育系统劳模和优秀教师座谈会暨先进表彰会举行。会上表彰了教育系统全国和上海市五一劳动奖状（章）获得者以及全国和上海市工人先锋号获奖单位。7位教师就教书育人工作的针对性和有效性作了发言，并播映了“身边的好教师”微电影宣传片。市总工会巡视员杜仁伟，市教卫工作党委副书记、市教育工会主席成旦红，市教委副主任李永智等领导出席并讲话。王向群主持会议。

杜仁伟（左二）、成旦红（右一）、李永智（左一）等领导为获奖个人（集体）颁奖

5月13日 上海市第八届教工运动会开幕式在上海交通大学举行。市人大常委会副主任、市总工会主席莫负春，全国教科文卫体工会主席王科，市教卫工作党委书记虞丽娟，以及市教委、市教育工会、市体育局、市卫计委等单位领导出席。本届运动会从2015年开始，分散举行了球类、游泳、桥牌等多个项目比赛以及首届龙舟赛，累计2万余名教工参加。

上海市第八届教工运动会体育项目比赛场面

6 月 10—11 日　“青春在讲台——第二届上海基础教育青年教师爱岗敬业教学技能竞赛决赛”在上海师范大学举行。竞赛设小学文史学科类、数理学科类，中学文史学科类、数理学科类，中小幼综合类和中等职业教育类等六个组别。各区和中职校通过初赛推荐了 167 名选手参加了“教学设计”“课堂教学”和包括“三笔”书法、信息应用技术能力、试题评析等三项内容的“专业技能”竞赛。主办单位领导虞丽娟、何惠娟、成旦红、李永智、王向群现场巡视、指导工作。

6 月 22 日　市教育工会女工委、市教育系统妇工委以“党的光辉照我心”为主题，举办女教师综艺展演活动，54 家单位、500 多名女教师参演。14 个单位获最佳风采奖，18 个单位获最佳表演奖，22 个单位获优秀表演奖。

6 月 30 日　市教育工会召开九届十一次全委会，选举司徒琪蕙为本会兼职副主席，李序颖为委员、常委、兼职副主席。

7月 市教育工会开展暑期送清凉活动，直接拨款到基层工会160万元，慰问8 000余人。

8月21日 上海杉达学院被全国厂务公开协调小组评为“全国厂务公开民主管理示范单位”。

8月28—29日 全国教科文卫体工会主办的第一届全国中小学青年教师教学竞赛决赛在昆明理工大学举行。复旦大学附中的张慧腾、田园外语小学的高晟和上海市实验学校东校的陈豫分获高中、小学、初中组的一、二、三等奖。上海市教育工会获优秀组织奖。

9月 市教育工会以及所属各单位工会暑期共组织1.4万余名教职工参加休息休养活动。

9月1日 第二届上海基础教育青教赛结果揭晓，高晟等6人获特等奖，袁瑛等19人获一等奖，35人获二等奖，60人获三等奖，47人获优秀奖；静安区教育局等14个单位获优秀组织奖。

同日 第二届上海基础教育青教赛特等奖、一等奖获得者25人被市教卫工作党委、市教委授予“上海市教学能手”称号。

同日 为表彰在第二届上海基础教育青年教师爱岗敬业教学竞赛中表现优异的集体和个人，市总工会授予高晟等6人“上海市五一劳动奖章”称号；授予上海市大同中学等4个单位“上海市五一劳动奖状”称号；授予上海市商贸旅游学校旅游管理教研组等12个集体“上海市工人先锋号”称号。

9月7日 第二届上海基础教育青年教师爱岗敬业教学技能竞赛总结大会召开。市人大常委会副主任、市总工会主席莫负春，巡视员何惠娟，市教卫工作党委副书记、市教委主任苏明，市教卫工作党委副书记、市教育工会主席成旦红等领导出席会议，莫负春、苏明讲话。复旦大学附属中学以及青年教师张帆、高晟、张慧腾分别代表获奖集体、个人做交流发言和课堂教学、专业技能展示。

9月11日 以美国洛杉矶劳工联合会总书记拉斯蒂为团长的洛杉矶劳工联合会第六次访华团一行6人对上海市教育工会进行了工作访问。本会常务副主席王向群会见了来宾。

9 月 12 日　“教师心理健康服务的需求与应对”专题研讨暨上海市教师心理健康发展中心成立三周年工作会议召开。中心全年接听热线电话 153 人次，接受面询 50 人次，求助咨询 43 人次。

9 月 24—26 日　中国教科文卫体工会召开第四届全国委员会第一次全体会议，章国贤当选为全国教科文卫体工会主席。上海市教育工会主席成旦红当选委员、常委，吉启华。司徒琪蕙、沈悦萍、张敏薇当选为委员。

10 月 24 日　全国教科文卫体工会副主席陈晖带队，到上海市教育工会等单位调研职工思想引领、建功立业、维权服务、网络建设等工作，本会成旦红主席作了工作汇报，王向群、吉启华等参加了会议。

11 月 24 日　上海市第八届教工运动会闭幕式在上海体育学院举行，颁发了本届运动会团体总分奖、优秀组织奖、优秀承办奖、特殊贡献奖等共 107 个奖项。

12 月　上海市教育工会被全国总工会评为市级工会财务工作先进单位。

12 月 7—8 日　教育系统 110 人参加了 2017 年度工会主席培训班，重点学习贯彻党的十九大精神，做好党的群团工作。市教卫工作党委副书记、市教育工会主席成旦红到会并作动员讲话。有关领导和专家学者作了辅导报告。

12 月 8 日　市总工会命名上海海事大学“宓为建智能港口物流”创新工作室为第七批“上海市劳模创新工作室”。

12 月 10 日　市教育工会主办的“关爱教师大型义诊活动”在上海市教育科学研究院举行，为 100 余名教师提供优质医疗咨询服务。

12 月 12 日　市教育工会下发关于 2018—2020 年度资助基层工会教工之家建设经费的实施办法，继续安排专项经费下拨资助基层单位本级的教职工活动中心和妇女之家建设，提高了对获得各级先进教工之家称号单位的资助标准。当年共下拨经费 112.25 万元，资助了 10 家基层单位，其中公办 6 家，民办 4 家。

12 月 13 日　中国教科文卫体工会在南京召开全国高校工会思想政治工作座谈会，上海市教育工会副主席吉启华在会上作了交流发言。

12月15日 市教育工会召开九届十三次全委会，选举李蔚为本会委员、常委、常务副主席。

12月22日 市教育工会主办的上海教师影视配音大赛决赛在华东师范大学举行，教育系统47支代表队参赛，5支代表队获一等奖。

截至2017年年底 市教育工会有下属高校和直属单位工会77个，工会会员82 058人。

市教育工会当年开展元旦、春节、五一节帮困送温暖活动，慰问457名劳模，金额275.1万元；慰问100多位援疆、援藏教师、干部。

市教育工会经审会派出审计组，全年对华东师范大学等27家基层工会2016年工会经费收支情况、经费收缴情况和会计基础工作规范化工作分别开展了审计和考核。从该年起，本会经审会委托在市总工会中标的第三方会计师事务所对部分学校开展试点审计考核工作。

在市教育工会指导下，全年有华东政法大学等17家基层工会召开了工会会员代表大会或工会会员大会，进行换届改选。

2018年

1月 经市总工会、市教育工会等推荐，市教卫工作党委副书记、市教育工会主席成旦红当选第十三届上海市政协委员。

1月 经上海市总工会、上海市教育工会等推荐，上海戏剧学院工会常务副主席王苏当选第十三届全国政协委员。

1月12日 市教育系统工会理论研究会对2017年度立项课题进行评审，共评出一等奖12篇，二等奖15篇。2017年，本会确定了13个课题为委托课题，32个课题为自主研究课题。

1月17日 市教育工会举行2017年度教育系统工会工作考评交流会。顾红等25人被评为教育系统优秀工会工作者。上海市教卫机关工会等17家工会被评为优秀等级。

1月18—19日　市教育工会女工委、市教育系统妇工委举行妇女工作会议暨妇女工作实务培训。王丽华、万晓玲作专题报告，3家单位作交流发言。李蔚常务副主席出席并讲话。

3月6日　“教苑巾帼竞芬芳——纪念三八国际妇女节108周年暨先进表彰大会”举行，市巾帼创新、巾帼创新新秀奖获得者，上海市、教育系统巾帼建功标兵以及模范佳侣等各类先进会上受到表彰。获奖者和获奖集体代表作交流发言。市教卫工作党委书记虞丽娟到会讲话。市教育工会常务副主席、市教育系统妇工委主任李蔚主持会议。

3月13日　市人大常委会副主任、市总工会主席莫负春调研教育系统工会工作及一线教职工现状，市教育工会常务副主席李蔚、副主席吉启华参加。5位基层工会负责人及3位教师围绕教育工会工作的着力点、服务教职工过程中的现实问题、教职工的期待与困惑等话题作了发言。

4月　市教育工会举行中考、高考咨询讲座，为300余位教职工提供咨询服务。

4月2日　市教育工会印发《关于举办2018年上海市高校“校长杯”乒乓球、羽毛球、网球比赛的通知》，旨在推进校园“阳光体育”深入开展的良好氛围，繁荣校园体育文化。

4月15日　市教育工会组织拍摄的第三批10部“身边的好教师”主题微电影开始在上海电视台东方财经·浦东频道播出。其中，微电影《同路人》入选中组部党员干部宣传教育片和教育部师德建设教育片，《绽放》在“最美劳动者——首届上海职工微电影节”获银奖，本会荣获优秀组织奖。

4月17日　全国总工会授予同济大学姚启明“全国五一劳动奖章”称号；授予东华大学材料科学与工程学院“全国工人先锋号”称号。

4月18日　市总工会印发《上海基层工会经费收支管理实施办法》，对进一步加强基层工会经费收支管理作出规定。市教育工会先后两次举办基层工会干部专题培训活动，学习贯彻该文件精神。

4月20日　“建功新时代绽放她精彩——上海女教授创新主题讲坛”举行，茅红美等3位女教授在会上作了演讲。

4月25日　市总工会授予上海海事大学、东华大学、上海理工大学3所高校“上海市五一劳动奖状”称号；授予上海音乐学院盛利等7人“上海市五一劳动奖章”称号。

4月28日　全国总工会授予同济大学姚启明“全国五一劳动奖章”称号。

4月30日　市教育工会组织高校、普教教职工参加教师专项补充医疗保障计划，全年共有11.8万人参保。

5月5日　第五届上海教师书法·板书·钢笔字·中国画大赛举行，王荣华、成旦红、何惠娟等领导出席。43所高校、17个区县、33个中职校共计922位教师选手参加比赛。本次大赛共评选出个人奖项395个，另有95家单位获得优秀组织奖。组委会第一次联合行业权威机构，对书法和钢笔字所有参赛作品，出具相关专业资格评定证书。

第五届上海教师书法·板书·钢笔字·中国画大赛现场

5月21—24日　上海市工会第十四次代表大会举行。莫负春当选为上海市总工会主席。市教育工会系统14名代表出席本次大会。李蔚、王德忠、方琼当选为委员。吉启华当选为市总经审委员。

5月25—27日　第三届上海高校青年教师教学竞赛决赛在上海师范大学举行。60所高校通过初赛推荐238名选手参加决赛。参赛课程涉及哲学等10个学科门类，此次竞赛增设了思想政治理论课组别，共设有7个组别。比赛过程首次全程在线直播。市教卫工作党委书记虞丽娟、市总工会巡视员何惠娟、市教卫工作党委副书记成旦红、市教委副主任李永智、市教育工会常务副主席李蔚等领导现场巡视、指导工作。

6月　市教育系统校务公开工作领导小组办公室前后历时3个月，以自查和抽查相结合的方式调查了上海市各公、民办高校及直属单位校务公开民主管理工作，形成了专题调研报告上报，同时对未按照要求开展自查的单位进行了通报。

6月29日—7月1日　中国教科文卫体工会主办，河南省教科文卫体工会等承办的全国高校教职工气排球邀请赛在洛阳举行。全国23个省市自治区的46支代表队，共计400余人参加比赛。上海由中医药大学组成了男、女气排球队参赛，上海市教育工会获优秀组织奖。

7—8月　市教育工会以及所属各单位工会暑期组织1.1万余名教职工参加休息休养活动。

9月　上海市教师健康心理发展中心全年电话接待205人次，面询81人次，网络咨询64人次。同时组织了"放飞心情"教师心理拓展活动，有150人参加。

9月　全国总工会授予沈悦萍"全国优秀工会工作者"称号。

9月　市教育工会信息化管理系统全面上线试运行。信息化管理系统着力提升教育工会本级机关以及基层工会的网上服务和网上办公水平，设有周计划安排、通知事项、报销管理、收发文流程、会员管理、教代会(工代会)、基层工会、劳模管理、公章用印管理等模块。

9月4日　中华全国总工会印发《事业单位工会工作条例》，为各级各类学校以及其他教育单位工会工作提供了依据。

9月25日　全国总工会印发《深化工会改革创新实施方案》(简称《方

案》)。《方案》提出加强党的全面领导,深化领导机构改革,优化强化工会职能,健全服务职工工作体系,不断夯实工会基层基础,扎实推进网上工会建设,建设高素质专业化干部队伍等要求。

9 月 29 日　第三届上海高校青年教师教学竞赛结果揭晓,胡琪等 7 人获特等奖,于冰沁等 21 人获一等奖,42 人获二等奖,70 人获三等奖,76 人获优秀奖;复旦大学等 16 个单位获“优秀组织奖”。市教卫工作党委、市教委授予特等奖、一等奖获得者 28 人“上海市教学能手”称号。

同日　为表彰在第三届上海高校青年教师教学竞赛中表现优异的集体和个人,市总工会授予胡琪等 7 人“上海市五一劳动奖章”称号;授予复旦大学工会、上海交通大学工会“上海市五一劳动奖状”称号;授予东华大学教师教学发展中心等 10 个集体“上海市工人先锋号”称号。

同日　第三届上海高校青年教师教学竞赛总结大会举行,市教育发展基金会理事长王荣华、市总工会副主席周奇、市教委副主任李永智等领导和青年教师代表 300 多人参加。市教卫工作党委副书记、市教育工会主席成旦红讲话。上海交通大学工会代表和青年教师闫方洁、陈玉聃分别作了交流发言和课堂教学展示。

周奇(左四)为特等奖选手颁发五一劳动奖章

同日　澳大利亚昆士兰州教师工会、独立教育工会与上海市教育工会在华东师范大学联合举办第四届中澳两地教育工会工作论坛。双方代表围绕如何做好职工权益保障工作、推动网上会员发展等工作进行了交流。

10月12—13日 上海市教育系统第三期青年工会干部培训班在上海体育学院举行，近100人参加培训。培训内容包括了专题授课、实务培训、交流讨论、拓展训练等。

10月19日 市女教授联谊会进行换届，闻玉梅担任名誉会长，黄丽华担任会长。第二届市女教授联谊会共有35个会员单位，4 600多名会员。同时，举行了“卓越城市品质 精英女性价值——教育女性国际论坛”，爱尔兰驻沪总领事何莉等5人作交流发言。市教卫工作党委副书记成旦红、市妇联副主席王剑璋、市教育工会常务副主席李蔚出席并讲话。

10月19日 由市教育工会主办，市教育工会合唱协会、上海理工大学承办的庆祝改革开放40周年合唱展演活动在上海理工大学举行。19所高校的近千名教师参演。

10月24—26日 中国工会第十七次全国代表大会在北京召开，王东明当选为全国总工会主席。上海教育工会系统成旦红、麻生明两位代表出席本次大会。上海市先进工作者、复旦大学麻生明院士当选为中华全国总工会第十七届委员会执行委员。

10月29日 习近平总书记同中华全国总工会第十七届领导班子成员集体谈话时强调，我国广大职工要牢牢把握为实现中国梦而奋斗的时代主题，把自身的前途命运同国家和民族的前途命运紧紧联系在一起，把个人梦同中国梦紧密联系在一起，把实现党和国家确立的发展目标变成自己的自觉行动，爱岗敬业、争创一流，以不懈奋斗书写新时代华章，共同创造幸福生活和美好未来。

11月10日 由市教育工会主办，上海对外经贸大学、上海外国语大学、东华大学、上海工程技术大学联合承办的市教育系统第一届教工气排球比赛举行。上海外国语大学、复旦大学、上海电力学院(现上海电力大学)分获前三名。

11月13日 市教育工会举办工会主席、妇工委主任学习班。成旦红、李蔚分别传达了中国工会十七大、中国妇代会十二大精神。市教卫工作党委书记虞丽娟就进一步贯彻落实两个大会精神提出了要求。

11月17日 在市教育工会指导下，教工龙舟协会成立并举办协会首届龙舟赛，全市教育系统36个代表队、1 200余人参赛。闵行区教育工会获第一名。

11月26日 市总工会授予华东理工大学化学实验教学中心“2017—2018年度上海市职工职业道德建设十佳标兵单位”称号；授予上海电力学院电气工程学院“上海市职工职业道德建设先进单位”称号；授予华东政法大学吴一鸣、上海交通大学医学院刘畅“上海市职工职业道德建设先进个人”称号。

11月30日 由市教卫工作党委、市教委、市教育工会主办，上海戏剧学院和上海大学承办的“与改革开放同行”教育系统庆祝改革开放四十周年主题活动举行。本次活动共有9个节目参演，教育界5位代表接受主持人采访。市教卫工作党委书记虞丽娟、市教委主任陆靖、市总工会副主席桂晓燕、市教卫工作党委副书记成旦红、市教育工会常务副主席李蔚等领导以及教育系统900余名代表到场观看。

教育系统庆祝改革开放四十周年主题活动演出现场

同日 由市教育工会女工委、市教育系统妇工委主办，上海师范大学工会、妇委会承办的“巾帼心向党 建功新时代”微话剧展演举行，260多名教职工参加。共评出特、一、二、三等奖共29项。市教育工会常务副主席、市教育系统妇工委主任李蔚出席。

12月　上海市教育工会被全国总工会评为“市级工会财务工作先进单位”。

12月5日　市总工会推选上海理工大学“庄松林光学工程”、上海交通大学“王如竹节能减排”2家创新工作室为第八批“上海市劳模创新工作室”。

12月6—7日　市教育工会举办教育系统工会主席、妇(工)委主任培训班，邀请4位专家学者作了《事业单位工会工作条例》和《上海市职工代表大会条例》解读等专题辅导报告。上海大学等5家单位工会进行了大会交流。

12月8日　在市教育工会指导下，教工戏剧协会成立并举办纪念改革开放40周年“走进新时代　共筑中国梦”戏曲汇演活动。

戏曲汇演活动演出场景

12月26日　市教育工会决定，推选赵东元“先进功能材料劳模创新工作室”等17个工作室为第三批上海市教育系统“劳模创新工作室”。

同日　市教育工会决定，授予上海海洋大学等13家工会“2015—2017年度上海市教育系统先进教工之家免检单位”称号；授予上海杉达学院等30家工会“教育系统先进教工之家”称号；授予100家部门工会“教育系统模范教工小家”称号。

同日　市教育工会开展征集2015—2017年度教育系统优秀工会工作创新

案例活动，共评选出一等奖10个，二等奖20个，三等奖32个。

同日　市教育工会决定，授予101人“上海市教育系统优秀教职工代表”称号，并评选出20件教育系统最佳教代会提案、79件教育系统优秀教代会提案。

12月27日　市教育工会分时段、分片区举行了2018年度系统工会工作考评交流会，于朝晖等24人被评为“2018年度教育系统优秀工会工作者”；严国华等30人被评为“工会积极分子”；上海应用技术大学等17家单位工会被评为“优秀等级”。

截至2018年年底　市教育工会有下属高校和直属单位工会共有81个，工会会员85 893人，其中女会员42 996人。

市教育工会全年开展送温暖活动，帮扶512人，投入金额297.8万元。

市教育工会对援疆、援藏教职工和干部进行慰问，标准从每人每年2 000元提高到3 000元，当年共计投入资金45.6万元。

市教育工会全年共下拨经费371.54万元，资助了14家基层单位教工之家建设，其中公办11家，民办3家。

市教育工会经审会派出审计组，全年对复旦大学等29家基层工会2017年工会经费收支情况、经费收缴情况和会计基础工作规范化工作分别开展了审计和考核。其中，16家由第三方会计师事务所进行审计。

在市教育工会指导下，全年有上海建桥学院等9家基层单位召开了工会会员代表大会或工会会员大会，进行换届改选。

2019年

1月17—18日　市教育工会女工委、市教育系统妇工委在东方绿舟举行2018年度系统妇女工作会议暨妇女工作实务培训。李蔚常务副主席为100余名妇女干部作了题为《上海教育的形势和使命》的报告。

1月29日　市教育系统工会理论研究会对2018年度立项课题进行评审，共评出8篇一等奖，15篇二等奖。2008年，市教育工会共确定10个委托课题，

48个自主研究课题。

3月6日 “奋进新时代 筑梦新天地——市教育系统纪念三八国际劳动妇女节109周年暨先进表彰大会”举行。会上对上海市、教育系统“三八红旗手”(集体)等先进个人和集体进行表彰。市教卫工作党委副书记、市教育工会主席成旦红出席并讲话。李蔚常务副主席主持会议。

3月13日 市教育工会召开高校、区教育局党委分管工会领导座谈会,3家单位领导作了交流发言。成旦红出席并讲话,李蔚主持会议并通报了本会工作。

3月14日 市教育工会召开九届全委(扩大)会议。会议表彰了2015—2017年度教育系统先进教工之家免检单位、先进教工之家、模范教工小家以及优秀工会工作创新案例、优秀教职工代表、优秀教代会提案等;成旦红、李蔚等领导出席并为第三批教育系统“劳模创新工作室”授牌。

3月17—18日 “当好主人翁 建功新时代——首届全国教科文卫体工会系统职工围棋比赛”在内蒙古自治区呼和浩特市举行。来自全国的56个代表队、300多名业余棋手参加比赛。上海派出由华东师范大学、宝山区第三中心小学等教师组成的代表队参赛,徐佳敏获全国教育系统组第三名。

3月18日 教育系统10家基层工会的户外职工爱心接力站通过市总工会评审,其中上海交通大学“爱心接力站”被评为先进站点并顺利升级站点。

4月 市教育工会举行中考、高考咨询讲座活动,为科教文卫系统近300位工会会员提供咨询服务。

4月 市总工会授予上海建桥学院“上海市五一劳动奖状”称号;授予上海应用技术大学李国娟等6人“上海市五一劳动奖章”称号;授予复旦大学医学表观遗传学与分子代谢团队等5个集体“上海市工人先锋号”称号。

4月1—3日 “当好主人翁、建功新时代”全国教科文卫体系统职工乒乓球比赛决赛在全国总工会国际交流中心举行。全国总工会党组书记、副主席、书记处第一书记李玉赋,全国总工会副主席、书记处书记蔡振华出席。上海派出大、中、小学12名教师参赛,王靓元获女子组第五名。上海市教育工会获优秀组织奖。

4月8日　市教育工会启动第五批“身边的好教师”微电影拍摄工作。经申报、评审，共有13部(其中个人11个，集体2个)立项参加拍摄，并在教师节、国庆节期间两轮电视展播和新媒体宣传。作品《创新在路上》获第五届上海市民微电影大赛科技专题奖。本会荣获“最美劳动者”第二届上海职工微电影节优秀组织奖。

4月9日　市青年教师联谊会举行换届大会，听取第一届理事会工作报告，审议通过修订后的联谊会章程，选举产生第二届上海市青年教师联谊会理事长与秘书处人员等。

4月27日　中国教育工会上海市第十次代表大会在市委党校举行。正式代表、列席代表、特邀代表近350余人参加会议。市人大常委会副主任、市总工会主席莫负春，全国教科文卫体工会主席章国贤，市政府副秘书长顾金山，市教卫工作党委书记虞丽娟出席并讲话。成旦红主席作工会工作报告、财务工作报告(书面)，吉启华主任作经审工作报告。经大会选举，45人当选为市教育工会第十届委员会委员，7人当选为第十届经费审查委员会委员。

中国教育工会上海市第十次代表大会会场

在十届一次全委会上，15人当选为常委，成旦红当选市教育工会主席，李蔚当选常务副主席，吉启华、司徒琪蕙、李序颖、于朝阳、李敏当选副主席。会议通过了市教育工会第十届女职工委员会建议名单，李蔚任主任。在十届一次经审会全委会上，吉启华当选市教育工会经费审查委员会主任。

4月28日 全国总工会授予上海电力大学海上风电与电网安全研究团队“全国工人先锋号”称号。

4月30日 市教育工会组织高校、普教教职工参加教师专项补充医疗保障计划，全年共有11.4万人参保。

5月11日 市教育工会举办第六届上海教师书法·板书·钢笔字·中国画大赛，共有42所高校、16个区和36所中职校的1 034名教师参赛。市书法家协会主席丁申阳，本会常务副主席李蔚出席活动。

5月22日 市教育工会授予王平等57人“2014—2018年度上海市教育系统优秀工会工作者”称号；授予滕建勇等56人“教育系统心系教职工的好领导”称号；授予266人“教育系统优秀工会积极分子”称号。

同日 市教育工会授予同济大学航天测绘遥感与深空探测研究团队、上海市复旦初级中学语文教研组等116个集体“2014—2018年度上海市教育先锋号”称号。

5月24—26日 第三届上海基础教育青年教师爱岗敬业教学竞赛举行。本次竞赛设小学语数外类、小学及幼儿园综合类、中学语文类、中学数学类、中

专家评委合影（前排中：陆靖）

学外语类、中学综合类和中等职业教育类等七大学科组别。全市有73 408名青年教师参加了初赛,其中250人进入决赛。本次竞赛评选出特等奖7名,一等奖22名,二等奖42名,三等奖69名,优秀奖109名。市教卫工作党委书记虞丽娟、市教委主任陆靖、市总工会副主席周奇、市教卫工作党委副书记成旦红等出席并指导竞赛工作。

5月31日　市教育工会举行以“立德树人　砥砺前行”为主题的教育系统先进表彰会。会议表彰了教育系统全国和上海市工人先锋号、市五一劳动奖状、市五一劳动奖章等获奖集体和个人,以及2014—2018年度教育系统工会先进个人和集体等。350余名先进集体和个人代表、工会干部出席。市教卫工作党委副书记、市教育工会主席成旦红讲话。李蔚常务副主席主持会议。

6月10—13日　市教育工会组织上海市优秀教师志愿者团队,到山西和顺县、壶关县参加由全国教科文卫体工会主办的“践行新思想　奋进新时代”助力脱贫攻坚职工志愿服务活动。志愿团队中的市劳模、特级教师、高级教师为当地教师开示范课,并以小组讨论、座谈交流等形式,助力西部教育事业发展。

8月30日—9月3日　第二届全国中小学青年教师教学竞赛决赛在山东理工大学举行。上海第三女子中学饶立均、延安中学申龙、高安路小学孙怡青分获中学英语组一等奖、中学语文组一等奖、小学语数外组一等奖,另获1个三等奖,上海市代表队总分与四川省并列全国第一。上海市教育工会被评为优秀组织。

9月　市教育工会通过公开征集、走访调研、评委投票引进5A级旅行社,为本系统1.2万名教职工提供暑期疗休养服务,并组织劳模、市三八红旗手和青教赛获奖选手等116人参加了特色休养活动。

9月7日　市教育工会联合市教育发展有限公司、中国人寿上海市分公司连续第5年推出“师途无忧”教师专享活动。投保人数突破10万。

9月9日　市教卫工作党委、市教委决定,授予第三届上海基础教育青年教师爱岗敬业教学竞赛特等奖、一等奖获得者孙怡青等29人“上海市教学能手”称号。

9月10—12日　市教育工会组织华东政法大学、华东理工大学、同济大学、华东师范大学等4所高校法律专家、律师开展义务法律咨询活动，近200人前来咨询。自当年起，法律援助工作进入每周电询、每月面询、一年两次大型法援活动的常态化模式，并编印派发法律咨询手册。

9月18—22日　市教育工会常务副主席李蔚带队，赴新疆喀什慰问援疆教师干部，对接援疆项目。

9月24日　在全国科教文卫体系统扩大工会组织覆盖面工作会议上，市教育工会兼职副主席、复旦大学工会常务副主席司徒琪蕙代表本会作了主题为《发挥工会组织优势　聚焦非编职工群体——上海市教育系统非编职工入会工作情况》的交流发言。

9月26日　市教育工会召开“庆祝中华人民共和国成立70周年”纪念章颁发暨劳模先进座谈会。李蔚常务副主席主持会议，并为劳模先进代表佩戴纪念章。

李蔚（后排右一）与到会劳模合影

9月27日　“我和我的祖国——庆祝新中国成立70周年上海女教师主题诵读大赛”在上海师范大学举行。上海大学《浩气长存红岩魂》获特等奖，复旦大学《表白》等3个节目获一等奖。市教卫工作党委副书记滕建勇，市妇联副主席王剑璋，市教育工会常务副主席李蔚等出席。

9月30日　《中国教工》2019年第9期刊发了上海市青年教师教学竞赛工作经验的文章《以赛促教　争创一流》。之前，上海市教育系统已成功举办了三届高校青教赛和三届基础教育青年教师爱岗敬业教学技能竞赛，并将其逐步打造成为青年教师队伍建设的特色品牌项目。

同日　市教育工会与上海高校后勤服务股份有限公司等4家单位决定授予周虎等63人"上海高校后勤标兵"称号；沈龙骥等20人"校园卫士"称号。

10月8日　为表彰在第三届上海基础教育青教赛中表现优异的集体和个人，市总工会授予上海交通大学附属中学、上海市浦东新区东方幼儿园"上海市五一劳动奖状"称号；授予高安路第一小学孙怡青等7人"上海市五一劳动奖章"称号；授予上海市第三女子中学英语教研组等6个集体"上海市工人先锋号"称号。

10月12日　市教育工会召开十届二次全委会，选举滕建勇为十届委员会委员、常委、主席，选举李剑、赵振新为常委。

10月14—25日　市教育工会主办的"写一手好字　绘百舸争流——上海教师喜迎新中国成立70周年系列书画展"在上海大学、海桐小学、崇明区图书馆等13个场馆先后展出。

10月14日—12月20日　市教育工会、市教工书画协会、上海第二工业大学工会联合举办了7场上海教师"三字一画"系列培训班，924名教职工参加。

10月22—24日　"当好主人翁　建功新时代——2019年全国教科文卫体系统职工气排球决赛"在云南大理进行。上海派出了男、女队共20人参赛，上海中医药大学女子气排球队获女子组第五名。上海市教育工会获优秀组织奖。

10月25日　第二届上海教育女性国际论坛在复旦大学召开。挪威王国驻上海总领事馆总领事尹克婷女士等4人围绕"女性成长中的教育意义"作了交流发言。市总工会副主席、市妇联兼职副主席桂晓燕讲话。市教育工会常务副主席李蔚出席。

11 月 9 日　第三届上海基础教育青教赛总结暨表彰大会举行。大会表彰了上海市教学能手，以及本次竞赛专项授予的市五一劳动奖章、市五一劳动奖状、市工人先锋号、优秀组织奖的获得者。上海交通大学附属中学、徐汇区教育工会和青年教师孙怡青、饶立钧分别代表获奖集体、个人作交流发言和课堂教学展示。市教卫工作党委副书记、市教育工会主席滕建勇，市总工会副主席戴光铭、市教育工会常务副主席李蔚和市中小学幼儿教师奖励基金会常务副理事长李骏修等出席大会。滕建勇、戴光铭讲话。

滕建勇（左一）、戴光铭（右一）等领导为第三届上海基础教育青教赛获奖教师颁奖

11 月 14 日　在市教育工会的指导下，上海城建职业学院、上海健康医学院、复旦大学、上海交通大学、上海交通职业技术学院、浦东新区海桐小学等成功申报市总工会“职工学堂”。

11 月 16 日　150 余名教师参加了市教育工会、市教师心理健康发展中心组织的“缤纷秋色 · 放飞心灵”教师阳光心理拓展活动。

11 月 20 日　本会通过微信小程序“工家云”，举办“交通银行杯”健步走活动，对参加者每日行走步数进行累计，前后持续 1 个多月。教育系统逾 5 000 名教职工参加。

11 月 29 日　市总工会命名华东理工大学“钱锋石化过程智能制造”、复旦大学“赵东元先进功能材料”、同济大学“孙立军智能车路系统”、华东师范大学“杨国荣文化建设与话语体系”等 4 家创新工作室为第九批“上海市劳模创新工作室”。

11 月 30 日　“遇见你　预见爱——2019 秋季教育系统玫瑰花苑联谊活动”在东方绿舟举行，300 多名单身青年教职工参加。全年共举办相亲活动 2 次。

12 月 2 日　市教育工会推荐滕建勇为中国教科文卫体工会第四届全国委员会委员、常委候选人，王平、卫晓萍为委员候选人。后受新冠疫情影响，全委会延期召开。

12 月 6 日　市教育工会召开十届三次全委会，选举陶文捷为十届委员会委员、常委、副主席。增补车荣华为市教育工会女工委兼职副主任，夏雨、郑敏为常委。

12 月 11 日　市教育工会组织部分高校工会、区教育工会主席赴新疆喀什慰问援疆教师。吉启华副主席代表本会与新疆维吾尔自治区教育工会副主席顾宗明签订《结对帮扶协议书》，明确本会将捐赠 50 万元对当地困难教师进行帮困。市教卫工作党委书记沈炜出席签约仪式。

上海和新疆两地教育工会举行签约仪式

12月17—18日 市教育工会举行2019年度工会主席、妇工委主任培训班暨工作考评交流会。2位专家学者应邀作辅导报告。10家单位的工会、妇工委负责人作交流发言。市教卫工作党委副书记、市教育工会主席滕建勇出席并讲话。

12月19日 “壮丽七十年 筑梦新时代——上海高校教师合唱展演”在东方艺术中心举行。10所高校合唱团的近千名教师参加。上半年高校800余名教职工分西南、东北两片区进行了合唱展演。

上海高校教师合唱展演活动演出现场

12月26日 “不忘初心担使命 双星联动抒豪情——上海市教育系统劳模与艺术家同台朗诵会”举办。著名艺术家蔡金萍、宋怀强等与部分教育系统劳模朗诵了经典名篇、名家新作，以及上海教工结合校史特色、展现教育工作者风采的原创作品。

12月27日 为表彰在加快上海市科创中心建设主题立功竞赛等项目中涌现出的先进集体和个人，市总工会授予高校系统上海大学杨帮华等5人“上海市五一劳动奖章”称号；授予上海交通大学人工智能研究院等6个集体“上海市工人先锋号”称号；复旦大学工会获“优秀组织奖”。

截至2019年年底　市教育工会有下属高校和直属单位工会85个，工会会员工会会员9.33万人，其中女性会员4.74万人。

市教育工会全年投入320万元，为8.14万名教育系统会员注册了工会会员卡。

市教育工会全年慰问劳模、先进教师以及困难教师，帮扶重大病、新发大病会员，定向帮困和慰问教职工426人，金额总计204.5万元。

市教育工会全年共下拨经费138.03万元，资助了7家基层单位教工之家建设，其中公办4家，民办3家。

市教育工会全年投入资金245.55万元，慰问教育系统援派新疆、西藏、青海、贵州和云南等5个地区的干部教师434人，慰问金标准从每人每年3 000元提高到6 000元，实现了慰问援派人员的全覆盖。

市教育工会联合所属基层工会，全年投入386万元购买贫困地区农产品，以消费扶贫促进产业振兴。

市教育工会全年投入16.1万元，在泽普县援建了首个教工之家。

市教育工会派出审计组和考核组，全年对上海立信会计金融学院等40家高校和直属单位工会2018年度经费收支、经费拨缴情况进行审计，并对工会会计基础工作规范化进行考核。

在市教育工会指导下，全年有上海健康医学院等17家基层工会召开了工会会员代表大会或工会会员大会，进行换届改选。

2020年

1月　为纪念市教育工会成立70周年，本会启动《中国教育工会上海市委员会大事记(1950年—2020年)》《话说七十年——上海市教育工会发展历程》《艺海扬帆——庆祝上海市教育工会成立七十周年书画集》等图书编撰工作，以及其他系列庆祝纪念活动。

1月　在市教卫工作党委的领导下，市教育工会启动教育会堂改建项目，开始筹建市级教工之家。

1月　市教育工会对基层工会工作考评方式进行改革，将所有基层工会年度工作小结汇编成册，并在“工家云”小程序中进行展示，供考评、交流使用；所有单位互评打分，本会在各小组中选取三分之一的单位进行现场述职交流，并将测评分和平均分以点对点的方式通报基层工会。

1月4日　市教育工会邀请三甲医院名医专家开展新年教师专场义诊活动，百余名教师参加。该项活动自2014年首次举办以来，累计为全市教师提供义诊服务近千人次。

1月9日　中国教科文卫体工会主席章国贤在上海市教育工会常务副主席李蔚等陪同下，看望慰问上海市教育功臣、市先进工作者、上海交通大学原校长翁史烈院士。

章国贤（右四）等领导与劳模翁史烈（右五）合影

1月13日　市教育系统工会理论研究会对2019年度40个立项课题进行评审，评出同济大学谭武《习近平劳动教育观融入高校工会工作研究》等5篇一等奖，15篇二等奖。

1月14—15日　市教育工会分片区举行年终工作交流会，常务副主席李蔚出席。

1月16日 上海市教师心理健康发展中心成立五周年工作会议举行，市教育工会常务副主席李蔚，市教育科学研究院党委书记汪歙萍出席。中心成立以来，已形成以市教科院为总部，覆盖黄浦、长宁、杨浦、奉贤4个服务点，同步面向教师开展24小时热线咨询、网络咨询、专家面询和宣传普及活动四方面服务的工作体系。五年来，共安排志愿者4 405人次接听咨询热线1 146门，依托30余名专兼职心理咨询师接待网络咨询428人次、专家面询381人次。

教师健康服务统计

1月22日 市教卫工作党委副书记、市教委主任陆靖，市教卫工作党委副书记、市教育工会主席滕建勇看望慰问"人民教育家"国家荣誉称号获得者于漪老师等教育系统劳模、院士。市教育工会领导带领本会机关干部分组看望慰问了教育系统的劳模以及困难教职工。

2月 我国新冠肺炎疫情大暴发。市教育工会响应全国和上海市总工会号召，发动教育系统职工创作了短文、诗歌、书画、朗诵、歌曲、摄影以及短视频等原创宣传作品24 623件。各级工会组织通过各类媒体推送相关稿件，传播抗击疫情正能量。

2月5日 市教育工会按照上级通知，启动教育系统2015—2019年上海市劳模集体和先进工作者评选工作。这次高校系统评选市劳模19名，市劳模集体5个。受新冠疫情影响，表彰活动延期举行。

同日　市教育工会女工委、市教育系统妇工委响应市总工会女职工委员会、市妇联募捐倡议，发动教育系统女教师为抗击疫情捐款，30 余家单位、2 万余名女教职工共捐款 260 多万元。

2 月 14 日　市总工会编发的《工会简报》第 20 期《防控新型冠状病毒感染肺炎疫情工作专报》刊载了市教育工会引导教职工开展线上读书分享活动，鼓励教职工居家创作“防疫抗疫”文艺作品。

3 月 6 日　在市总工会、市教卫工作党委领导下，市教育工会启动第四届上海高校青年教师教学竞赛决赛报名工作。

3 月 8—10 日　市教卫工作党委副书记、市教育工会主席滕建勇，常务副主席李蔚、副主席陶文捷等领导带队，先后走访慰问了岳阳医院、六院东院、同济医院、胸科医院、六院等医院的 17 位援鄂女性医护人员家庭。滕建勇、李蔚与岳阳中西医结合医院医务人员座谈，听取医院抗疫工作情况汇报，并慰问了医院的女医生、女护士。

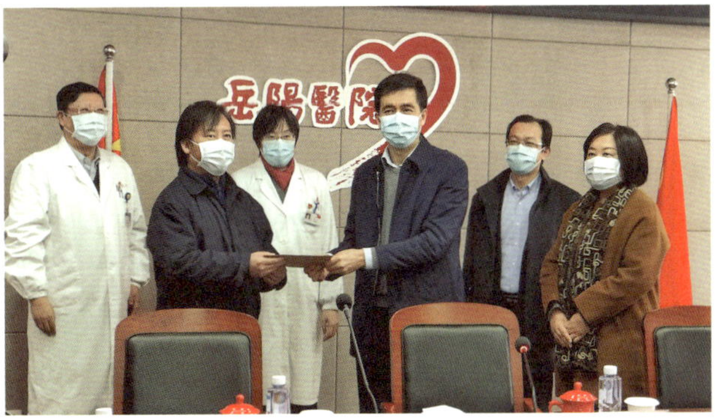

市教育工会滕建勇主席（右三）一行在岳阳医院慰问一线医务人员

3 月 20 日　市教育工会女工委、市教育系统妇工委主办《从自由睡眠到睡眠自由》在线直播分享活动，近 8 000 人收看。

3 月 31 日　市教育工会根据市总工会、市厂务公开工作领导小组办公室要求，组织发动各高校参与 2017—2019 年度上海市厂务公开民主管理工作先进单位评选活动。

4月17—27日 市教育工会通过网络平台开展“战疫情，迎春归”知识答题活动，以及系列线上课程。全市约有10万多教职员工参与。其中，“研磨时光·浪漫咖啡之旅”在线课程吸引了7.7万多人同时在线抢课。

4月20日 市教育工会要求各基层工会填报《2020年各高校教代会、工代会召开的有关事宜预告表》，对基层“双代会”召开的时间节点、议题议程、换届情况等关键信息进行摸底调研。

4月22日 市教育工会启动第六批“师爱无声 师德永铸——身边的好教师”微电影拍摄工作。经申报、评审，共有17部作品(其中12部个人、5部集体)立项。拍摄的微电影于当年教师节期间，在上海教育电视台“随师而行”专栏播出展映。

4月29日 市教育工会召开2020年教育工会系统工作视频会议，深入学习贯彻习近平总书记关于统筹推进疫情防控和经济社会发展工作的系列重要指示、批示精神，紧紧围绕党对群团工作的要求，部署推进教育系统工会全年重点工作。市教卫工作党委副书记、市教育工会主席滕建勇出席并讲话。李蔚、吉启华、陶文捷等领导，以及各高校、区教育局分管工会工作的领导，工会和女工委干部近250人分别在主会场和分会场出席了会议。

4月30日 市教育工会启动工会机关内控体系建设。邀请有资质的社会第三方专业机构，从明细职责、厘清权限、优化流程、加强管控的角度，全面梳理了工会内部控制流程体系，调研及系统分析各业务部门提供的相关资料，形成了机关内部初步的框架构建和现状调研报告。

5月7日 市教育工会、市青年教师联谊会举办“青春有担当 筑梦新时代——市青年教师创意主题短视频大赛”。共有169个作品参赛，视频点击率总计16万余次，其中作品《抗疫必胜，艺起加油》获得1.8万多个“点赞”。

5月9日 市教育系统工会理论研究会从基层申报的98份课题申报书中，

确定了48项课题,其中11个课题被列为委托课题。研究会自2013年成立以来,每年开展调查研究工作,通过课题发布、组织培训、中期检查、结题评审、评选表彰等,提高调查报告和论文的质量。

5月10—17日　由市教育工会主办,同济大学工会和上海教工象棋协会承办的上海教工象棋网络公开赛举行,来自全市教育系统40余家单位的142位教职工参加。

5月16日　市教育工会发动并组织高校、直属单位广大教职工学习脱贫攻坚知识,3万多名教职工线上参与答题,活动浏览量突破20万。

5月20日　上海健康医学院户外爱心接力站被市总工会评为2019年上海户外职工爱心接力站“先进站点”;上海中医药大学爱心接力站站长杜炯琪荣获“明星站长”称号。

5月24日　市教育工会收到上海市中职校工会工作联合会(筹)(简称“中职联”)会员大会筹备组请示,拟将上海市职教协会中职校工会工作分会由原隶属上海市职教协会转属本会,成立首届会员大会筹备工作领导小组,并召开中职联工会第一次全体会员大会。5月28日,本会批复,同意成立中国教育工会上海市中职校工作联合委员会。

后　记

2020年是具有里程碑意义的一年。在全面建成小康社会的目标即将圆满实现，第二个百年奋斗目标即将开启，上海教育总体实现现代化，全国上下统筹推进疫情防控和经济社会发展的特殊背景下，《中国教育工会上海市委员会大事记(1950—2020)》问世了。这是上海市教育工会发展历程中的一件大事，我们由衷地感到高兴。

《中国教育工会上海市委员会大事记(1950—2020)》的时限，理应上起1950年5月30日，下迄2020年5月30日。然而，1949年以前的教师运动、教师团体与1949年以后上海市教育工会的成立有着源远流长、一脉相承的历史渊源关系，上海市教育工会首任主席方明同志等早期教育工作者也在中华人民共和国成立初期筹建起大中小学教职员工统一的上海教育工作者工会(现上海市教育工会)。为了帮助读者更清晰地了解上海市教育工会的发展脉络，我们将时间前移到了1902年(是年，上海南洋公学教习蔡元培发起组建中国第一个教师团体"中国教育会")，对中华人民共和国成立前的上海教师运动、主要的教师团体进行了勾勒性的记录。

历史是最好的教科书。市教育工会将大事记编写工作作为工会干部"四史"学习教育的重要抓手，站在坚定工会干部理想信念，提升党性修养，提高工作能力，更好地发挥工会组织在教育现代化治理架构中的重要作用的高度，集中力量做好史料收集和编撰工作。

大事记编写组同志埋首于档案和史料中，浸润在上海市教育工会历年档案、网站资料，市教卫工作党委大事记，《解放日报》《文汇报》等报刊资料，市档案馆、上海市总工会档案乃至虹口区第一中心小学张琼同志纪念室的档案资料，以及历年的《上海工会年鉴》等书籍中，努力通过文本的表述体现“大事”的价值。这个“大事”包括了教育工会发展历史上的重要事件，重要评选，具有开创性、突破性、形成长效机制的工作，影响面广、涉及教职工人数多、具有深远影响的工作，以及组织机构的变革等。在历史的纵深感中，能够清楚地看到上海市教育工会70年的发展历程，为中国特色社会主义工会发展道路提供了生动的实践和现实的写照。

看似寻常最奇崛，成如容易却艰辛。回想从2019年最初的策划、构思，到2020年7月付诸实践，在短短4个月的时间里集中力量攻关，现在变成了现实，我们内心深处充满了感恩。我们得到了上海市教卫工作党委、全国教科文卫体工会、上海市总工会等上级组织的指导和帮助，受益于叶良骏（方明学生）等与本会有着密切合作关系的个人和组织的关心，以及基层工会组织的大力支持，大事记才因此既有高度，又“接地气”。我们感恩在上海市教育工会成立40周年时，时任教育工会主席鲁巧英、原副主席樊春曦等老一辈工会工作者曾就教育工会历史、组织史进行过的初步梳理；华东理工大学原常务副主席王光先老先生（退休后返聘到市教育工会）曾经前后用时一年多翻阅档案，整理、撰写了教育工会前50年大事记的初稿，为本书的编撰工作打下了坚实的基础；历任市教育工会老领导鲁巧英、江晨清、夏玲英、王向群、吴采兰、张中韧，教育工会原办公室主任顾伯超、周宝宏，原女工委副主任朱小娟、彭超波和现教育工会各部室负责人审读书稿，提供原始材料，提出宝贵的修改意见和建议。虹口区教育工会及虹口区第一中心小学提供的张琼同志的档案资料，上海交通大学出版社编辑易文娟、姜艳冰等老师在出版事宜上所做的大量工作以及其他关心教育工会、为《中国教育工会上海市委员会大事记（1950—2020）》编辑出版献策献力的所有人，在此一并致谢！

参加编写大事记的有（以姓氏笔画为序）：王光先、吉启华、李蔚、张渭明、姜培庆、陶文捷、高芳，由陶文捷、张渭明、高芳统稿，严治俊、曾昕、王心愿、陈一瑶等收集并整理了部分照片。

由于时间跨度较长，有些史料残缺或短缺，加之编辑出版的时间较紧，编者的水平有限，《中国教育工会上海市委员会大事记（1950—2020）》虽然几经增补修改，但是在史料的完整性、系统性等方面可能还存在一些疏漏，编撰的思想性、艺术性、可读性有待提升，祈请专家、工会工作者和其他读者批评指正。

编　者

2020年10月